唐詩講解

권호종 | 황영희 지음

경상대학교 출판부

본 도서는 경상대학교 (재) 춘추연구장학재단의 지원을 받아 출판되었습니다.

序

당대(唐代 : 618~907년)의 문학은 한대(漢代 : BC.206~AD.220) 이래의 문학이 점차로 발전하여 발전의 정점에 달했던 시기라고 할 수 있는데, 이 가운데서도 가장 뛰어난 성과를 보여주었던 문학 장르는 이론의 여지가 없이 시(詩)라고 할 수 있다. 전통적으로 각 시대별 두드러진 문학 장르를 가리킬 때 우리가 '한부(漢賦), 당시(唐詩), 송사(宋詞), 원곡(元曲), 명청소설(明淸小說)'로 부르듯이 당의 문학은 시가 대표한다고 할 수 있다. 일반적으로 중국문학의 정화(精華)는 시라고 할 수 있는데, 중국의 역대 시 가운데 육조(六朝 : 251~589년)의 시는 기려(綺麗)함으로서, 송대(宋代 : 960~1279년)의 시는 소박하면서도 냉정함으로서, 그리고 청대(淸代 : 1644~1911년)의 시는 근대적 감각으로서 각각 특색이 있지만, 특히 당시의 숲에서 울리는 인간과 자연의 소리를 듣노라면 저절로 감탄과 찬미의 소리를 울려 내게 될 것이다.

중국시는 어떻게 분류되고 있고, 또 하나의 작품은 어떤 구조로 구성되어 있는지 간단히 살펴보기로 한다.

1. 중국시의 분류(分類)

중국문학에서 시(詩)라고 말할 때는 광의의 시를 지칭하기도 하고, 협의의 시를 지칭하기도 한다. 광의의 시는 시경(詩經), 초사(楚辭), 악부(樂府), 오칠언시(五七言詩), 사(詞), 곡(曲) 등 이른바 중국문학사에 등장하는 거의 모든 운문(韻文)문학을 지칭하는 반면에, 협의의 시는 장단구(長短句)의 악부시나 오칠언시를 가리켜 하는 말인데 이는 다시 고체시(古體詩)와 근체시(近體詩)로 대별된다. 문학사에서 시라고 하면 일반적으로는 협의의 시를 의미하는데, 여기서도 마찬가지이다.

고체시는 시경과 초사를 제외한 한대(漢代)로부터 수내(隋代)에 이르기까지의 시의 모든 시체를 말하는 것으로서, 당대(唐代) 이후 크게 유행한 근체시와의 구별을 위해 붙여진 이름이다. 그렇다고 고체시가 당대 이전에만 있었다는 말은 아니다. 당대에 근체시가 크게 행해질 때 고체시도 여전히 세력을 잃지 않고 유행했기 때문이다. 이 고체시는 근체시에 비해 일정한 규칙, 곧 시률(詩律)이란 것이 없고, 한 시구의 길이도 자유롭고, 또 시구의 수도 제한이 없다. 고체시는 한 구의 글자 수에 따라 다시 4언, 5언, 7언의 고시와 한 구의 글자 수가 일정하지 않은 악부시로 나누어진다. 악부시란 원래 한의 무제(武帝) 때 악부라는 음악기관을 설립한 데서 비롯된 말로서, 악부에서 제작하거나 수집한 음악의 노랫말을 가리켰다. 그런데 후대에는 그 뜻이 확대되어 음악이 있는 노래의 가사 뿐만 아니라, 그러한 노래가사를 모방하여 지어진 시도 모두 통칭하여 악부 또는 악부시라고 불렀다. 한편, 고체시와 악부시를 합칭하여 고시(古詩)라고 칭하기도 하였으니, 광의의 고시는 바로 고체시를 지칭하고, 협의의 고시는 고체시 가운데 악부시를 제외한 부분을 말한다. 고체시는 한 구의 수와 평측(平仄)의 제한은 없지만, 압운(押韻)은 한다. 그리고 압운을 할 때는 근체시가 반드시 평성운(平聲韻)만을 압운해야 하는 것과는 달리 고체시는 평성운과 측성운(仄聲韻)을 모두 압운할 수 있어서 시를 짓기에 좀 더 자유롭다.

근체시는 고체시에 대응되는 말로서, 매 글자마다 글자의 평측을 구별하는 평측법을 쓰고, 압운을 할 때는 정해진 평성운자만을 사용해야 하고, 특정 구에서는 반드시 대우(對偶)를 이루어야 하는 등의 여러 가지 정해진 규칙에 따라야만 지을 수 있던 시를 말한다. 이는 고체시에 비해 새로워진 시, 곧 '신체(新體)'라는 의미로서의 근체시인데, 남북조(南北朝) 후기 양(梁) 나라의 심약(沈約)이란 사람이 사성팔병설(四聲八病說)을 제기한 때를 전후하여 그 모습이 보이기 시작하다가, 당대의 심전기(沈佺期), 송지문(宋之問) 등에 의하여 새로운 격률(格律)로 완전하게 성립되었다.

근체시에는 시구의 수에 따라 두 종류가 있는데, 하나의 시가 8구로 이루어진 것을 율시(律詩)라고 하고, 4구로 이루어진 것을 절구(絶句)라고 한다. 논자에 따라서는 '절구'란 말의 '절(絶)'이 '자르다'는 뜻임에 착안하여 '율시를 반 잘랐다'는 뜻에서 절구라는 말이 나왔다고 해석하기도 한다. 근체시는 다시 한 구에 쓰인 글자 수에 따라서 5언시와 7언시로 나누어진다. 그런데 때로는 8구의 율시를 더 길게 늘려 10구 이상의 장편으로 이루어진 것도 있는데, 이를 배률(排律), 또는 장률(長律)이라고 부르며, 율시와 꼭 같은 율법에 따라서 지어야 한다. 당대 과거시험에서는 시(詩)와 부(賦)의 과목이 있었는데, 시는 반드시 5언 12구의 배률로 시험을 보게 하였으니, 이것을 특별히 시률(試律), 또는 시첩률(試帖律 : 시험으로 본 율시라는 뜻)이라 불렀다.

2. 중국시의 구성(構成)

근체시 가운데 4구로 이루어진 절구(絶句)는 기(起), 승(承), 전(轉), 결(結)의 구조를 가지고 있다. 절구에서 시상의 전개는 먼저 기구에서 자연의 정경이나 주변의 어떤 사실로부터 시상을 불러일으키고, 승구에서는 기구에서 일어난 시상을 이어 더욱 구체적으로 발전시킨다. 그 다음 전구에서는 앞의 분위기와는 다른 모습으로 시상을 변화시켜 전개를 하고, 마지막으로 결구에서는 이상에서 술회한 시상을 마무리 지으면서 시인이 표현하고자 하는 주제를 담아 끝을 맺는다.

율시는 수련(首聯 : 1, 2구), 함련(頷聯 : 3, 4구), 경련(頸聯 : 5, 6구), 미련(尾

聯 : 7, 8구)으로 구성되어 있다. 율시에서도 시상을 전개할 때면 절구와 비슷한 순서로 표현되지만, 함련과 경련에서 두 개의 구를 짝 지울 때는 반드시 대구를 이루어야 한다. 이때 대구는 글자의 평측 뿐만 아니라 문법적 기능까지 서로 대가 되어야 한다.

그리고 중국시의 시구를 읽을 때에는 나름대로의 규범성이 있다. 한 구가 5언으로 된 시구는 2 · 3언으로 끊어 읽고, 7언으로 된 시구는 4 · 3언으로 끊어 읽는데, 이때 4 · 3은 다시 2 · 2 · 3언으로 끊어 읽는 것이 일반적인 관례이다. 끊어 읽는 단위는 의미단락과 물론 일치해야 한다.

3. 당시(唐詩)의 시기구분

당시를 시기별로 구분해 보자면, 당시의 변화과정은 초당(初唐), 성당(盛唐), 중당(中唐), 만당(晩唐)의 4기로 나누는 것이 통례이다. 이러한 분기법은 일반적으로 명대의 고병(高棅)이 ≪당시품휘(唐詩品彙)≫에서 처음으로 시도한 것으로 알려져 있으나, 사실은 그보다 훨씬 앞서 당말(唐末)의 사공도(司空圖)가 당대 시가의 발전과 변천과정에 대하여 이미 논급한 바가 있다. 사공도는 〈여왕가평시서(與王駕平詩書)〉에서 당대의 시가 변천과정을 논하면서 초당의 심전기(沈佺期), 송지문(宋之問)부터 시작하여 이백(李白), 두보(杜甫), 왕창령(王昌齡) 등 성당 시인의 지위를 부각시키고, 아울러 왕유(王維), 위응물(韋應物) 일파의 청담시(淸淡詩)에 대해서도 높은 평가를 내리고 있다. 그리고 이어 대력(大曆) 원화(元和) 시기의 일부 시인들에 대해서도 각각 단평을 내리고 있고, 만당시가의 경계가 날로 좁아져 가는 것에 대하여 불만을 나타내었다. 대체적으로 사공도는 당시의 발전과정을 초, 성, 중, 만의 4기로 파악하고 있음을 알 수 있다. 다만 그는 명확하게 시기를 나누고 있지 않을 뿐이다. 당시의 변화과정에 대하여 이를 시기별로 논한 것은 남송(南宋) 엄우(嚴羽)의 ≪창랑시화(滄浪詩話)≫가 처음이다. 그는 〈시체(詩體)〉 라는 장에서 당시 전체를 시풍의 변화라는 각도에서 당초체(唐初體), 성당체(盛唐體), 대력체(大

曆體), 원화체(元和體), 만당체(晩唐體)의 오분법을 제시하였다. 엄우의 오분법에서 사분법으로 넘어가는 과정에서 관건이 되는 것은 '중당' 개념의 확립인데, 이는 원대(元代)의 방회(方回)에게서 실현되었다. 그는 ≪영규률수(瀛圭律髓)≫에서 성당, 중당, 만당의 시기를 논하였고, 초당을 분명하게 지칭하지는 않았지만, 실제로는 이 시기를 은연중에 나타내고 있어 기본적으로는 사당설(四唐說)의 모습을 갖추었다. 이어 양사홍(楊士弘)은 ≪당음(唐音)≫에서 당시를 '시음(始音)', '정음(正音)', '유향(遺響)'으로 나눈 뒤, '정음'에서 초성당시(初盛唐詩), 중당시(中唐詩), 만당시(晩唐詩)라는 삼분법을 제시하기도 하였다. 이후 명대(明代)의 고병이 ≪당시품휘(唐詩品彙)≫에서 초당(고종高祖 무덕武德~예종睿宗 연화延和 원년元年), 성당(현종玄宗 개원開元~대종代宗 영태永泰 원년元年), 중당(대종代宗 대력大曆~목종穆宗 장경長慶 4年), 만당(경종敬宗 보력寶曆 원년元年~당말唐末)의 네 시기로 나눈 뒤로부터는 당시의 시기구분은 대개 그의 사분법을 따라 왔다.

시의 변천을 몇 년에서 몇 년까지로 선을 그어 나누는 것에 문제가 없는 것은 아니지만, 이러한 시기구분은 당시의 성쇠를 파악하는 데에는 매우 편리하다. 사분법이 절대적이진 않지만, 당시의 변화과정을 파악할 수 있는 매우 유력한 방법의 하나로 이해해도 무방할 것이다.

한편, 당의 문학은 안사의 난(安史之亂 : 755~763년)을 정점으로 하여 그 풍격을 두 시기로 나누어 생각해 볼 수도 있다.

전기는 당의 건설로부터 태종(太宗)의 정관지치(貞觀之治)에 의해서 국력을 충실히 쌓아가면서 변방으로 세력을 확대하여 당 제국의 활기 있는 국력과 문화를 쌓아올린 시기에 해당한다. 시인들은 초당에서부터 고종(高宗)과 측천무후(則天武后)의 조정, 이어서 태평성대를 이룩한 현종(玄宗) 시대에 이르기까지 국가의 번영을 시로 찬양하였다. 국가의 번영은 또한 시인들의 마음을 해방시켜 술에 취하고 음악에 탐닉하는 자유분방한 기풍 속에서 시인들은 마음껏 그 천재성을 발휘하였다. 이 시기의 문학은 육조문학(六朝文學)이 한 단계 발전되어 내용과 형식이 모두 정비되었고 시대의 분위기와 어울려 찬란한 꽃을 피우게 되었다.

그러나 초당 말부터 당의 제도상에 균열이 생겨나 전제나 병제가 처음과 같이 시행되지 않았고, 현종 때에 이르면 천하가 태평하였다고 말하지만 실은 붕괴로 행하는 위기감이 도사리고 있었다. 얼마 후 안사의 난이 일어나자 태평의 꿈은 일순간에 깨어지고 9년에 걸친 전란으로 당 왕조의 기반은 뿌리째 흔들리게 되었다. 그 후 당의 멸망에 이르기까지 150년간 세법의 개혁을 통하여 국가재정의 확립을 시도하였지만 점차 국가경제가 피폐해져, 밖으로는 절도사의 폐해가 심해지고 안으로는 환관이 발호하여 당제국은 와해되고 말았다.

이러한 사회변화와 관련하여 문학의 특징을 살펴본다면, 안사의 난을 기점으로 하여, 선기는 이선의 육소문학을 계승하여 발전시킨 시대고, 후기는 점차 송으로 연결되어 가는 시기라는 점을 주목할 수도 있다. 시 역시 이런 점에서 단순히 이분법으로 나누어 볼 수는 없을까?

4. 당시의 시기별 특징

초당시(初唐詩) : 이 시기는 남북조(南北朝)시대의 귀족사회적 분위기를 반영하는 시풍과 신진사대부들의 남성적이고 현실적인 시풍이 교차되었던 시기이다. 초당의 전기는 전반기에는 남북조의 문학풍조를 융화시켜 새로운 문학풍조를 이룩하기는 하였으나, 남조에서부터 활약하던 궁정문인(宮庭文人)들이 당 왕조에 와서도 계속 문단을 지배하고 있었기 때문에 전반적으로 남조풍의 형식미를 존중하는 귀족적이고 화려한 유미주의적 경향이 지배하고 있었다. 이러한 궁정문인들로는 상관의(上官儀)와 우세남(虞世男)이 대표적이고, 송지문(宋之問), 심전기(沈佺期)와 문장사우(文章四友)로 불리는 이교(李嶠), 최융(崔融), 소미도(蘇味道), 두심언(杜審言) 등이 있었다. 이들은 시를 지어 황제의 공덕을 찬양하고 황제와 더불어 서로 화창(和唱)하였으므로, 진실된 정서를 표출하기보다는 수사에 공을 들여 귀족적이고 부화(浮華)한 시를 썼다. 그래서 궁정시인들의 시는 내용이 공허하여 특별히 의의있는 작품은 많지 않다. 다만 이들에 의하여서 오언율시가 창작되고 송지문과 심전기에 의하여서 율시의 격률이 거의 정비된 점은 중국시사에 높이 평가되어야 할 것이다. 한편, 이러한 궁정시풍을 반대하고 새로운 시풍을 전개하려는 혁신적인 기운이 당시 신진사대부를 중심으로 일어나게 되었다. 이런 움직임은 왕발(王勃), 양형(楊炯), 노조린(盧照隣), 낙빈왕(駱賓王) 등 소위 초당사걸(初唐四傑)에 의해 시작되었다. 그들은 남조의 시풍과 그것을 무비판적으로 계승한 궁정시인들의 시풍에 대항하여 새로운 문학운동을 전개하였다. 초당사걸에 의해 싹튼 혁신의 기운은 뒤이어 진자앙(陳子昂)에 의해 본격적인 문학운동으로 제창된다. 그는 형식주의를 반대하고, 복고(復古)를 주장하여, 당시의 시가 한위(漢魏)의 풍골(風骨)과 흥기(興寄)가 전하여지지 않음을 비판하였다. 진자앙은 건안(建安)의 풍골을 내세움으로써 전대로부터 계승된 부염(浮艶)한 시풍을 개혁하여, 다가올 성당의 번영을 준비하였던 인물이라 할 수 있다. 이밖에도 이 시기에는 시대조류에 초연했던 왕적(王績), 왕범지(王梵志)와 한산(寒山), 습득(拾得) 같은 이들이 있어서 새로운 시풍진작(振作)에 자극이 되었을 것이다.

성당시(盛唐詩) : 성당은 당 제국의 경제와 문화가 최고도로 발달했던 시기이며, 중국시의 황금기이기도 하다. 성당시기에는 이제까지 닦아온 시의 형식적인 표현기교에다가 다양한 사상과 내용을 담아 급속도로 발전하여서, 중국시사(中國詩史)에서 최고 수준의 시들을 다양하게 생산하며 만개하는 모습을 보였다. 초당이래로 개원(開元) 년간까지의 태평성대는 많은 시인들로 하여금 비범한 재능을 시작에 몰두하게 하였으나, 천보(天寶) 이후의 쓰라린 체험은 이들에게 새로운 자각을 불러일으켜 어지러운 현실을 시로 노래하게 하였다. 따라서 이 시기의 시에는 전란 이전의 시대정신을 반영한 낭만적이고 낙관적인 시풍이 있는가 하면, 전란 이후의 시대상을 담은 현실적이고 침울한 시풍도 있다. 그리고 가행체(歌行體)를 위주로 하여 변새(邊塞)의 풍물과 생활을 노래한 남성적인 시가 쓰여 졌는가 하면, 또 도연명(陶淵明) 이래로 잠시 단절되었던 자연시(自然詩)도 당시에 유행했던 은일사상(隱逸思想)의 영향 아래 본격적으로 쓰여지게 되었다. 변새시는 변방의 풍경과 생활, 그리고 종군하는 병사들의 고통과 향수를 주제로 한 시를 말한다. 이 시기에는 중앙아시아를 비롯한 중국 주변의 여러 민족들도 강대한 세력을 형성한 시기여서 끊임없이 전쟁이 계속되었으며, 이로 인한 피해가 극심하였다. 당시 시인들은 대부분 하층 관료로 있으면서 출정하는 부대를 따라 먼 변방으로 종군하는 기회가 빈번하였다. 그들은 새로 접한 이국풍물과 전쟁의 고통을 악부시나 고시 형식을 빌려서 그려내었다. 격식이 정제되어 있는 율시나 절구는 변경지방의 어려운 생활이나 전쟁과 같은 극단적인 상황을 절실하게 표현하기가 상대적으로 쉽지 않았기 때문이다. 이러한 변새시를 주로 창작했던 시인으로는 잠참(岑參), 고적(古適), 왕창령(王昌齡), 왕지환(王之煥) 등을 들 수 있다. 산수자연(山水自然)시는 산수자연의 아름다움과 자연과 전원생활 속에서 느끼는 조용한 기쁨을 주제로 한 시를 가리킨다. 이러한 경향은 전대의 도연명과 사령운(謝靈運)의 시풍을 계승한 것으로서 성당에 들어와 불교와 도교가 유행한 것과도 깊은 관계가 있으며, 보다 중요한 것은 당시 성행하였던 은일풍조와도 관계가 있다. 이때는 과거에 응시하지 않더라도 은일을 빙자하여 명성과 관직을 구하려는 풍조가 크게 유행하였다. 이러한 산수자연시는 대개 오언을 위주로 하는 경우가 많았는데, 이에 속하는 시인으로는 왕유(王維)를 필두로 하여 맹호연(孟浩然), 저광희(儲光羲) 등을 꼽을 수 있다. 낭만파에 속하는 시인으로는 이백(李白)을 들 수 있다. 그는 당대 낭만파(浪漫派) 시인의 제1인자로, 안사의 난(安史之亂) 이전의 시풍을 집대성하고 있다. 그의 작품은 웅혼하면서도 호방하다. 그러나 그의 천재성은 어느 한 방면에만 국한되지 않고 비장(悲壯), 표일(飄逸), 향염(香艶), 한적(閑適) 등 갖가지 풍격을 갖추고 있고, 주제 또한 다양하다. 그는 자유분방한 시상을 표현하기에 적합한 오 · 칠언 가행(歌行)의 형식을 주로 사용하였고, 아울러 악부체나 고시, 절구의 형식을 통해서도 최고의 능력을 발휘하기도 하였다. 사실시파에 속하는 이로는 두보를 들 수 있다. 그는 사실주의적 사회시파의 개척자로서 그의 시는 '시사(詩史)'라고 불리고 그 자신은 시성(詩聖)이라고 불리고 있다. 그는 안사의 난으로 도탄에 빠진 백성들의 참상을 시에 반영하는 데 최대의 노력을 경주하였으며, 이로 인해 그의 시풍도 자연 침울하고 비장하였다. 시사적인 측면에서 두보 시의 성취는 ≪시경(詩經)≫ 이래 면면이 지속되어 온 중국사회시 전통을 계승하고 완성하였다는 사실과 함께, 율시를 주축으로 한 근체시의 형식도 완성하였다는 점에 있다.

중당시(中唐詩) : 안사의 난 이후 70여 년 동안의 기간으로 당 제국의 정치, 경제, 문화 등 모든 방면에서 큰 변화가 일어났던 시기이다. 안사의 난을 통하여 기득권을 장악하고 있던 문벌귀족들이 몰락함에 따라 중소상인들과 중하층 사대부들이 대두하면서 이 시기의 시인들은 자신의 이념에 맞는 시운동을 전개하려고 하였다. 이들은 대부분 성당시의 전통을 계승하면서도 다른 한편으로는 새로운 시의 세계를 모색하였다. 이때 활동했던 문인들은 그 풍격에 따라서, 성당의 왕유나 맹호연의 시정신을 이어받은 산수시파(山水詩派)와 두보의 사회시 정신을 이어받은 사회시파(社會詩派), 그리고 두보의 시정신 보다는 두보시의 예술적 표현을 계승하고자 하였던 괴탄파(怪誕派)의 세 유파로 나눌 수 있다. 산수시파는 성당의 왕유나 맹호연의 시정신을 이어받아 산수의 아름다움과 그 속에서 느낀 한적한 심경을 주로 노래하였는데, 위응물(韋應物), 유장경(劉長卿), 유종원(柳宗元) 등이 여기에 속한다. 사회시파는 두보의 사회시 정신을 이어받아 사회의 모순을 고발하는 시를 창작하는데 힘썼다, 이들은 두보보다도 더 솔직하게 사회문제를 읊어 내어 당대의 사회시는 이들에 의해 정점에 이르게 되었다. 원결(元結), 고황(顧況), 백거이(白居易), 원진(元稹), 장적(張籍) 등이 여기에 속하고 민가풍의 노래를 많이 쓴 유우석(劉禹錫)도 이 계열에 가깝다. 괴탄파는 두보의 영향을 받았으나 두보시의 표현예술을 계승하고자 하였다. 그들은 글자 하나 시구 하나를 고음(苦吟)하며 조탁(彫琢)하는 데에 공력을 크게 쏟았다. 따라서 그들의 시는 표현기교면에서는 나름대로 성취가 있었으나, 시이(詩語), 압운(押韻), 작법(作法) 등 기교적인 측면에만 너무 치중하여서 '기험괴벽(奇險怪僻)'하다는 비판을 받고 있다. 여기에 속하는 시인으로는 한유(韓愈), 맹교(孟郊), 가도(賈島), 이하(李賀) 등이 있다. 중당의 시인들이 다양한 시풍을 형성하긴 하지만, 그래도 그 중심은 역시 사회의식을 지니고 현실을 고발하였던 사회시파 시인이라 할 수 있으니, 백거이의 신악부 같은 시가 이 시대의 대표적인 시라 할 수 있다.

만당시(晩唐詩) : 만당에서 오대(五代)로 이르는 시기는 정치면에서 혼란이 극했던 시기이다. 이 시기에는 시풍이 다시 일변하여 형식과 사조(詞藻)를 중요시하는 유미주의 풍조가 성행한다. 이 시기의 시인들은 두보 이래 중당의 사회파 시인들이 중시한 시의 공용적인 측면을 외면하고 자신의 개인적인 정서나 고민을 아름다운 형식에 담아 표현하는 데 힘을 쏟았다. 그리하여 이 시기에는 남조(南朝)의 시풍이 다시 등상하였고, 괴난파의 기교주의가 더욱 세밀해졌다. 중당의 문학이 사회의 교화라는 효용성에 중점을 둔 것에 비하여, 만당의 시인들은 자신의 개인적 감정과 고민을 표출하는 데에 중점을 두었으며, 문학의 미적 가치에 주의를 기울였다. 이 시기에 시에서 표현기교 면에서 독특한 경지를 개척한 이로는 이상은(李商隱)이 단연 돋보이고, 이밖에도 두목(杜牧), 한악(韓偓) 등과 같은 시인이 있어 이 시대의 시풍을 이끌었다. 만당 후기로 가면서, 군벌의 할거나 황소(黃巢)의 난으로 당 왕조는 완전히 이완되어 종말이 눈앞에 다가왔다. 이러한 시기에도 정치와 사회의 부패와 혼란을 보고 분개하여서, 두보와 백거이의 시정신으로 고통 받는 백성들의 편에서 이를 분연히 시로 노래한 작가들이 있었으니, 그러한 시인으로는 피일휴(皮日休)와 두순학(杜荀鶴)이 대표적이다.

2010년 8월 권호종 · 황영희

目次

杜審言
(두심언 : 약645~약708年)

누심언은 자가 필간(必簡)이고 경조(京兆) 사람이다. 대시인 두보(杜甫)의 조부로 조적(祖籍)은 양주(襄州) 양양(襄陽)인데 하남(河南)의 공현(鞏縣)으로 옮겼다. 초당 시기에 비교적 문학적 성취가 있던 시문가(詩文家)이며, 근체시의 기반을 다진 사람 중의 한 사람으로 이교(李嶠), 최융(崔融), 소미도(蘇味道)와 함께 문장사우(文章四友)라 불렸다.

두심언은 당 태종(太宗) 정관(貞觀) 19년(645년)에 출생하였다. 어려서부터 독서에 전념하여서 고종(高宗) 함형(咸亨) 원년(元年) 25세에 진사에 합격하여 습성(隰城)의 현위(縣尉)가 되었다. 자신의 재주를 믿고 세상을 얕보았기 때문에 당시의 사인(士人)들에게서 질시를 받았다. 소미도가 천관시랑(天官侍郎)일 때, 두심언이 이부(吏部)의 서판(書判)에 참가하였는데, 그는 시험을 치고 나서 "소미도는 반드시 죽을 것이다."고 말하였다. 주위의 사람들이 놀라서 그 이유를 물으니, "소미도가 나의 성적과 재능을 보게 되면 틀림없이 부끄러워 죽을 것이다."고 말하였다. 그리고 또 "나의 문장은 응당 굴원(屈原)과 송옥(宋玉)을 나의 말단관리로 삼아야 하고, 나의 서법은 당연히 왕희지(王羲之)로 하여금 북면칭신(北面稱臣)하게 해야 한다."고 말하기도 하였는데, 이런 말들은 매우 황당한 말이다.

두심언은 후에 낙양승(洛陽丞)으로 옮겼다가, 다시 길주(吉州)의 사호참군(司戶

參軍)으로 폄적되었다. 길주에서 동료들과 불화가 있었는데, 사마(司馬) 주계중(周季中)과 사호(司戶) 곽약눌(郭若訥)이 그를 무고(誣告)하여서 감옥에 들어가게 하였다. 그때가 대략 의봉(儀鳳) 년간(678년 전후)이었는데, 두심언의 맏아들인 13세의 두병(杜幷)이 칼을 가지고 주계중을 찔러 죽였다. 두병도 동시에 주계중의 주위 사람들에 의하여 살해되었다. 주계중이 죽어가면서 "두심언에게 효자가 있었는데, 내가 몰랐다. 곽약눌이 일부러 나를 망치게 하였다."라고 하였다. 두심언은 이로 인하여 관직이 면직되고, 동도(東都)인 낙양으로 돌아갔다.

두심언이 낙양으로 돌아온 뒤는 대략 측천무후가 섭정한 기간(688년 전후)이다. 측천무후가 그를 조정에 들게 하여 등용하고자 하면서 "그대는 기쁘지 않은가?"라고 물으니, 두심언은 뛸 듯이 기뻐하면서 감사를 표하였고, 아울러서 측천무후의 명을 받들어서 〈환희시(歡喜詩)〉라는 시를 한 수 지었다. 측천무후는 그의 시재(詩才)를 칭상하면서, 저작랑(著作郎)에 제수 하였다가, 뒤에 선부원외랑(膳部員外郎)으로 옮겼다.

측천무후의 총신이었던 장이지(張易之)와의 가까웠던 이유로, 중종(中宗) 신룡(神龍) 초(705년 전후)에 봉주(蜂州)로 방출되었다. 상강(湘江)을 건널 때 〈도상강(渡湘江)〉 한 수를 지었다. 얼마 뒤에 다시 장안(長安)으로 불려왔으며, 다시 국자감에 들어가서 주부(主簿)와 수문관직학사(修文官直學士)가 되었다. 경룡(景龍) 2년에 죽었는데, 향년 63세였다. 전하는 말로는, 그의 병이 위중하였을 때, 송지문과 무평일(武平一)이 그의 병문안을 가서 병세를 물은 적이 있는데, 그는 이때 다음과 같이 말하였다고 한다. "그런대로 괜찮아. 내가 살아 있으면서 오랜 세월 동안 자네들을 누르고 있었는데, 이제 내가 죽게 되었으니 자네들에게 아주 즐겁고 위안이 되는 일이 아니겠는가? 유감스러운 것은 나를 이어받을 사람을 아직 보지 못했다는 것이지." 후에 대학사인 이교(李嶠) 등이 주청하여서 저작랑에 추증되었다.

호진형(胡震亨)은 ≪당음계첨(唐音癸籤)≫권5에서 다음과 같이 말하였다. "당초에는 7언 율시든 5언 율시든 간에 아직 뛰어난 작품이 없는데, 두 시체가 잘된 것으로는 두심언이 실로 으뜸이다(唐初無七言律, 五言律亦未超然, 二體之妙, 杜審言

實爲首倡.)"

두심언의 손자(둘째 아들인 두한杜閑의 아들)인 두보는 〈증여구사(贈閭丘師)〉 시에서 "내 할아버지는 시에서 옛 사람 중 으뜸이셨다(吾祖詩冠古)"고 말한 바가 있고, 또 〈종무생일(宗武生日)〉 시에서는 "시는 우리 집안의 일이다(詩是吾家事)"고 말한 바 있다. 그가 두보에게 미친 영향과 두보가 할아버지에 대한 자부심을 알 수 있다.

和晉陵陸丞早春遊望 화진릉육승조춘유망

獨有宦遊人　　독유환유인
偏驚物候新　　편경물후신
雲霞出海曙　　운하출해서
梅柳渡江春　　매류도강춘
淑氣催黃鳥　　숙기최황조
晴光轉綠蘋　　청광전록빈
忽聞歌古調　　홀문가고조
歸思欲沾巾　　귀사욕첨건

진릉 육승의 〈조춘유망〉 시에 화답하다

타향에서 벼슬살이 하는 사람 홀로 있는데,
만물과 기후의 새로움에 깜짝 놀라네.
구름과 노을은 새벽바다에서 나오고
매화와 버들은 봄 강을 건너오네.
맑은 기운은 꾀꼬리 울음을 재촉하고
청랑한 봄빛은 부평초 더욱 푸르게 하네.
문득 옛 노래곡조 들으니
고향으로 돌아가고 싶어 눈물로 수건을 적시네.

주석

1) 和晋陵陸丞早春遊望(화진릉육승조춘유망) : '和'는 다른 사람의 시에 화답하여 시를 짓는 것을 말한다. '晋陵'은 지명으로서 지금의 강소성(江蘇省) 상주(常州)이다. '陸丞'은 육씨 성을 가진 '현승(縣丞)'을 가리킨다. 현에는 현령이 있고, 그 아래에는 행정직을 맡은 현승과 군사직을 맡은 현위(縣尉)가 있었다. '육승'의 이름은 미상이며, 두심언의 친구였다. 두심언이 강음현(江陰縣)에 있을 때 육씨는 같은 군의 이웃현에 있던 동료였는데, 서로 시로써 창화하며 교유하였다고 한다. 시의 제목 〈和晋陵陸丞早春遊望〉은 '진릉의 육승이 지은 〈早春遊望〉시에 화답하다'는 뜻이 된다.

2) 宦遊人(환유인) : 관리가 되어서 타향에서 생활하는 사람. 여기서는 작자 자신도 포함하고 있다. '宦'에는 '환관', '관직', '관직생활하다'는 뜻이 있다.

3) 偏(편) : 갑자기. 뜻밖이라는 뜻이 담긴 말이다.

4) 物候(물후) : 사물과 기후.

5) 雲霞(운하) : 구름과 노을.

6) 海曙(해서) : '曙'는 '새벽', '날이 새다'는 뜻이다. '海曙'는 '曙海'의 도치로 보아 '새벽바다'로 해석할 수도 있다.

7) 渡(도) : 건너다.

8) 江春(강춘) : '春江'의 도치로 보아 '봄 강'으로 번역할 수 있다.

9) 淑氣(숙기) : '맑은 기운', '봄날의 따뜻한 기운'을 가리킨다.

10) 催(최) : 재촉하다.

11) 黃鳥(황조) : 꾀꼬리.

12) 晴光(청광) : 맑은 봄빛이나 달빛. 여기서는 봄빛을 가리킨다.

13) 綠蘋(녹빈) : (부평초와 같은) 푸른 수초를 가리킨다. '蘋'은 수초의 일종이다.

14) 古調(고조) : 옛 곡조. 여기서는 육승이 지은 〈早春遊望〉시를 가리킨다.

15) 沾巾(첨건) : 수건을 적시다. '沾'은 '적시다'는 뜻으로서 '霑(점)'과 같은 뜻이다.

해설

이 시는 친구의 시에 화답한 시로서, 타향에서 벼슬살이 하는 시인이 강남(江南)의 아름다운 경치를 보고서 고향을 그리워하는 마음을 노래하고 있다.

수련(首聯 : 1, 2구)에서는 고향을 떠나 생활하는 시인이 타향의 기후와 풍경의 새로운 변화를 대했을 때 느끼는 놀라움을 묘사하고 있다. '홀로 있다(獨有)'는 말과 '깜짝 놀란다(偏驚)'는 말 안에는 만약에 고향에서라면, 또는 이 지방 사람이라면 습관이 되어 새롭거나 놀라움의 대상이 되지 않았을 경물과 기후의 변화가 벼슬살이 때문에 객지를 떠돌아다니는 시인에게는 새로움과 놀람의 대상이 된다는 뜻이 그 안에 함축적으로 잘 표현되고 있다. 이 두 단어의 쓰임으로 시의 첫 시작이 아주 독특한 분위기를 형성하게 된다.

함련(頷聯 : 3, 4구)과 경련(頸聯 : 5, 6구)에는 밝은 봄빛에 새 울음과 꽃향기가 아름다운 강남지방의 봄날모습을 그리고 있다. 그러나 이것은 사실 시인이 고향에서 보았던 봄과의 비교를 통하여 타향의 신기한 모습을 나타낸 것으로서, 묘사의 이면에는 구절마다 고향의 봄을 그리워하는 마음이 담겨있다고 할 수 있다. 강남의 봄은 동방에서 새벽이 대지에 이르듯 오고, 매화와 버드나무가 장강(長江)을 넘어오듯 하다고 묘사한 부분은 아주 특별한 표현이다.

중춘(仲春)인 음력 2월에 꾀꼬리가 우는 것은 중원(中原)과 강남이 서로 같지만, 그러나 그 울음소리는 강남의 꾀꼬리가 더욱 듣기 좋다고 한다. '淑氣催黃鳥'는 서진(西晋) 육기(陸機)의 〈비재행(悲哉行)〉에 나오는 "혜초는 맑은 기운 넘치게 하고, 때를 따라 우는 새는 좋은 울음 많이 낸다(蕙草饒淑氣, 時鳥多好音.)"를 변용하였는데, '최(催)'라는 말을 넣음으로써 강남의 새들이 더욱 잘 운다는 점을 잘 묘사하고 있다. 또 '晴光轉綠蘋'은 양(梁) 나라 강엄(江淹)의 〈영미인춘유(詠美人春遊)〉시에 보이는 "강남의 2월 봄에는 봄바람이 푸른 부평초를 더욱 짙게 하네(江南二月春, 東風轉綠萍.)"를 화용한 것이다. ≪예기(禮記)≫의 〈월령(月令)〉에 따르면, '부평초는 강북인 중원에서는 음력 3월에 비로소 자라기 시작한다'고 하니, 강남과는 꼭 한 달의 차이가 난다. 그러니 이 시는 강남의 음력 2월의 봄 경물을 보고서, 고향인 중원의 음력 3월의 봄 경물을 그리워하며 지은 것임을 알 수 있다.

미련(尾聯 : 7, 8구)에서 '고조(古調 : 옛 노래곡조)는 친구 육승의 시를 존숭하여 표현한 말이다. 시인은 '홀(忽 : 문득)'이라는 말을 이용하여서 육승의 시가 무의식중에 자신의 향수병을 자극하여 눈물이 나게 하였다는 사실을 교묘하게 표현하였다. 아마도 시인은 원래부터 평소에 고향을 그리워하는 마음이 간절하였기 때문에 친구의 시를 읽고 금방 마음이 동요되었을 것이다.

고향을 그리워하는 마음이 어찌 계절의 변화에서만 느껴지겠는가? 고향과 가족을 떠나 혼자 사는 이들에게는 매 시각이 모두가 외로움이요 그리움이다.

아침에 일어나서 세수를 할 때면 세면대 위로 그 외로움과 그리움이 떠오르고, 대문을 열고 집을 나서면 문 밖에서 그 외로움과 그리움이 나처럼 출근할 순비를 하고 있다. 직장에서 동료들과 같이 있거나 강의실에서 학생들과 함께 있을 때면 그 놈들이 잠시 자리를 비운 것 같은데, 연구실로 돌아올 무렵에는 어느새 책상 위에 올라와 있다. 이 책 저 책 뒤척이다 보면 잠시 잊어버린 듯하지만, 집으로 돌아가는 퇴근길 옆자리에는 영락없이 다시 그 놈이 동승자로 곁에 앉아 있다. 마침내 대문을 열고 집을 들어서면, 언제 왔는지도 모르게 제 먼저 들어와 벌써 방에 자리 잡고 앉아 있다.

고향에서 가족과 같이 살아가기엔 우리의 삶과 사회가 너무 많이 변해버렸다. 고향이 좋고 가족이 좋다곤 하지만, 그렇다고 학교도 다니지 않으며 부모 곁에서 농사만 짓고 살 수는 없지 않은가? 더욱이 이 귀한 삶의 터전을 급히 버리고 조기에 퇴직해 버리는 것도 우습지 않은가? 고향을 찾아 가족과 함께 정겹게 사는 일이란 아무래도 다 틀려버린 것 같다.

王勃
(왕발 : 650~676年)

왕발은 양형(楊炯), 노조린(盧照隣), 낙빈왕(駱賓王) 등과 함께 초당사걸(初唐四傑)로 불린다. 자는 자안(子安)이고, 강주(絳州)의 용문(龍門 : 지금의 산서성山西省 하진현河津縣)사람이다. 그는 수말(隋末) 왕통(王通)의 손자이며, 왕적(王績)은 그의 숙조(叔祖)이다.

기록대로라면 왕발은 대단한 신동(神童)이었을 것으로 추측된다. 6세 때 이미 글을 지을 수 있었음은 물론이고, 9세 때는 안사고(顔師古)가 주를 단 ≪한서(漢書)≫를 읽고, 그 잘못을 지적한 ≪지하(指瑕)≫ 10권을 지었다 한다. 왕발의 이 책은 실전되어 그 내용을 확인할 길이 없지만, 역사적으로 따져볼 때 ≪한서≫를 최초로 비평한 저작이라 할 수 있다. 그는 또 10세 때에 단 한 달 만에 ≪육경(六經)≫을 다 깨우쳐 세인을 놀라게 하기도 하였다. 두이간(杜易簡)은 그의 형인 왕면(王勔), 왕거(王勮)과 함께 그를 "차왕씨삼주수야(此王氏三珠樹也)"라 칭하였다.

일찍이 유소과(幽素科)에 급제하여 문장으로 이름을 떨쳤고, 패왕(沛王) 이현(李賢)의 수찬(修撰)으로 일했다. 당시 장안에서는 여러 왕들 사이에 투계(鬪鷄)로 승부를 가르는 도박이 유행하였다. 왕발은 패왕의 닭에 가탁하여 영왕(英王)의 닭을 성토한 〈격영왕계(檄英王鷄)〉란 글을 장난삼아 지었는데, 글이 워낙 명문이라 사람들이 다투어 베꼈다고 한다. 그런데 고종(高宗)이 격문을 보고는 제왕(諸王)을 도발케 하는 것이라고 진노하여 그 날로 왕발을 패왕의 왕부에서 축출시켰다.

그는 관직에서 쫓겨난 뒤 장안을 떠나 파촉(巴蜀) 지방을 3년여 동안 떠돌다 장안으로 돌아온다. 장안으로 돌아온 지 2년째 되는 해 괵주(虢州)의 사법참군(司法參軍)으로 있던 친구 육계우(陸季友)의 제안으로 괵주의 참군이라는 하위직을 얻게 된다. 괵주에서 2년 되던 해 그는 관노(官奴) 중에 조달(曹達)이라는 자가 죄를 짓자 그를 숨겨 주었다가 일이 발각될까 두려워 그를 죽여 버린 일이 발생하였다. 얼마 뒤 이 사실이 발각되어 죽음을 면키 어려웠으나 사면을 받고 겨우 목숨을 건졌다. 당시 그의 부친인 왕복치(王福畤)는 옹주(雍州)의 사마참군(司馬參軍)으로 있었는데, 왕발의 일로 인해 교지(交趾 : 지금의 베트남 부근)로 좌천되었다. 왕발은 교지령으로 좌천된 아버지를 문안하려 찾아가다가 홍주(洪州)에 들렀다. 때마침 홍주에서는 중양절을 기해 등왕각(滕王閣) 중수를 기념하는 낙성식을 열고 있었는데, 왕발은 우연히 여기에 들렀다가 그 유명한 〈등왕각서(滕王閣序)〉를 짓게 된다. 등왕각은 당 고조의 아들인 이원영(李元嬰)이 홍주자사로 있을 때 지은 것인데, 고종 상원 2년에 홍주태수인 염백서(閻伯嶼)가 이를 중수한 기념으로 9월 9일 중양절에 연회를 베풀어 사위인 오자장(吳子章)의 문장을 참석자들에게 자랑하려 하였다. 참석자들은 모두 염백서의 심중을 헤아리고 글을 짓기를 사양하는데, 왕발만은 그 자리에서 글을 짓는다. 화가 나서 연회자리에서 물러나온 염백서는 사람을 시켜 왕발이 짓는 글을 한 구절 한 구절 보고를 받는데 "지는 노을은 외로운 기러기와 같이 날고, 가을 강물은 긴 하늘과 일색을 이루었네(落霞與孤鶩齊飛, 秋水共長天一色.)"란 구절을 보고 받고는 무릎을 치며 경탄하고, 그리고는 다시 연회장으로 나와서 왕발을 융숭하게 대접하였다고 한다.

왕발은 연회가 끝나고 다시 부친을 만나려 바다를 건너 가다가 배가 전복되어 27세의 젊은 나이로 요절하였다(혹자는 부친을 만나고 돌아오는 길에 익사하였다고 해석하기도 한다.)

왕발은 문장을 지을 때면 처음부터 정밀한 구상을 하는 것이 아니라, 먹을 몇 되갈아놓은 뒤 곧바로 술을 거나하게 마신 후 이불을 당겨 얼굴에 덮고 누워 자다가 일어나자마자 붓을 들어 글을 짓는데도 한 자도 고치는 일이 없어 당시 사람들이 그를 '복고(腹稿)'라 불렀다고 한다. '복고'란 '뱃속에 원고가 들어 있다.'는 뜻이다.

5언절구 30여수를 포함하여 모두 96수의 시를 남기고 있는 왕발은 짧은 생애와는 달리 시가 혁신운동의 선구자로서 맹활약하였으며, 활달하고 호방한 마음을 강물처럼 쏟아놓은 5 · 7언 율시에 뛰어난 업적을 남겼다.

특히 왕발은 ≪전당문(全唐文)≫에 8권의 문집을 남기고 있는데, 작품으로는 〈춘사부(春思賦)〉, 〈한오루봉부(寒梧樓鳳賦)〉, 〈청태부(靑苔賦)〉 등의 12편의 부(賦)를 비롯하여 〈추일등홍부등왕각전별서(秋日登洪府滕王閣餞別序〉 등 44편의 서(序)가 뛰어나다.

送杜少府之任蜀州 송두소부지임촉주

城闕輔三秦　성궐보삼진
風煙望五津　풍연망오진
與君離別意　여군이별의
同是宦遊人　동시환유인
海內存知己　해내존지기
天涯若比鄰　천애약비린
無爲在岐路　무위재기로
兒女共霑巾　아녀공점건

촉주로 부임하는 두소부를 전송하며

성궐은 삼진의 보좌를 받고 있는데,
바람과 안개 아득한 오진을 바라본다.
그대와 이별하는 내 마음,
우린 다 같이 벼슬살이로 떠도는 사람이라.
이 세상에 지기가 있다면야,
하늘 끝도 이웃 같으리.
헤어지는 갈림길에서
아녀자처럼 눈물로 수건을 적시지 말게..

주석

1) 送杜少府之任蜀州(송두소부지임촉주) : 촉주로 부임하러 가는 두소부를 전송하다. 소부는 현위(縣尉)이며, 촉주는 지금의 사천성에 해당한다. 왕발의 지기(知己)가운데 두(杜)씨 성을 가진 현의 관리일 것으로 추정되나, 누구인지는 알려져 있지 않다. '之任'의 '之'는 '가다'는 뜻의 동사이므로, '之任'은 '가서 임명되다', 또는 '임명되러 가다'는 뜻이다.
2) 城闕輔三秦(성궐보삼진) : (장안의) 성궐이 삼진에 의해 보좌되다. 삼진은 지금의 섬서성(陝西省) 일대를 가르친다. 원래는 진(秦)의 땅이었지만, 항우(項羽)가 진을 멸망시킨 후 그 지역을 옹(雍), 새(塞), 적(翟)의 세 나라로 분할한 뒤 이를 삼진이라 불렀다. 일설에는 삼진을 경성(京城)인 장안(長安)을 가리키는 것으로 보기도 한다. 삼진을 장안으로 본다면 해석은 '성궐은 장안을 보좌 한다'로 번역해야 한다.
3) 五津(오진) : 다섯 개의 나루터를 말한다. 민강(岷江)에 있는 백화진(白華津), 만리진(萬里津), 강수진(江首津), 섭두진(涉頭津), 강남진(江南津) 등 다섯 개의 나루터를 오진이라 한다. 모두 촉(蜀)에 있다.
4) 海內(해내) : '온 세상', '천하'라는 말과 같은 뜻으로 쓰인다. 지기(知己)는 '자기의 마음을 알아주는 사람'이라는 뜻이다. ≪사기(史記)·자객열전(刺客列傳)≫에 '남자는 자기를 알아주는 이를 위해 죽고, 여인은 자기를 기뻐하는 이를 위해 화장한다(士爲知己者死, 女爲悅己者容)'는 말이 있다. 조식(曹植)의 〈증백마왕표(贈白馬王彪)〉시에 '장부지사해, 만리유비린(丈夫志四海, 萬里猶比鄰.)'이 있지만, 왕발의 시구가 인구에 더 회자되니, 청출어람(青出於藍)이라 할 수 있다.
5) 比鄰(비린) : 이웃.
6) 無爲(무위) : '~하지 마라'. 여기서 '無'는 금지 명령사로서 '勿(물 : 말다)'와 같은 뜻으로 쓰였다.

7) 兒女共霑巾(아녀공점건) : '共'은 '~와 함께'의 뜻이며, '霑'은 적시다. '巾'은 여자들의 경우에는 외출 시에 허리에 차던 패건(佩巾)을 가리키고, 남자들의 경우에는 관아래 머리에서부터 턱을 감싸는 두건(頭巾)을 가리킨다. 따라서 '霑巾'은 '눈물이 떨어져 허리춤에 매단 패건 또는 관 아래의 두건을 적시는 것'을 말하는데, '兒女共霑巾'은 '아녀자와 함께 눈물로 수건을 적시다.'는 뜻이다. '共'은 원래 '兒女' 앞에 와야 하나, 중국시는 원칙적으로 의미단락이 5언시는 2·3언으로, 7언시는 4·3언으로 나누어지므로 '共' 자가 뒤로 간 것이다.

해설

이 시는 송별시 가운데서 천고의 절창(絶唱)으로 평가되는 작품 중의 하나이다. 지어진 시기에 대해서는 이견이 있긴 하나, 내용이나 시의 분위기로 보아 아무래도 왕발이 아직 장안을 떠나지 않았을 때에 지어진 것으로 여겨진다. ≪전당시(全唐詩)≫에서는 시제(詩題)에 '송(送)' 자가 없는데, ≪문원영화(文苑英華)≫에 따라 보충하였다.

시인은 수련(首聯)에서 장안과 촉이라는 두 공간으로 원근을 대비시키면서 그 사이를 '연(煙 : 안개)'이라는 시어를 두어 어렴풋한 명암을 교차시켰다. 그리고 다시 함련(頷聯)에서 먼저 '여(與)'와 '동(同)'이란 글자로 서로간의 동질성을 강조한 뒤, 다시 벼슬 따라 떠돌아다니다 보면 어쩔 수 없이 서로 헤어질 수밖에 없는 이별의 필연성을 서술하였다. 그리고 경련(頸聯)에서는 하늘 끝에 놓여 있더라도 이 세상에 지기(知己)만 있다면 이웃과 같이 느낄 수 있다고 하여 이별의 심정을 철학적으로 승화시켜 놓았다. 작가는 장안과 촉이라는 극히 먼 공간의 대비와, 그리고 다시 '與'와 '同'이라는 극히 가까운 공간의 대비를 설정한 뒤, '극원(極遠)'과 '극근(極近)'을 통합하는 매개로서 '知己'라는 개념을 제시하여 이별의 서러운 정서가 개입할 여지를 차단하여 버렸다. 그리고 미련(尾聯)에서는 아예 직설적으로, 이별의 갈림길에서 아녀자처럼 눈물짓지 말라고 하여 이별 앞에서 더 이상 슬퍼하지 말도록 다짐주고 있다.

이 시는 기상이 매우 장대하고 정조가 호쾌하여, 일반인들이 이별에 앞서서 느끼는 상정(常情)을 크게 뛰어넘는다. 이러한 초월성이 가능했던 이유는, 이 시를 지을 당시 왕발은 장안에서 득의만만해 있을 때였으며, 그때까지만 해도 전송받는 입장보다는 전송하는 입장에 있었기 때문일 것이다.

사랑하는 이와의 이별을 가슴 아파하지 않는 이가 또 있을까? 저를 알아주는 지기가 있다면 더욱 함께 있어야 한다. 지기가 멀리 하늘 끝으로 떠나간다면, 이별의 아픔은 저 하늘 끝만큼 더 멀리 커져 갈 것이라. 옛 시인은 말하지 않았던가? "슬픔 중엔 생이별만한 슬픔이 없다(悲莫悲兮, 生別離.)"고 시인은 어쩌면 친구의 아픈 마음을 거짓으로 달래려고 하였는지도 모른다.

이별의 갈림길에서 흘리는 눈물은 아녀자만의 전유물이 아니다. 장부가 되기 위해 울지 말아야 한다면, 차라리 아녀자가 되어 마음껏 울어보자. 문득 시 속에 등장한 두소부(杜少府)의 모습이 궁금하다.

山中 산중

長江悲已滯	장강비이체
萬里念將歸	만리념장귀
況屬高風晩	황촉고풍만
山山黃葉飛	산산황엽비

산에서

장강도 슬픔으로 머물러 버린 지 이미 오래 된 듯한데,
(나그네는) 만리 먼 객지에서 돌아갈 일 생각하누나.
하물며 공교롭게도 가을바람 부는 저녁 이때에
산마다 산마다 노오란 낙엽들 날리고 있음에랴.

주석

1) 長江(장강) : 중국에서는 양자강(揚子江)을 장강이라고 부른다. 흔히 시나 문장에 그냥 한 글자로 '하(河)'라고 할 때는 황하(黃河)를 가리키고, '강(江)'이라고 할 때 장강을 가리킨다. 기타 강들은 '수(水)'라고 하는데, 한수(漢水), 회수(淮水) 등이 이에 해당한다.
2) 悲已滯(비이체) : '已'는 '이미', 또는 '이윽고'라는 뜻으로 여기서는 '~한 지 이미 오래 되었다.'는 뜻으로 쓰였다. '滯'는 '머물다', '막히다'는 뜻이다. 따라서 '悲已滯'는 '슬픔으로 머물러 있는 듯하다'는 의미이다.
3) 念(념) : '헤아리다', '생각하다'는 뜻이다.
4) 將(장) : '장차', 또는 '장차 ~하려 하다'는 뜻이다.

5) 況(황) : '하물며 ~함이랴', 또는 '게다가 ~함에랴.'라는 뜻이다.

6) 屬(촉) : '속'과 '촉'의 두 가지 음이 있다. 여기서는 '공교롭게', '마침', 또는 '마침 ~ 때를 만나다'는 뜻으로 쓰였다.

7) 高風晩(고풍만) : '高風'은 바람이 높이 부는 가을을 가리킨다. '晩'은 '저녁'의 뜻으로 해석해야 한다.

8) 黃葉飛(황엽비) : '노란 잎이 날린다.'는 것은 노랗게 변한 낙엽이 가을바람에 휘날리며 떨어진다는 뜻이다.

해설

이 시는 시의 제목과 내용으로 보아 시인은 산 속에서 장강을 굽어보며 지은 것으로 여겨지는데, 시인이 촉(蜀) 지방을 정처 없이 떠돌아다닐 때 고향으로 돌아가고 싶은 마음으로 지은 것이다. 전반 두 구는 시인의 감정을 쓴 것이고, 후반 두 구는 경물을 묘사하였다.

먼저 '장강(長江)'과 '만리(萬里 : 먼 객지)'라는 말은 공간적 개념으로서 시인이 멀리 타향에 나와 있으며, 또 돌아가야 할 고향이 아득히 멀다는 것을 암시하고 있으며, '이체(已滯) 와 '장귀(將歸)'는 시간적 개념으로서 고향을 떠난 지 꽤 오래 되었음을 암시한다. 중국시에서는 친구나 고향을 떠나는 시인의 감정을 흐르는 강물에다 곧 잘 이입한다. 이 시 역시 비슷하게, 고향으로 돌아가지 못하고 객지에서 오래도록 체류하고 있는 모습을 마치 장강마저 흘러가기를 멈춰버린 듯 하다고 표현한 것이다.

후반 두 구는 시인의 향수를 더욱 자아낼 수 있는 가을경물을 묘사한 것이다. 시간적으로는 가을이라는 계절의 어느 하루 저녁 무렵에, 그리고 공간적으로는 흐르다가 멈춰버린 듯한 장강을 굽어 볼 수 있는 산 속에서, 그것도 온 산마다 노란 낙엽이 휘날리고 있는 산속이라면, 누구라도 이러한 때 이러한 곳에서 고향생각을 불러일으키지 않겠는가?

이 시 전반 두 구는 고향을 떠나온 시인의 향수(鄕愁)를 묘사한 것이라 할 수 있고, 후반 두 구는 이러한 향수를 자아낼 수 있는 경물을 묘사한 것이다. 일반적으로 중국시에서는 먼저 경물에 대한 묘사가 있고난 뒤에 시인의 감정을 후에 서술하는, 이른바 선경후정(先景後情)의 수법이 상용되는데, 여기서는 시인의 감정이 먼저 표현되고, 뒤에 경물이 그려져 있다. 이러한 도치의 수법은 이 시에서 고향에 대한 시인의 그리움을 더욱 진하게 자아내고 있다고 할 수 있다.

그런데 감상자에 따라서는 전반 두 구를 '장강 가에서는 (객지에 나온 나그네가) 머무른 지 이미 오래됨을 슬퍼하고 만리 먼 고향에서는 (집안사람들이) 장차 돌아올 나그네를 그리워하네.'라고 번역하기도 한다. 첫 구에서 '비(悲)'의 주어를 나그네, 곧 시인으로 보고, 둘째 구에서 '념(念)'의 주어를 고향에 있는 집사람으로 보고 한 해석이다. 옛 사람들이 "시무달고(詩無達詁 : 시에는 완벽한 해석이 없다.)"라 하였듯이, 이것 역시 하나의 해석방법이다.

인생 자체가 어디서 왔다가 어디로 가는지도 모르는 그런 나그네가 아닌가? 우리네 인생이란 것도 어찌 보면 지구라는 행성에 잠시 머물다 떠나가는 것에 다름 아니다.

내가 그리워하는 가족이란 것도 친구라는 것도 영원한 것이 아니다. 함께 있어도 외롭고, 바라보고 있으면서도 그리워만 하다가 마침내는 모두 사라지고 마는 것이 우리네 인생이 아닌가? 시인은 뭣 때문에 번거롭게 '장강'과 '만리'를 들썩였는가? 가을 저녁 부는 바람에 낙엽 지는 모습을 보지 않았다면 슬픔과 그리움이 없을 것 같은가?

陳子昂
(진자앙 : 661~702年)

진자앙은 고종 용삭(龍朔) 원년(661년)에 출생하였고, 자는 백옥(伯玉)이며, 재주(梓州) 사홍(射洪 : 사천성 사홍현)사람으로 파란만장한 생애를 산 인물이다. 그의 집안은 호족(胡族)출신으로서, 부친 진원경(陳元敬)은 명경과(明經科)에 급제하여 문림랑(文林郎)에 제수 받았지만 관직에 나가지 않았다.

진자앙은 재주와 용모가 뛰어났으며, 성격은 어려서부터 호협스러운 기개를 지니고 있었다. 개요(開耀) 원년(681년) 그의 나이 21세에 장안에 와 태학에서 유학하면서 여러 명사들을 두루 방문하였고, 그의 출중한 재주가 주목을 받았다. ≪독이기(獨異記)≫에 의하면, 그가 장안에 올라왔을 때 아무도 그를 알아주지 않자, 그는 매우 기발한 방법으로 자신의 존재를 드러내었다. 장안 시내에 호금(胡琴)을 파는 자가 있어 그 가치가 백만금이라고 떠들고 다녔는데, 부귀한 자들이 전해 듣고 와서 보았지만, 감히 아무도 사질 못했다. 이때 진자앙이 사람들을 헤치고 나서서 자신이 이 악기의 연주에 뛰어나다고 말하면서, 천금의 거액을 들여서 그 악기를 구입하였다. 사람들이 모두 놀라며 그의 연주를 듣고 싶어 했지만, 그는 다음날 선양리(宣揚里)리 와서 들으라고 하였다. 다음날 약속한 대로 사람들이 그의 처소로 몰려오니 훌륭한 술자리가 마련되었고, 식사를 마친 뒤에 진자앙이 호금을 들고 나타나 "나 진자앙이 지은 문장은 백 개의 두루마리나 있으나 아직 사람들에게 알려지지 않았다. 이 악기는 원래 비천한 악공이 만든 것이니 간직할 가치도 없다"고 말하면서, 그 호금을 그 자리에서 부수고 자신의 문장을 골고루 방문자에게 나누어 주었다. 이리하여 그의 문명(文名)이 하루아침에 장안에 퍼지게 되었다 한다. 그 당시 경조사공참군(京兆司功參軍)인 왕적(王適)은 그의 시작품을 보고 감탄하며 "이 사람이 반드시 앞으로 천하의 문장의 영수가 될 것이다(此子必爲天下文宗矣)"라고 칭찬하였다고 한다.

진자앙의 관도는 순탄치만 않았다. 그의 나이 22세에 낙양에서 과거시험에 응시하나 실패한다. 그는 고향으로 돌아와 신선술과 황로(黃老)사상과 역상(易象) 등을 공부하며, 불문의 스님인 휘상인(暉上人)과 진구관계를 맺고, 한편으론 과거시험 준비에 각고의 노력을 기울인다. 예종(睿宗) 문명(文明) 원년(684년) 23세의 나이로 과거에 급제하여 측천무후로부터 인대(麟臺 : 비서성)의 정자(正字)에 제수 받는다.

26세 되는 수공(垂拱) 2년(686년)에는 좌보궐(左補闕) 교지지(喬知之)를 수행하여서 금미주(金微州) 도독 복고시(僕固始)의 반란을 정벌하기 위한 북정에 동참하였다. 그는 이때 변방에 머물면서 변방의 사정과 정치의 타락을 잘 체험하게 되었고, 그 경험은 시로서 잘 표현되었다. 우위주조참군(右衛胄曹參軍)이란 직을 거쳐 우습유(右拾遺)로 승진하고 이듬해 반역무리에 연루가 되어 일 년간 감옥살이를 한다. 만세(萬世) 통천(通天) 원년(696년) 9월에는 측천무후의 당질(堂姪)인 무유의(武攸宜)를 따라서 동북지방의 거란을 정벌하러 갔다가 막부참모에서 군조로 강등당하여 다시 한 번 현실 정치에 대하여 환멸을 느끼게 된다. 그는 이때의 절망감과 답답한 심정을 군사가 주둔하고 있던 유주(幽州)의 고적을 찾아다니며 시로 읊어냈다. 그가 이때 지은 시로는 〈계구람고(薊丘覽古)〉 7수와 〈등유주대가(登幽州臺歌)〉, 〈등계구루송가병조입도(登薊丘樓送賈兵曹入都)〉 등이 있다.

동정(東征)에서 돌아온 후는 진자앙 생애의 말기에 해당한다. 이때의 시문에는 지나온 관직생활을 회고하고, 자신이 당초 지녔던 포부와 그것을 실현하고자 하였던 노력, 현실정치에 대한 실망과 좌절, 나아가 관직을 떠나 은거하고자 하는 마음 등이 주된 내용으로 표현되어 있다. 성력(聖曆) 원년(698년) 가을 아버지가 타계하고 얼마 후 그의 재산을 탐낸 사홍현의 현령 단간(段簡)은 무삼사(武三思)의 사주를 받아 진자앙은 투옥시킨다. 아버지의 죽음과 감옥생활의 고통, 정치적 박해 등으로 진자앙은 일어설 힘도 없었고, 마침내는 "하늘이 나를 돕지 않으시는구나. 내가 죽게 되는구나!(天命不祐, 吾其死矣!)"라고 긴 탄식을 한다. 그리고 나서 장안(長安) 2년(702년)에 옥중에서 죽으니 그의 나이 42세였다.

그는 시경(詩經)의 풍아(風雅)와 한위(漢魏)의 풍골과, 육조이래로 시에서 결핍되었다고 하는 흥기(興寄)를 내세워 육조 이래의 형식적인 시풍을 배격하고, 시경과 건안(建安)과 정시(正始)를 포함한 한위 시기의 시처럼 정치사회의 현실 상황을 시작에 반영하고 그것을 비판하는 시의 내용과 기능을 되살릴 것을 주장하였다. 진자앙은 제량(齊梁) 시대의 문학을 '망국지음(亡國之音)'이라고 혹독하게 비판하면서 내용과 형식의 조화를 주장하였고, 문학의 사회성과 교화성, 그리고 실용을 강조하였다.

그가 남긴 시로는 〈감우(感遇)〉시 38수, 〈등유주대가(登幽州臺歌)〉 이외에도 현실감 있는 변새시(邊塞詩), 풍자시(諷刺詩), 은둔시(隱遁詩), 영물시(詠物詩) 등의 다양한 시를 썼다.

燕昭王 연소왕

南登碣石館　　남등갈석관
遙望黃金臺　　요망황금대
丘陵盡喬木　　구릉진교목
昭王安在哉　　소왕안재재
霸圖悵已矣　　패도창이의
驅馬復歸來　　구마복귀래

연나라의 소왕

남쪽 갈석관에 올라,
멀리 황금대를 바라본다.
구릉엔 교목이 가득한데,
소왕은 어디에 계신가?
웅대한 계획 끝나버렸음을 슬퍼하며
말을 몰아 다시 돌아갈 밖에.

주석

1) 碣石館(갈석관) : 전국시대(戰國時代) 때 양(梁) 나라 사람인 추연(鄒衍)이 연(燕) 나라에 오자 연 나라의 소왕(昭王)이 그를 위해 갈석궁(碣石宮)을 짓고 스승으로 모셨다고 한다. 갈석관은 바로 갈석궁을 가리키며, 옛터는 지금의 북경시 남쪽에 있다.

2) 黃金臺(황금대) : 연의 소왕이 역수(易水) 동남쪽 80리 되는 곳에 지은 누대(樓

臺)를 가리킨다. 누대 위에 천금을 두고서 천하의 현사들을 초빙하였다. 이때 악의(樂毅) 등의 호협과 현사들이 왔다고 한다.

3) 盡(구) : '모두' 또는 '다하다'는 뜻이다.

4) 昭王(소왕) : 연나라 소왕 희평(姬平)이다.

5) 覇圖悵已矣(패도창이의) : '패도가 슬프게도 끝나버렸구나!'의 뜻이다. '覇'는 '제패하다'는 뜻이고, '圖'란 '도모하다'는 뜻으로서, 여기서는 연 소왕이 천하의 패권을 쟁취하려 하였던 웅도(雄圖)를 가리킨다. '已'는 동사로서 '그치다, 끝나다'는 뜻이고, '矣'는 여기서는 감탄문의 종결을 이끄는 조사로 쓰였다.

해설

만세(萬歲) 통천(通天) 2년(697년)에 측천무후는 건안군왕(建安郡王) 무유의(武攸宜)로 하여금 거란을 정벌케 하였는데 진자앙은 정벌군의 참모로 참가하여 어양(漁陽)에 머무르게 되었다. 거란과의 전투에서 선봉대가 전멸하게 되자 병사들이 무서워 떨고 있었는데, 이때 진자앙이 새로운 전략을 수립하여 간언했으나, 무유의는 한갓 서생의 말로 치부하고 듣지 않았다. 그는 몸을 아끼지 않고 더욱 간절히 간언했으나, 이로 인하여 무유의의 미움을 받아 군대의 하급관리로 좌천되었다. 이에 진자앙은 북루(北樓)에 올라 옛날 연 나라의 소왕이 추연, 악의 등의 재능을 알아주고 대우해 준 일을 회상하면서, 자신의 충정이 받아들여지지 않는 것에 대한 불만을 친구인 노장용에게 시를 지어 보냈으니, 〈계구람고증노거사장용시(薊丘覽古贈盧居士藏用詩)〉 7수가 그것이며, 〈연소왕(燕昭王)〉은 그 가운데 하나이다.

계구(薊丘)는 계문(薊門), 즉 지금의 북경시 북쪽에 위치하며 전국시대 연 나라의 도읍이 있던 곳이다. 진자앙은 노장용이 일찍이 종남산에 은거한 적이 있으므로 거사(居士)라 칭한 것이다. 따라서 시 제목을 풀어 쓴다면, 〈계구에서 옛날을 돌아보며, 거사인 노장용에게 주노라〉가 된다.

연 소왕은 제(齊) 나라의 공격을 받은 뒤 즉위하여 복수를 다짐하고서 스스로를 낮추고 후한 예물로써 현사를 초빙하였다. 먼저 그의 신하인 곽외(郭隈)를 위해 궁관(宮館)을 개축하고 스승을 받들 듯이 정성으로 모시니, 이 소문을 듣고 악의(樂毅), 추연(鄒衍), 극신(劇辛) 등이 그를 찾아와 도왔다. 후에 제 나라를 격파하여 복수를 하였고, 또 많은 영토를 획득하였다. 시인은 바로 연 소왕이 인재를 예로써 대우한 일을 회고하면서, 자신은 지금 재주를 인정받지 못해 포부를 펼칠 수 없는 것을 탄식하고 있다.

수련에서는 갈석관과 황금대를 설치하여 현사를 우대하였던 연 소왕에 대한 그리움을 비치었고, 함련에서는 연 소왕이 건축한 황금대가 있던 자리가 교목이 무성한 구릉으로 번했음을 시술하여 세월의 무싱힘을 암시하였다. 그리고 미련에서는 '已矣'와 '歸來'라는 시어에 주목할 필요가 있다. 겉으로는 '연 소왕의 웅도가 끝나 버렸음을 슬퍼하면서 군영으로 돌아온다.'고 하였지만, 실상 그 속으로는 '나의 재능과 포부를 펼칠 기회가 끝나버렸으니, 이제 야인으로서 산림으로 돌아가야겠다.'는 뜻을 암시한 것이라 할 수 있다.

재능을 품고 있으면서도 때와 주인을 만나지 못한 것을 '회재불우(懷才不遇)'라 하였던가? 지닌바 능력과 포부를 마음껏 펼칠 수 있는 세상을 만났다 해도 찰나에 불과한 것이 우리네 인생이라. 생각할수록 억울한 이 짧은 인생에, 더하여 나의 재능과 포부마저도 마음껏 펼칠 수 없다면 그것은 더욱 서러운 일이리라. 그래서 후일 이백(李白)은 〈선주사조루전별교서숙운(宣州謝脁樓餞別校書叔雲)〉 시에서 이렇게 말하지 않았던가?

人生在世不稱意　이 세상에서의 인생살이 내 뜻과 맞지 않으면
明朝散髮弄扁舟　내일이라도 머리 풀고 일엽편주로 강호를 떠다니리.

그래 세상이 나를 받아주지 않는다면, 내일이 아니라 지금 당장 모든 것을 팽개치고 떠나버리자. 떠날 용기가 없다면, 적어도 기필코 떠나버리고야 말겠다는 기개만은 키워나가자. 그러다가 어느 날 정말로 문득, 이제껏 나를 거부했던 이 세상을 이제는 내가 먼저 버릴 수 있게 된다면, 그날은 머리 풀어 헤친 채 목 놓아 실컷 울어 보리라.

登幽州臺歌 등유주대가

前不見古人　　전불견고인
後不見來者　　후불견래자
念天地之悠悠　　념천지지유유
獨愴然而涕下　　독창연이체하

유주의 누대를 올라서

앞으론 옛 사람 볼 수 없고,
뒤로는 올 사람 볼 수 없네.
천지의 무궁함을 생각하노라니,
홀로 슬픔에 젖어 눈물이 떨어지누나.

주석

1) 幽州臺(유주대) : '幽州'는 당 나라 때의 지명으로서 전국시대에는 연 나라의 수도가 있던 곳이다. 지금의 북경시 서남쪽에 옛 성이 있었다. 유주대는 소왕이 세웠다는 황금대(黃金臺)를 가리키는데, 계북루(薊北樓), 계구(薊丘), 연대(燕臺) 등으로 불린다.
2) 悠悠(유유) : 끝이 없는 모습을 말한다.
3) 蒼然(창연) : 슬퍼하는 모습을 말한다.
4) 涕(체) : 눈물. '루(淚 : 눈물)'로 된 판본도 있다.

해설

이 시는 시인의 회재불우(懷才不遇)하고 적막무료(寂寞無聊)한 심정을 비록 짧기는 하지만 자유분방한 언어로 깊이 있게 표현하였기 때문에 오랫동안 전송되어 온 명작이다. 이 시를 짓게 된 동기는 앞에서 소개한 〈계구람고증노거사장용(薊丘覽古贈盧居士藏用)〉와 마찬 가지로, 그가 무유의(武攸宜)의 작전참모로서 거란의 정벌에 나섰을 때 결전을 맹세하고 자기를 선봉장으로 임명해 줄 것을 건의하였으나 거절당하자, 자기의 재능을 이해해 주는 현인이 없음을 안타까워하며 지은 시이다.

첫 구에서의 "古人"이란 현사를 예우하였던 현명한 군주를 밀한다. 그는 소왕이 현사를 예우하고, 태자 단(丹)이 전광(田光) 등을 예우하였던 역사적 사실에 주의를 기울인 것이다. 유주대에 오른 그는 그러나 지금은 옛날의 소왕과 같은 현명한 군주를 다시 볼 수 없고, 앞으로도 그와 같은 현명한 군주를 만날 수 없다는 사실을 이내 깨닫게 된다. 이러한 때 시야에 들어오는 망망한 우주, 유구한 천지는 시인으로 하여금 더욱 적막감과 비애감으로 빠져들게 한다. 전반 두 구에서 먼저 시간의 무한함을 언급한 뒤, 후반 두 구에서는 다시 공간의 무한함을 언급함으로서, 시인의 비애감과 적막감이 매우 사실적으로 전달되고 있다. 시의 격조가 높고 기상이 웅혼하여 사뭇 건안풍골(建安風骨)이 배어난다.

이 시는 구식이 매우 독특하다, 전반 두 구는 5언구이지만, 후반 두 구는 5언구의 가운데 "之", "以" 자를 더하여 6언구로 변화를 가하였다. 또 5언구는 일반적으로 중간에 한 번 쉬는 곳을 두어 2·3으로 의미 단락을 끊어 읽는데 반하여, 이 시에서 전반 두 구는 각각 세 번의 쉬는 곳을 두어 "前 – 不見 – 古人, 後 – 不見 – 來者"로 각각 1·2·2로 끊었다. 이는 음절을 보다 급하게 하여 시인이 때를 만나지 못한 급박한 마음을 전하고자 한 의도에서 비롯된 것이다. 또 후반 두 구에서는 5언구에 '之', '以'라는 허사(虛詞)를 넣어서 "念 – 天地 – 之 – 悠悠, 獨 – 愴然 – 而 – 涕下"로 네 번이나 쉬는 곳을 주었다. 이렇게 허사를 넣어서 음절을 늘어뜨림으로서 시인의 어찌할 수 없는 한탄조의 심정을 보다 자연스럽게 전달할 수 있다.

더하여, 후반 두 구의 구식을 자세히 살펴보면 허사의 연결기능이 서로 달라 시구를 의미상 크게 끊어 읽는다면 그 구식이 또 서로 다름을 알 수 있다. 셋째 구의 '之'는 '天地'와 '悠悠'를 이어주므로 "念 - 天地之悠悠"의 1·5로 호흡되고, 넷째 구의 '而'는 '獨愴然'과 '涕下'를 연결하고 있으므로 "獨愴然 - 涕下"의 3·2로 호흡된다. 셋째, 넷째 구는 쉬는 횟수가 같으면서도, 의미상으로는 그 쉬는 길이가 달라서 또 다시 변화를 구한 것이다. 전후의 구법이 고르지 않고 음절의 억양 또한 일정치 않지만, 그러나 부조화 속에서도 조화를 이뤄내어 예술적인 감동을 증대시켰다고 할 수 있다.

영원한 시간과 광활한 우주공간 속에서 인간이란 너무나 미미한 존재이다. 거기에는 소위 '억울함'이란 끼어들 여지가 없다. 영원한 시간의 흐름과 광활한 우주의 공간을 생각한 뒤에도 억울함으로 눈물을 흘릴 수 있는 이가 몇이나 될까?

개뿔도 지닌 재능이 없으면서 혹 세상만 원망하지는 않았는가? 겨우 쥐꼬리만 한 앎을 가지고서 혹 자신을 식자로 여기지는 않았는가? 내 삶의 주변에서 특별한 재능도, 남다른 지식도 없는 녀석들이 세상을 한탄하는 모습을 보는 것만큼 재미있는 코미디가 또 어디 있을까? '회재불우(懷才不遇)'란 말 때문에 나는 곧잘 깊은 상념으로 빠져든다.

王之渙 (왕지환 : 688~742年)

왕지환은 자가 계릉(季凌)이고, 진양(晉陽 : 산서성山西省 태원太原)사람인데, 후에 강주(絳州 : 지금의 산서성 신강 新絳)으로 옮겼다고 한다. 당 측천무후(則天武后) 수공(垂拱) 4년(688년)에 출생하여 현종(玄宗) 천보(天寶) 원년(742년)에 세상을 떠났다.

그는 후위(後魏) 강주자사 왕륭(王隆)의 5대손이며, 증조 왕신(王信)은 수(隋) 왕조에서 조청대부(朝請大夫)와 저작랑, 그리고 당 왕조에서는 포주(蒲州) 문안(文安)현령을 지냈다. 부친 왕욱(王昱)은 홍려주부(鴻臚主簿), 옹주사토(雍州司土), 변주(汴州)의 준의(浚儀) 현령 등을 지냈다. 왕지환은 왕욱의 넷째 아들이다.

어려서부터 집안의 영향을 많이 받아, 10여 세에는 많은 문장을 읽었고, 2, 30세에는 경전을 연구하였으며, 중년 이후에는 각고의 노력으로 글을 짓고 독서에 전념하였는데, 10년의 노력을 거친 이후에는 꽤 높은 문학적 명성을 얻게 되었다.

왕지환은 학문적으로는 비록 성공하였지만, 정치적으로는 불우하였다. 그는 끝내 진사가 되지 못하였고, 다른 방법으로 출로를 찾았으니, 바로 사문학생(四門學生 : 사문학은 당대의 학관으로 성격은 국자학과 태학과 같으나, 학생의 출신신분이 상대적으로 낮았다. 모두 국자감이 통괄하였다.)의 신분으로 현리(縣吏)가 되었다. 청년시기 한 차례 기주(冀州)의 형수현(衡水縣) 주부(主簿)를 지냈고, 후에 다른 사람의 무고를 받아서 그만두었다. 이후에는 15년 동안 집에서만 기거하였다.

왕지환이 관직을 그만두었을 때는 바로 당(唐)의 '개원성세(開元盛世)' 시기에 해당한다. 그는 당조의 경제와 문화가 매우 발달하였을 때 황하 양안의 수 천리를 장유하면서 성당의 기상처럼 격앙강개(激昂慷慨)한 시정(詩情)을 배양하였다. 그의 대표적인 작품인 〈등관작루(登鸛鵲樓)〉는 바로 이때의 작품이다.

왕지환의 시는 그가 살아 있을 때 이미 광범위하게 유행하였으니, 당(唐) 설용약(薛用弱)의 ≪집이기(集異記)≫에 실려 있는 '기정서벽(旗亭畵壁)' 고사가 이 사실을 잘 설명해주고 있다. 어느 날 왕지환은 왕창령(王昌齡), 고적(高適)과 주점에서 술을 마셨는데, 마침 그 당시 유명한 몇 명의 가기(歌妓)도 그곳에 와서 노래하고 있었다. 왕창령이 왕지환과 고적에게 제안하기를 "우리들은 모두 시명이 있지만, 세 사람간의 우열을 아직 가리지 못했다. 오늘 저 가기들이 누구의 노래를 더 많이 부른 지를 보고서 시명을 결정하자"고 하여 세 사람은 가기 한 사람이 노래를 부를 때마다 벽에다 줄을 그어 표시를 하였다. 먼저 한 가기가 왕창령의 〈부용루송신점(芙蓉樓送新漸)〉을 불렀다. 그는 자신의 노래를 불렀다는 의미로 벽에다 한 획을 그었다. 그 다음 고적의 〈곡단부양구소부(哭單父梁九少府)〉를 불렀고, 고적 역시 벽에다 한 획을 그었다. 그 다음 가기는 다시 왕창령의 〈장신추사(長信秋詞)〉 5수 가운데 세 번째 수를 불렀고, 왕창령은 의기양양하게 다시 한 획을 그었다. 마지막은 가장 아름다운 가기가 왕지환의 〈양주사(凉州詞)〉를 불러서, 왕지환이 매우 기뻐했다고 한다. 세 사람은 서로 크게 웃었는데, 이때서야 이들을 알아본 가기들이 그들에게 절을 하고 인사하면서 "눈을 뜨고서도 신선을 알아보지 못해서(肉眼不識神仙) 죄송합니다."라고 하였다 한다. 이 기록은 사실과 일치하지는 않지만, 그러나 이 이야기는 당시 왕지환을 비롯한 왕창령과 고적의 시가 이미 대중적으로 노래로 많이 불려 졌음을 의미하고 있다고 할 수 있다.

집에 있기를 15년, 친구의 권유로 문안현의 현위를 맡고 있던 중에 세상을 떠나 하남(河南) 낙양(洛陽)에 안장된다. 그의 친구인 근능(靳能)이 그의 ≪묘지(墓誌)

≫에 왕염(王炎)과 왕우(王羽)두 명의 아들이 있었다고 기록하였다.

왕지환은 성당시기의 유명한 시인이고, 현재 전해 와서 남아 있는 작품은 ≪전당시(全唐詩)≫에 실려 있는 6수뿐이다. 원(元) 신문방(辛文房)의 ≪당재자전(唐才子傳)≫에서는 "매번 시를 지을 때마다 악공들이 그 즉시로 그의 시로 성률에 맞추었다(每有作, 樂工輒以被聲律.)"고 하였다. 그의 시의 예술적 특색은 의경이 장대하고 탁 트였으며 언어가 조화롭고 류창(流暢)하여, 음악성이 강하고, 가창하기에 알맞았으며, 절구 〈등관작루(登鸛雀樓)〉와 〈양주사(涼州詞)〉는 천고의 절창으로 전해져 오고 있다. 왕창령, 최국보(崔國輔), 고적 등과 교우하였으며, 또 왕창령, 이기(李頎), 최호(崔顥) 등과 같이 변새파(邊塞派) 시인으로 알려져 있다.

登鸛雀樓 등관작루

白日依山盡　　백일의산진
黃河入海流　　황하입해류
欲窮千里目　　욕궁천리목
更上一層樓　　갱상일층루

관작루를 올라서

태양은 산을 넘어 지고,
황하는 바다로 들어가며 흐르누나.
천리 밖까지 눈길을 다 펼치고자
다시 한 층 누각을 오른다.

주석

1) 鸛雀樓(관작루) : 지금의 산서성(山西省) 영제현(永濟縣)에 서남쪽에 있었다. 3층으로 되어 있던 이 누각은 동남으로는 중조산(中條山)이 보이고, 눈 아래 황하가 내려다보이던 명승지로서, 관작(鸛雀 : 황새)이 항상 그 위에 서식하고 있어서 '관작루'라고 불리었다. 뒤에 황하의 범람으로 매몰되었다.
2) 依山盡(의산진) : 산에 의지하여 다하다. 즉 '산을 넘어가며 해가 지다.'는 뜻이다.
3) 窮(궁) : '다하여 없어지다.'는 뜻도 있지만, '끝까지 펼치다', 또는 '끝까지 추구하다'는 뜻도 있다.
4) 千里目(천리목) : '천리 밖까지 볼 수 있는 눈길'을 가리킨다.

해설

이 시는 관작루(鸛雀樓)에 올라서 본 풍경을 통해 시인이 느낀 바를 쓴 시이다. 시의 전반 두 구는 동쪽 끝에서 서쪽 끝까지, 바로 발밑에서 멀리 눈길이 닿는 곳까지, 그리고 땅에서 하늘까지의 모든 경물을 14자에 담아내었다. 해가 지는 곳은 서쪽 끝이요, 누각 위에서 바라볼 수 있는 원경의 끝이요, 하늘의 경물이기도 하다. 황하가 흘러 들어가는 바다는 바로 동쪽 끝이요, 그 황하가 바로 누각 아래를 휘감고 지나가니 바로 발밑이기도 하며, 땅을 향해 굽어본 경물이기도 하다. 좌우와 원근과 하늘과 땅의 시야를 14자 안에 모두 포괄하고 있으니 그야말로 그 기상과 스케일이 대단하다 아니 할 수 없다. 특히 둘째 구에서는 시인이 황하가 바다로 흘러 들어가는 모습을 관작루에서는 볼 수 없는데도 불구하고, 마치 본 것처럼 묘사하여 경치(景)와 자신의 감정(情)을 하나로 융합시켰으니, 이로써 시의 광도(廣度)와 심도(深度)를 더욱 증가 시켰다 할 수 있다.

시인은 후반 두 구에서 "천리 밖까지 시야를 다 펼치고자, 다시 한 층 누각을 오른다."고 하여 독자들의 시야를 더욱 확대시키고 있다. 독자들은 후반 두 구를 읽고 난 다음에야 전반 두 구에서 묘사한 경물이 2층 누각에서 본 것에 불과함을 비로소 깨닫게 된다. 그런데 이 두 구가 인구에 크게 회자되는 이유는 여기에 매우 철리적(哲理的)인 정신을 담고 있기 때문이다. 한 층 더 올라간다고 하여서 천리 밖까지 다 볼 수 없음은 물론이다. 그러나 태양이 지는 저 산 너머와 황하가 흘러 들어가는 바다 건너까지 바라보기 위하여 다시 한 층 누각을 오르는 시인의 행위는 바로 자신을 절차탁마(切磋琢磨)하여 위로 나아가겠다는 향상심(向上心)의 표현이라 할 수 있을 것이다. '멀리 보기 위해서는 한 층 더 높이 올라가야 한다.'는 말은 매우 평범하지만, 그러나 실천하기가 그리 쉽지만은 않은 철리(哲理)이다.

옛 시인은 "천리 밖까지 눈길을 다 펼치기 위해서는 누각을 한 층 더 올라가야 한다."는 말로써 자신을 절차탁마하는 '향상심'을 강조하였지만, 그러나 때로는 반드시 위를 향해 올라가는 경쟁심만이 삶의 가치일 수는 없을 것이다. 가끔씩은 '더 늦고', '더 낮고', '더 약하게' 살아가면서 승리만을 욕심내지 않는 마음도 삶의 유용한 덕목이 될 수도 있다.

올림픽에서 비인기 종목인 조정경기에서 꼴찌로 들어오는 우리 선수 두 명이 보인다. 기자의 멘트가 참 재미있다. 꼴찌로 들어오는 우리 선수에게 격려의 박수를 보내는 이는 모두 외국인 관객뿐이었다고 한다. 아직 올라 가야할 누각의 층수가 많이 남아 있을 때도 욕심 없이 아래로 내려 갈 수 있는 여유를 배울 수 있다면, 그래서 꼴찌로 들어오는 선수를 향해서 먼저 들어온 선수보다 더 잘했다고 격려하며 박수를 칠 수 있는 겸손을 체득할 수만 있다면, 향상심으로 달려온 삶의 후반에는 아름다운 은퇴를 할 수 있을 것이다. 젊어서는 "천리 밖까지 눈길을 다 펼쳐내기 위하여 누각을 한 층 더 올라가는" 향상심을 배워야겠지만, 삶의 후반기엔 잘 내려가는 마음도 겸하여 체득할 일이다.

涼州詞 양주사

黃河遠上白雲間　　황하원상백운간
一片孤城萬仞山　　일편고성만인산
羌笛何須怨楊柳　　강적하수원양류
春風不度玉門關　　춘풍부도옥문관

양주사

황하는 흰 구름 사이로 아득히 올라가고
한 조각 외로운 성은 만 길 높은 산 위에 있네.
오랑캐 피리는 하필이면 절양류 노래를 부르는가
봄바람이 옥문관을 넘어 오지도 못할 것인데.

주석

1) 黃河遠上(황하원상) : '河'가 '沙'로, '遠'이 '直'으로 된 판본도 있다. '上'은 동사로 쓰여 '遠上'은 '멀리 올라가다.'는 뜻이 된다.
2) 一片孤城(일편고성) : '片'은 현대중국어에서 '座'에 해당한다. 그러나 '片'에는 '홑(單)'과 '박(薄)'의 의미가 한 겹 더 부가되어 있다. 이 성은 지금의 감숙성(甘肅省) 무위현(武威縣)에 있던 성이다.
3) 萬仞山(만인산) : 길이의 단위로서 여덟 자(尺)가 '1인(仞)'이다. 산이 매우 높음을 형용한 표현이다.

4) 羌笛(강적) : 중국의 서북 이민족이던 강족(羌族)이 사용하는 피리이다. 서북의 변방지방에서는 강족의 문화가 한족인 중국인에게도 전래되어 성을 지키던 중국 병사들은 강적으로 이별의 노래를 곧잘 불곤 하였다.

5) 何須(하수) : '하필(何必)'과 같은 뜻으로서 '어찌 꼭 ~할 필요가 있는가?', 또는 '하필이면 ~이어야 하는가?'라는 뜻이다.

6) 怨楊柳(원양류) : 〈절양류(折楊柳)〉라는 음악으로 원망을 자아내다. 여기에서 '楊柳'는 '버드나무'를 가리키기도 하지만, 〈절양류〉라는 이별의 음악을 가리키기는 쌍관어(雙關語)로 사용되었다.

7) 春風不度(춘풍부도) : 봄바람도 넘지 못하다. '度'는 '넘다'는 뜻이다.

8) 玉門關(옥문관) : 지금의 감숙성(甘肅省) 돈황(敦煌) 서북쪽에 있는 관문으로, 서남쪽에 있던 양관(陽關)과 함께 서역으로 통하는 교통의 요충지. 당시엔 양주(涼州)의 가장 서쪽 경계였다.

해설

왕지환의 〈양주사(涼州詞)〉는 모두 2수이며, 일명 〈출새(出塞)〉라고도 한다. 〈양주사〉는 당대의 악부곡명(樂府曲名) 이름으로서 양주 일대의 변방생활을 노래한 가사이다. 양주는 하서(河西) 일대를 범칭한다. 악부란 이전에 불리던 노래로서 지금 전해지거나, 또는 지금 불리어지는 노래를 가리킨다. 악부곡명이란 노래의 곡명이란 뜻이다.

시의 첫 구는 황하(黃河)를 묘사한 시구 가운데서도 매우 특별하다. 왕지환은 황하를 바라볼 때 아래에서 위를 향하고, 가까운 곳에서부터 먼 곳을 바라보는 아주 특수한 감각으로 "황하가 흰 구름 사이로 아득히 올라가는(黃河遠上白雲間)" 감동적이며 웅장한 장면을 묘사해 내었다. 이 시구를 읽으면, 세찬 물결에 파도가 출렁이며 끝없이 흐르는 황하는 마치 한 줄기의 비단 띠처럼 구불구불 이어져 하늘 속으로 날아가는 것만 같다. 정말 대단한 기상이다. 이외에도 황하의 광대함을 묘사한 시구로는 역시 왕지환이 지은 〈등관작루(登鸛雀樓)〉의 "황하는 바다로 들어가며 흐른다(黄河入海流)"와 이백이〈장진주(將進酒)〉에서 서술한 "黄河之水天上来(황하의 강물은 하늘에서 내려온다)"를 들 수 있다. 왕지환의 또 다른 명구(名句) "黄河入海流(황하는 바다로 들어가며 흐른다)"는 황하를 바라보는 관찰각도가 〈양주사〉와는 정반대로서 시인의 시선이 위에서 아래로 이동하고 있다. 그리고 이백의 "黄河之水天上来"는 〈양주사〉처럼 황하의 상류를 묘사하고 있긴 하지만, 그 시선은 먼 곳에서 가까운 곳으로 이동하는 것이 〈양주사〉의 첫 구절과 다른 점이다. 반면에 왕지환의 "黄河入海流"와 이백의 "黄河之水天上来"는 둘 다 황하의 거침없는 기세를 부각시켰으며, 표현하고자 한 것이 황하의 동태미(動態美)였다는 점에서는 서로 같다고 할 수 있다. 왕지환의 "黄河遠上白雲間" 모습은 황하가 실제 흐르는 방향과는 반대모습을 묘사한 것으로서, 이는 앞에서 소개한 다른 두 시와는 달리 발원지가 심원하고 그 물길이 장대한 황하의 정태미(靜態美)를 묘사한 것이라 할 수 있다. 그러면서도 이 시는 변방의 광활하고 웅장한 풍광을 잘 드러내었으니, 가히 천고의 절창이라 칭할 만하다.

두 번째 구 "一片孤城萬仞山"에서는 변방의 외로운 성 하나를 드러내 보였는데, 이것은 이 시의 주요한 이미지 가운데 하나이며 그림 전체에서도 주요부분에 속한다. 이 성의 먼 배경은 '흰 구름 사이로 아득히 올라가는 황하'이고, 이 성의 가까운 배경은 '만길 높은 산'이다. 이 성(城)은 긴 강과 높은 산을 배경으로 하고 있어서, 그 지세(地勢)가 험준하나, 매우 외롭고 위태롭게 보인다는 것을 잘 알 수 있다. "一片" 은 당시(唐詩)에 습관적으로 쓰였던 단어로, "孤帆一片(외로운 배 한척)"이나 "一片孤云(한 조각 외로운 구름)"처럼 "孤" 자와 같이 잘 쓴다.

이렇게 사막 이북 지역에 있는 "외로운 성(孤城)"은 당연히 주민이 사는 곳이 아니라, 변경을 지키는 요새지라는 것을 말해준다. 그 말은 동시에 독자들에게는 그 안에는 전쟁터로 나온 병사들이 있다는 것을 암시하고 있다. "孤城"은 중국 고전 시가에서 사용되는 어휘로서 특별한 함의가 있다. 이 말은 종종 집을 떠난 사람의 수심(愁心)과 함께 연결되기도 한다. 예를 들어 두보(杜甫)의 〈추흥(秋興)〉시에서 "기주 관청 외로운 성에 석양이 비스듬하면, 매번 북두칠성 의지하여 장안을 바라보네(夔府孤城落日斜, 每依北斗望京華.)"라고 한 말이나, 왕유(王维)의 〈송위평사(送韋評事)〉시에서 "멀리서도 알겠다. 한 나라의 사신이 소관 밖에서 수심에 잠긴 채 저녁 석양에 외로운 성 바라보고 있을 줄(遙知漢使蕭關外, 愁見孤城落日邊.)"라고 한 것 등이 그것이다. 시인은 둘째 구절에서 "孤城"이라는 이미지를 먼저 끌어들여서, 그 다음 두 구절에서 전쟁터로 불려온 병사의 심리를 묘사할 준비를 미리 해 두었다.

이 시는 광활하고 황량한 자연환경의 묘사에서 시작하여서, 변방 수자리를 지키는 병사가 처한 외로움과 위험함으로 이어갔다. 그런데 셋째 구절에서 갑자기 상황을 한번 바꾸면서, 강적(羌笛 : 피리) 소리를 끌어 들인다. 피리가 연주하는〈折杨柳〉노래는 전쟁터로 나온 군인에게 이별의 수심을 불러일으키지 않을 수 없다. 셋째 구절은 〈횡취곡사(橫吹曲辭) · 절양류가사(折楊柳歌詞)〉에서 "말을 타고 채찍을 잡지 않고, 오히려 버드나무 가지를 꺾는다. 말안장 차면서 긴 피리 부니, 떠나는 나그네는 수심으로 죽을 것 같다(上馬不捉鞭, 蹀座吹長笛.)"이라고 말한 뜻을 응용한 것이다. 이별할 때에 버드나무를 꺾어 주는 것은 당대(唐代)에 매우 성행하였다. 그래서 "楊柳"는 이별과 직접적인 관계가 있다. 사람들은 버드나무를 보고 이별을 떠올릴 뿐만 아니라, 〈절양류〉라는 피리곡조를 듣고도 역시 이별의 한을 촉발시킬 것이다.

그런데 셋째 구에서 특히 유의할 표현은 "聞折柳(절양류 곡을 들려준다)"라고 하지 않고 "怨楊柳"라고 한 표현이다. "怨楊柳"라는 표현은 "〈절양류〉 곡으로 이별의 원망스러움을 자아낸다."는 뜻일 터인데, 외견상으로는 "버드나무를 원망한다."는 뜻으로 전달될 수도 있다. 시인은 〈절양류〉란 노래 이름을 그대로 사용하지 않음으로써 표현의 진부함을 피하였고, 그래서 결과적으로는 많은 시적 연상을 불러일으키며 시의(詩意)를 심화시켰다고 할 수 있는데, 절묘한 조어(造語)라 여겨진다.

옥문관(玉門關)은 중원과는 너무나 멀리 떨어진 곳이다. 그래서 시인은 옥문관 밖으로는 봄바람도 넘어 오지 않는다고 묘사하였다. 그곳은 버드나무도 푸르지 않아서, 떠나온 사람이 버드나무 가지를 하나 꺾어서, 두고 온 님에게 그 마음을 전해주고 싶어도 그럴 수도 없는 곳이다. 이것은 버드나무를 꺾어서 송별하는 것보다 훨씬 더 견디기 어려운 일이다. 출정한 사내가 이런 마음을 품고 이 곡조를 들으니, 피리소리도 "버드나무를 원망하고 있는 (怨楊柳)" 것 같았다, 시인은 그래서 "원망할 필요가 없다(何須怨)"고 말하면서 그 말로써 오히려 그 자신의 마음을 풀어주고 있어, 읽으면 읽을수록 맛이 난다.

셋째 구에서는 묻는 말로써 시의(詩意)를 짙게 만들었고, 넷째 구에서는 "봄바람이 옥문관을 넘어 오지도 못할 것인데(春風不度玉門關)"라는 말로 시의를 함축성 있게 잘 마무리하였다. "옥문관(玉門關)"이라는 말은 출정한 남자의 이별과 직접적인 관련이 있다. ≪후한서(後漢書)·반초전(班超傳)≫에 "감히 주천군은 바라 볼 수도 없고, 다만 옥문관 안으로 들어갈 수 있기만 바랄 뿐이다(不敢望到酒泉郡, 但願生入玉門關.)"라고 한 것이 그것이다. 마지막 구에서는 그래서 변방지역의 삭막함을 묘사하여, 끝없는 고향생각과 이별의 정을 내포하고 있다.

이 시가 비록 변방 병사의 비통하고 원망스러운 심정을 묘사하고 있긴 하지만, 중당 이후의 일부 변새시(邊塞詩)에 보이는 쇠락하는 당(唐)의 분위기는 없다. 〈양주사〉는 비애 가운데 의연함이 있으며, 처량함 가운데 기개가 담겨 있으니, 바로 이런 이유로 이 시를 "당음(唐音)"의 전형(典型)이라 할 수 있다.

孟浩然
(맹호연 : 689~740年)

맹호연은 성당(盛唐)의 자연파 시인으로서, 이름이 호(浩)이고 자가 호연인데 이름보다도 자가 더 널리 알려져 있다(일설에는 이름과 자를 모두 호연으로 칭하기도 한다.) 호북성(湖北省) 양양(襄陽) 사람으로서 이미 나이 10세 때 학문에 뜻을 두고 36~7세의 나이가 되도록 양양의 남원(南園)에 은거하여 학문에 진력하였다.

그는 문장에 대한 자부심이 무척 강하여 36~7세 무렵에 낙양에 상당 기간 머물면서 그 당시 저명한 시인인 저광희(儲光羲), 포융(包融), 기무잠(綦毋潛) 등과 어울리기도 했으나, 뜻을 얻지 못하고 객지를 유랑하다 오히려 병이 들어 귀향하였다.

그는 불혹의 나이 40세에 웅지의 뜻을 품고 진사과에 응시하러 또 다시 장안에 갔으나, 낙방하고 장안에 머물면서 조정의 문인들과 깊은 교분을 맺고, 자신의 시재(詩才)를 발휘하였다. 한 번은 그가 비서성(秘書省)에서 열린 시회(詩會)에 참석하였는데, 마침 저녁이 되어 가을달이 비취고, 구름이 걷혔다. 이에 여러 뛰어난 인사들은 연구(聯句)를 짓기 시작하였는데, 맹호연은 그의 차례가 되자 "엷은 구름은 은하수를 맑세 하고, 성긴 빗방울은 오동잎에 떨어지누나(微雲澹河漢, 疎雨滴梧桐.)"라고 하였다. 이에 좌중의 사람들은 그 시구의 청절(淸絶)함에 탄식하며, 붓을 놓고 시구를 더 이상 이어가지 못하였다고 한다. 맹호연은 이 시회의 참석을 계기로 승상(丞相) 장구령(張九齡), 시어사(侍御使), 왕유(王維)를 비롯한 장안의 적지 않은 문인 및 관료들과 교유를 맺는다.

왕유가 금란전대조(金鑾殿待詔)라는 직위에 있을 때 한 번은 몰래 맹호연을 궁중으로 불러들여 담소를 나누고 있었다. 그런데 잠시 후 현종(玄宗)이 갑자기 행차하자 맹호연은 당황하여 책상 아래 숨게 되었는데, 현종이 발견하고 불러내어 시를 지어 바치게 하였다. 이에 맹호연이 현종에게 시를 바쳤는데, 그의 시에 "재주가 없으니 밝은 군주께서도 버리시고, 병이 많으니 친구들도 멀리하네(不才明主棄, 多病故人疎.)"라는 구절이 있었다. 이에 현종은 "그대가 벼슬을 구한 적이 없고, 그래서 또 내가 그대를 버린 적도 없는데도 그대가 이런 시를 지어 나를 무고하느냐?"고 말하며 화를 내었고, 맹호연은 바로 이 일로 장안에서 추방되었다고 하는 일화가 전해온다.

고향으로 돌아온 맹호연은 4년여에 걸친 오(吳), 월(越) 지역으로의 여행을 떠났다가 돌아온 뒤에도 다시 촉(蜀), 상(湘), 감(贛) 등으로 여행을 다녀오기도 하였다. 이 시기에는 그가 중앙의 벼슬길로 나아갈 수 있는 결정적인 기회가 한 번 찾아왔다. 개원(開元) 23년(735년)에 맹호연의 재능을 높이 평가한 산남채방사(山南採訪使) 한조종(韓朝宗)이 그를 장안으로 데리고 간 것이다. 한조종은 조정 내에서 미리 여론을 형성한 뒤에 맹호연과 날짜를 약속하여 황제를 알현하기로 하였다. 그런데 약속한 날에 마침 친구가 방문하자, 맹호연은 그와 술을 마시다 약속장소로 가지 않았다. 이 일은 한조종을 매우 화나게 하였고, 맹호연을 조정에 추천하려던 일도 없던 일로 되어 버렸다. 맹호연으로서는 관직에 나아갈 수 있는 절호의 기회를 스스로 상실한 셈인데, 그러나 그는 평생도록 이 일 때문에 후회한 적은 없다고 한다.

2년 후인 개원 25년(737년)에 장구령이 형주대도독부장사(荊州大都督府長使)로 폄적되어 왔을 때 그 밑에서 미관을 맡기도 했지만, 일 년도 채 못 되어 귀향하고 말았다. 등에 종기를 앓고 있던 맹호연은 740년에 영남(嶺南)에서 사면되어 양양으로 온 왕창령(王昌齡)과 더불어 술을 마시다가 등창이 발병하여 세상을 뜨게 된다.

春曉 춘효

春眠不覺曉	춘면불각효
處處聞啼鳥	처처문제조
夜來風雨聲	야래풍우성
花落知多少	화락지다소

봄날 새벽

봄잠 들어 날 밝은 줄 몰랐는데,
곳곳에서 새들의 지저귀는 소리 들리누나.
밤새 몰아쳤던 비 바람소리,
떨어진 꽃잎이 대저 얼마나 되는지?

주석

1) 春曉(춘효) : '봄날 새벽'의 뜻이다.
2) 春眠(춘면) : "봄잠", 여기서는 '봄날의 낮잠'이란 뜻으로 쓰였다.
3) 不覺曉(불각효) : 새벽이 된 것도 깨닫지 못하다. '不覺'은 '~를 깨닫지 못하다.'의 뜻이다.
4) 處處(처처) : '곳곳에서'의 뜻이다.
5) 聞(문) : '(냄새를) 맡다', '(소리를) 듣다', 또는 '(소리가) 들리다'는 등의 여러 가지 뜻으로 쓰이는데, 여기서는 '(소리가) 들리다'는 뜻으로 쓰였다.
6) 啼(제) : 울다.
7) 夜來(야래) : '밤이 된 이후에', '밤중에', '밤 동안', '來'는 시간을 나타내는 단

어 뒤에 쓰여서 한 단락의 시간을 의미하기도 한다.

8) 知多少(지다소) : '知'는 '알다'는 뜻이 있지만, 여기서는 허사(虛詞)로 쓰인 듯하다. '知'가 허사로 쓰일 때는 '부(夫)'와 같은 뜻으로서 '대저'로 번역하든지, 아니면 아예 뜻이 없는 단어로 보아 해석하지 않아도 된다. '多少'는 '많고 적음', '약간', '얼마나' 등의 여러 가지 뜻으로 쓰인다. 여기서는 '얼마나'라는 의문사로 쓰였다. '知多少'는 '대저 얼마나 되는가?' 또는 '얼마나 되는가?'로 번역하면 된다.

해설

시의 예술적 마력은 화려한 수식이나 기이하고 독특한 수사법에 있는 것이 아니라 다 읽고 난 후에 느낄 수 있는 여운에 있다. 이 시를 처음 읽으면 너무나 쉬운 글자에 평이한 내용을 담고 있어 시적 매력이 별로 없는 것 같이 느껴지지만, 그러나 반복하여 읽어 보면 마치 감람(橄欖)을 씹는 것처럼 깊은 맛이 우러날 것이다.

이 시에서는 감각의 변화를 추구함으로써 시적 아름다움을 더했다. 첫 구에서는 봄잠의 달콤함에 빠져 있으니 '불각(不覺)'이요, 둘째 구에서는 새벽잠을 깨운 것이 새 울음소리를 들었기 때문이니 '각(覺)'이다. 셋째 구에서는 지난밤에 들려왔던 비바람 소리를 기억한 것이니 다시 '각'이요, 넷째 구에서는 꽃이 얼마나 떨어진지도 모를 정도로 봄은 점점 멀어져 가니 다시 '불각'이다. 잠이 든 상황과 잠에서 깨어난 상황이 반복되는데, 그에 대한 묘사 역시 '불각'과 '각'으로 반복되고 있으니, 미적 구상이 매우 정교하다.

또 이 시에서 사용한 운자(韻字)는 '효(曉)', '조(鳥)', '소(少)'로 상성운(上聲韻)을 쓰고 있는데, 이러한 상성운은 편안하고 부드러운 소리여서 봄잠의 정조를 더욱 짙게 하고 있다.

시인은 봄날의 한 측면만 묘사함으로써 봄의 경물 전체를 효과적으로 부각시키고 있다. 봄은 사람을 유혹하는 색채와 사람을 몽롱하게 만드는 향기를 갖고 있는데,

시인은 이런 것들은 하나도 묘사하지 않고, 단지 여기저기서 들려오는 새소리나 어렴풋이 기억나는 비바람 소리와 같은 청각적인 측면의 봄의 소리만을 나타내고 있다. '처처(處處)' 두 글자는 가까운 곳과 먼 곳이 서로 조화를 이루어 사람들로 하여금 몸이 산속에 있는 것과 같은 현장감을 갖게 한다. 봄바람이 불고 봄비가 내렸지만 조용한 봄밤에 이런 소리는 오히려 사람들로 하여금 안개가 자욱하게 피어오르는 꿈속 같은 의경과 비가 그친 후 봄풀들이 싱그러운 자태를 드리우게 됨을 상상하게 한다. 물론 이 모든 제재들은 작자가 실내에서 들은 것에 불과하지만, 한 걸음씩 다가오는 봄 소리는 오히려 끝없는 봄빛을 드러내고, 독자들을 광활한 대자연으로 이끌어서, 독자들 스스로가 향긋한 봄 향기를 상상하고 느낄 수 있도록 한다.

시인은 봄날 달콤한 낮잠에 빠졌다가 다음날 새벽 새들의 지저귀는 소리에 비로소 잠이 깨어났다. 잠에서 깨어난 시인은 지난 밤 비바람 소리 때문에 문득문득 깨어났던 일을 생각하고는 이내 꽃들이 많이 떨어졌을 것이라고 걱정하고 있는 것이다. 시인을 달콤한 봄잠으로 빠지게 한 것도 대자연이요, 시인을 깨어나게 흔든 것도 대자연이다. 그래서 시인은 잠에서 깨어나자마자 첫 번째 걱정이 바로 꽃들이 얼마나 떨어졌을까 하는 것이다. 그야말로 시인이 자연에 대해 갖는 잔잔한 기쁨과 애틋한 사랑이 시의 전편을 통해 흘러나오고 있다. 세속적 잡념이 전혀 개입되어 있지 않다. 역시 맹호연을 자연파 시인이라고 부르는 데에는 다 그만한 이유가 있었다.

언제 우리가 자연을 진정으로 걱정한 적이 있는가? 자연을 사랑한다고 하면서도 떨어진 꽃을 밟고 다니지 않았던가? 송대의 왕안석(王安石)은 꽃이 떨어져 흙에 더렵혀지는 것을 염려하여서, 꽃이 떨어지기 전에 미리 땅바닥을 깨끗이 쓸어두었다고 한다. ≪홍루몽(紅樓夢)≫에 나오는 임대옥(林黛玉)이란 여인은 떨어진 꽃이 하도 애달파서, 그 꽃들을 마치 사람처럼 묻어주었다고 하지 않더냐? 바람 불고 비 오는 날이면, 이제 거짓시늉일지라도 한번쯤 꽃이 떨어지는 것을 걱정해보자. 혹 떨어진 꽃이 발밑에 보일 때면, 길이 없어 정녕 돌아갈지언정 그냥 밟고 지나가지는 말자. 무수한 거짓시늉 끝에 어쩌면 혹 우리에게도 시인처럼 비온 뒤 꽃 떨어짐을 먼저 걱정하는 선한 마음이 생길 수도 있지 않을까?

望洞庭湖贈張丞相 망동정호증장승상

八月湖水平　　팔월호수평
涵虛混太淸　　함허혼태청
氣蒸雲夢澤　　기증운몽택
波撼岳陽城　　파감악양성
欲濟無舟楫　　욕제무주즙
端居恥聖明　　단거치성명
坐觀垂約者　　좌관수약자
空有羨魚情　　공유선어정

동정호를 바라보며 장승상에게

팔월의 호수는 잔잔하여
텅 빈 하늘에 맞닿을 듯하네.
수증기가 덮여있는 운몽 못이
물결이 쳐서 악양성을 흔든다.
건너려 해도 배 한척 없어
한가로운 생활하다보니 임금께 부끄럽네.
가만히 앉아 강태공을 바라보니
공연히 물고기가 부러워지네.

주석

1) 洞庭湖(동정호) : 호북성(湖北省) 일대에 있는 중국 최대의 호수이다.

2) 張丞相(장승상) : 장구령(張九齡)을 말한다.

3) 涵(함) : '포함하다', '머금다'의 뜻이다.

4) 虛(허) : '천공(天空)'이라는 뜻이다.

5) 太淸(태청) : 도가(道家)에서 말하는 삼청(三淸) 중의 하나로 '하늘'을 가리킨다. 삼청은 옥청(玉淸), 상청(上淸), 태청(太淸)을 말한다.

6) 雲夢澤(운몽택) : 옛날 초(楚)나라 늪지대의 이름이다. '雲夢'은 본래 둘로, 강남에 있는 것을 '夢'이라 하고, 강북의 것을 '雲'이라 했다. 후에 토사가 침적하여 육지가 되어 운몽택이라고 칭하게 되었다. 면적은 약 8 · 900리이고, 옛 부터 군주들의 사냥터로 유명하며, 지금의 호북성(湖北省) 남쪽 동정호(洞庭湖) 북쪽 일대이다.

7) 岳陽城(악양성) : 지금의 호남성(湖南省) 악양현(岳陽縣)이다.

8) 欲濟(욕제) : '호수를 건너려하다'라는 뜻이다. '濟'는 '도(渡)'와 같다. 여기서는 벼슬하고 싶은 마음을 나타낸다.

9) 舟楫(주즙) : '배와 노'. 여기서는 벼슬길에 추천해줄 사람을 비유한다.

10) 端居(단거) : '평상시의 거처', 또는 '한적하게 거처하다', '한가롭게 살다'라는 뜻이다.

11) 恥聖明(치성명) : 천자에 부끄러워하다. '聖明'은 천자(天子)를 가리킨다.

12) 垂釣者(수조자) : 강태공(姜太公)이 위수(渭水) 가에서 낚시를 하고 있다가, 서백(西伯) 주(周) 문왕(文王)을 만나서 태사(太師)직에 크게 등용된 일이 있다. 이 시는 이 일을 빌어서 장구령이 영명한 군주를 만나 승상으로 크게 등용되었다는 것과 그가 강태공에 비견되는 현상(賢相)이란 것을 비유하고 있다.

13) 羨魚情(선어정) : '고기를 부러워하는 마음'이라는 뜻으로, 여기서는 벼슬하기를 바라는 자기의 소망을 말한다.

해설

이 시는 동정호의 경상(景象)을 묘사한 시로, 그 속에는 장구령(張九齡)이 끌어주어 관도(官途)에 나서기를 바라는 시인의 마음이 담겨 있다. 이 시의 시제(詩題)는 사부총간본(四部叢刊本)에는 〈임동정(臨洞庭)〉으로 되어 있고, 장섭주본(章燮注本)에는 〈임동정상장승상(臨洞庭上張丞相)〉으로 되어 있다.

당 현종 개원(開元) 21년(서기733년)에 장구령은 중서시랑동중서문하평장사(中書侍郎同中書門下平章事)로 출사하여 승상(丞相)이 되었다. 맹호연은 마침 장안에서 객유(客遊)하고 있던 차에 이 시를 그에게 보냈다. 이 시는 겉으로는 경치를 묘사하는 서경시이지만, 사실은 승상 장구령이 자신을 알아주고 관직으로 추천해주길 바라는 마음이 담겨있다.

시인은 "팔월의 호수 물은 고요한데, 원기를 머금어 하늘과 하나가 되었다(八月湖水平, 涵虛混太淸.)"는 말로써 사해가 평화롭고 천하가 태평함을 암시하였고, "물기운은 운몽택을 끓게 만들고, 파도는 악양성을 뒤흔든다(氣蒸雲夢澤, 波撼岳陽城.)"는 말로 당 제국의 국력이 왕성한 성세(盛世)임을 암시하였다. 그러나 시인은 "호수를 건너가려 하나 저을 노가 없고, 할 일없이 지내자니 성스러운 황제께 부끄럽다(欲濟無舟楫, 端居恥聖明.)"는 말을 통하여서, 조정으로 출사할 길이 없어 할 일없이 지내고 있는 자신이 부끄럽다는 마음을 드러내었다. 마지막으로 시인은 한편으로는 강태공이 위수(渭水)에서 낚시를 하다가 결국에는 주(周) 문왕(文王)의 태사(太師)로 출사하게 되었듯이 장구령(張九齡)도 성명(聖明)한 군주를 만났음을 부러워하고, 다른 한편으로는 자신도 장구령의 눈에 들어 출사할 수 있게 되기를 바라는 마음을 완곡히 드러내었다.

이 시는 문사(文詞)가 완곡하고 기세가 장대하며, 비유가 적절하고 전고(典故)의 사용이 뛰어나다. 특히 3, 4구의 뛰어난 표현은 당시(唐詩) 가운데서도 많은 사람들에게 알려져 있는 명구이기도 하다. 시 전체의 구성이 명쾌한데, 앞 네 구는 경치를 묘사하였고, 뒤 네 구는 시인이 말하고자 한 일을 표현하였다. 경물과 상황이 잘 배합되고, 동정호(洞庭湖)의 낚시꾼을 등장시켜 승상 장구령을 칭송하면서, 또한 그의 추천을 받고자하는 뜻을 표현하였는데, 천고의 절창으로 전송되는 명편이라 할 수 있다. 맹호연은 아쉽게도 짧은 기간 동안의 지방막료생활을 제외하면, 일생동안 선비로만 머물고 중앙의 관직에 오른 적이 없었다. 나이 40이 되자 할 수 없이 양양(襄陽)의 녹문산(鹿門山)으로 은거하여 출사의 뜻을 포기한 채 산수자연과 벗이 되어 산림에서 유유자적하게 지냈다.

이 시의 핵심어는 "선어정(羨魚情)"이다. 시에서 낚시꾼은 바로 주(周)나라 문왕(文王)의 태사가 된 강태공을 상징하고, 승상 장구령은 강태공에 비유되고 있다. 시인은 승상 장구령이 고기를 낚듯이 그렇게 자신을 낚아주기를 바라는 마음을 "선어정"으로 표현한 것이다.

王昌齡
(왕창령 : 698~757年)

왕창령의 자는 소백(少伯), 경조(京兆) 만년현(萬年縣)의 자양촌(滋陽村) 사람으로서 대략 측천무후의 성력(聖曆) 원년(698년) 전후에 태어나서 안록산(安祿山)의 난이 발생한 직후인 숙종(肅宗) 지덕(至德) 원년(756년), 혹은 지덕 2년(757년) 사이에 사망한 것으로 여겨진다.

그는 고적(高適), 잠참(岑參)과 더불어 변방의 정경을 읊은 3대 변새파(邊塞派) 시인의 한 사람으로 손꼽힌다. 이들이 고도의 성취를 보였던 변새시란 변경지역의 풍광과 그를 통해 느낀 감회, 그곳을 삶의 터전으로 삼는 사람들의 풍속과 생활, 그리고 종군 길에 오른 병사들의 고충과 정서, 전쟁 등을 제재로 지은 시를 포괄적으로 칭하는 말이다. 그의 변새시에는 변방을 여행하거나 종군하면서 보고 겪은 감회와 풍경이 다양하게 반영되어 있고, 그의 변방여행은 개원(開元) 12년(724년) 그의 나이 27세를 기점으로 장안의 동북방을 여행한 전기와 서북방을 여행한 후기의 두 시기로 나누어진다.

왕창령은 개원 15년, 그의 나이 30에 진사에 급제하여 비서성(秘書省)의 교서랑(校書郎)을 지냈고, 맹호연(孟浩然)과 사귀어 종남산을 유람하기도 하였다. 그는 37세에 박학굉사과(博學宏詞科)에 뛰어난 성적으로 임명되어 사수위(汜水尉)로 옮긴다. 그러나 그가 사수위를 맡은 지 몇 년 뒤에 죄를 지어 영남(嶺南), 곧 지금의 광동성 일대로 좌천되었다. ≪구당서(舊唐書)≫의 그의 전기에 "행동거지에 작은 예절을 지키지 않다가 몇 번이나 쫓겨났다(不護細行, 屢見貶斥.)"라고 기록되어 있는 것을 미루어 보아 그의 자유분방한 성격과 관련이 있을 것이다.

개원 27년 현종(玄宗)은 개원 년간 이래로 좌천된 모든 사람의 죄를 사면하여 장안 가까운 곳으로 옮기게 하는데, 왕창령도 이때 사면을 받고 장안으로 돌아오게 된다. 그는 중도에 양양에 들러 맹호연을 만나는데, 당시 맹호연은 등창이 나서 고생하다가 이제 겨우 조금 나은 정도이었다. 맹호연은 왕창령과 만난 기쁨으로 그와 술을 먹다가 결국은 병이 악화되어 왕창령이 떠난 뒤 얼마 되지 않아 사망하고 말았다.

왕창령은 개원 29년(741년) 44세에 강녕승(江寧丞)으로 좌천되나 이듬해인 천보(天寶) 원년에 강녕에 도착한 그는 천보 7, 8년에 다시 용표위(龍標尉)로 좌천된다. 용표는 지금의 호남성 회화지구(懷化地區)로 그 당시는 매우 오지로 알려졌고, 인근에는 만족(蠻族)들이 많이 살고 있었다. 그가 용표위로 좌천된 이유 역시 작은 예절을 지키지 않던 그의 성품과 관계가 있을 것으로 여겨진다. 후인들은 왕창령을 '왕강녕', 또는 '왕룡표'로 불리기도 한다.

용표위 이후의 왕창령의 행적은 불분명한데, ≪신당서(新唐書)≫에서는 "(안록산의 난으로) 세상이 어지러워지자 고향으로 돌아가다가, 자사 여구효에게 피살되었다(以世亂還鄕里, 爲刺史閭丘曉所殺.)"라고 간략히 기록되어 있다. 왕창령이 사망한 연도를 추측하면 대략 지덕 2년(757년)이전으로 그때 왕창령의 나이는 60세이었다.

왕창령은 성당의 시대를 살아가면서 '시가부자(詩家夫子)' 곧 '시인의 선생님'이란 아름다운 칭호를 들었던 인물이다. 송대의 유극장(劉克壯)이 쓴 ≪후촌시화(後村詩話)≫에서는 "당 나라 사람들의 ≪유리당도≫에서는 왕창령을 시인 가운데 천자로 삼았다(唐人≪琉璃堂圖≫以昌齡爲詩天子)"고 말하기도 하였다. 그는 특히 7언절구에서의 성취가 주목할 만하다. 현존하는 180여 수는 7언절구가 절반 가까이 되는데, 그 중에서는 〈종군행(從軍行)〉, 〈출새곡(出塞曲)〉, 〈새하곡(塞下曲)〉 등 변방에서 고통을 당하는 병사들의 마음을 그린 것과 〈규원(閨怨)〉, 〈월녀(越女)〉, 〈완사녀(浣紗女)〉 등과 같이 여인의 섬세한 서정을 그리거나, 〈춘궁곡(春宮曲)〉, 〈서궁춘원(西宮春怨)〉, 〈장신추사(長信秋詞)〉 등처럼 궁녀의 한을 그린 것이 많다. 특히 그의 7언절구는 이백과 함께 독보적인 위치를 차지하고 있으며, 이별과 여인의 원망을 담은 시가 특히 우수하다.

芙蓉樓送辛漸 부용루송신점

寒雨連江夜入吳　　한우연강야입오
平明送客楚山孤　　평명송객초산고
洛陽親友如相問　　낙양친우여상문
一片冰心在玉壺　　일편빙심재옥호

부용루에서 신점을 전송하면서

찬 비 강 따라 내리는데 밤에 오 땅으로 들어와서는
새벽에 나그네 전송하니 초 땅의 산도 외로워하는구나.
낙양 친구들이 안부를 묻는다면,
한 조각 얼음 같은 마음이 옥 항아리에 담겨 있다 말해주게.

주석

1) 芙蓉樓(부용루) : 원래 이름은 서북루(西北樓)였으나, 당대의 진왕(晋王) 이공(李恭)이 윤주(潤州 : 지금의 강소성江蘇省 진강鎭江)의 자사(刺史)로 있을 때 부용루로 이름을 바꾸었다.
2) 辛漸(신점) : 왕창령의 지기였던 것으로 여겨지지만, 생졸년 미상으로 어떤 사람인지는 알 수 없다.
3) 入吳(입오) : 용루가 있는 윤주 일대는 옛날 오나라에 속하는 곳이므로 윤주로 들어가는 것을 '入吳'라고 하였다.
4) 平明(평명) : '새벽녘', '날이 막 밝을 때'를 말한다.
5) 楚山(초산) : 윤주는 옛 초나라의 영역에 속하였으므로, 윤주의 산을 '楚山'이라

표현하였다. 앞에서 '오 땅으로 들어간다.'고 하였으니 '오산(吳山)'이라 하여야 겠지만, 시에서는 가능한 같은 글자를 피하여 쓴다.

6) 如(여) : '만약'이라는 뜻이다.

7) 相問(상문) : '相'은 원래 '서로'라는 뜻이나, 시나 산문에서는 뜻이 없는 허사로 쓰이는 경우가 많다. 마치 오늘날 백화 중국어에서 '상신(相信)'이란 말이 '서로 믿다'라는 뜻이 아니라, 그냥 '믿다'는 뜻으로 쓰이는 것과 같다.

8) 一片冰心在玉壺(일편빙심재옥호) : 옥호는 원래 얼음을 담아 보관하는 병이다. 시인은 여기서 자신의 마음을 얼음에 비유하여, 자신은 벼슬길에서 오염되지 않고 여전히 맑고 깨끗한 마음을 유지하고 있다는 것을 표현하고 있다.

해설

왕창령이 강녕승(江寧丞)으로 있을 때 지은 것으로 여겨지며, 친구를 전송하는 송별시에 해당한다. 강녕은 지금의 남경으로서 윤주(潤州), 곧 지금의 진강(鎭江)과는 얼마 떨어지지 않은 곳에서 근무하였다. 신점이 누구인지는 알려진 바가 없지만, 시의 내용으로 보아 왕창령의 지기 가운데 한 사람 이었을 것으로 추측된다.

이 시는 송별시 가운데서도 특히 유명한 시이다. 첫째 구에서 설정한 몽롱한 찬비와 어두운 분위기는 둘째 구에서 멀리 친구를 떠나보내는 시인의 공허함과 우수(憂愁)를 매우 상징적으로 표현하고 있다. 특히 넷째 구는 남조의 시인 포조(鮑照)의 "맑기가 옥 항아리의 물과 같다(淸如玉壺氷)"는 시구를 활용한 것인데, 이 시가 사람들에게 애송되는 이유가 되기도 한다. 만약 낙양의 벗들이 내가 어떻게 지내고 있느냐고 묻거든, 그들에게 "일편빙심재옥호(一片冰心在玉壺)"라는 말로써 내가 청렴자수(淸廉自守)하고 있음을 전해달라고 말한 것이다. 시인은 좌천되어 외롭게 지내면서도 관직생활에 욕심을 내지 않는 자신의 고상한 인격을 이렇게 비유적으로 표현한 것이다.

중국문학에 등장하는 거의 모든 시인들은 관리생활을 한 사람들이다. 관련된 기록이 남겨 있거나, 또는 기록을 남긴 사람들은 기본적으로 모두가 관리생활을 한 사람들이다. 이들의 공통점은, 단지 그 시점이나 정도에 약간의 차이가 있을 뿐, 인생의 일정한 시점이 되면 예외 없이 관직생활에 대한 혐오감과 세속생활에 대한 거부감을 나타내며, 조기에 고향이나 자연으로의 은퇴를 소망한다는 점이다. 그런데 이들의 또 하나의 공통점은, 이들이 그렇게 세속으로부터의 조기은퇴를 소망하면서도, 동진(東晋)의 도연명(陶淵明)을 제외한다면, 단 한 사람도 진정한 의미에서의 은퇴를 실천한 사람은 없다는 것이다.

동물세계가 아닌 인간세상에서 생존하려면, 어차피 세속적인 삶의 영위란 불가피한 것이며, 그러한 세속적인 삶이란 일정한 시점이 되면 인간세상이 화해와 사랑보다는 반목과 질시로 보다 더 가득 차있다는 사실을 깨닫게 되는 것이다. 약육강식이라는 정글의 법칙이 인간세상에서 가장 잘 적용되고 있다는 것을 말이다. 그래서 마음속으로나마 전원과 자연으로의 회귀를 염원해 보기도 하지만, 결국은 동물적인 투쟁과 반목의 세상에서 한 평생 허덕이기만 하다가 삶을 마감하는 것이 우리 인간이 아니가? 동물학을 전공한 어느 교수의 강의가 잊혀 지지 않는다. 수많은 세월이 흐른 뒤 어떤 새로운 생물이 나와 지구의 다큐멘터리를 찍게 된다면, 거기에 우리 인간이 주인공으로 등장할 가능성은 제로라고.

사람들은 일단 문자화된 것은 맹목적으로 믿는 경향이 있다. 마치 시는 무슨 시인의 내적 진실이 반영된 결과라는 등, 시인의 상상력이 정제된 언어로 표현된 것이라는 등의 그럴듯한 과장이 있다 보니, 이른바 시인이라는 사람은 시를 통해 거짓을 진실인양 위장하고, 독자는 문자화된 시에 맹목적 믿음을 부여하기도 한다.

세속적 인간이 어떻게 옥 항아리에 담긴 한 조각 얼음 같이 순결하고 맑은 마음을 유지할 수 있단 말인가? 왕창령이 친구에게 전해달라던 자신의 깨끗한 마음은 오히려 자신의 마음이 이미 세속적인 욕심에 물들어 있다는 것을 반증해 주는 것이 아닐까? 그가 말한 '빙심(冰心)'이란 것도 따지고 보면 세속적 욕심과 갈등이 싫어 전원으로 돌아가겠다던 그 수많던 인간들의 구두선(口頭禪) 가운데 하나에 지나지 않을 것이다.

주위를 잘 살펴보아라. 인간만큼 욕심 많고, 잔인하고, 죄악스러운 동물이 어디 있는지? 혹 자신만은 그렇지 않다고 착각하고 있지는 않는가? 그래 "낙양친우여상문, 일편빙심재옥호(洛陽親友如相問, 一片冰心在玉壺.)"라고 크게 한번 외쳐보아라. 아무래도 양심에 찔림이 느껴 질것이다.

閨怨 규원

閨中少婦不知愁　　규중소부부지수
春日凝妝上翠樓　　춘일응장상취루
忽見陌頭楊柳色　　홀견맥두양류색
悔敎夫壻覓封侯　　회교부서멱봉후

규방의 그리움

규방의 젊은 부인 수심이라곤 모르다가
봄날 짙게 화장하고 푸른 누각에 올라
문득 길가의 버드나무 빛깔 보고는
남편이 벼슬 찾아 떠나가게 한 걸 후회하네.

주석

1) 不知愁(부지수) : 판본에 따라서는 '不曾愁'로 되어 있기도 하다.
2) 凝妝(응장) : '성장(盛妝)하다', '짙게 화장하다'의 뜻이다.
3) 翠樓(취루) : '翠樓'는 '청루(靑樓)', 곧 '푸른색의 화려한 누각'을 가리킨다. 옛날 중국에서는 귀족들의 집은 청색으로 많이 장식하였다. 여기서는 시의 평측(平仄)에 맞추기 위하여 '靑樓'라 하지 않고 '翠樓'라 하였다. 이 시에서 '翠樓'로 여인이 매우 부귀한 집안에 거처하고 있음을 암시한다.
4) 陌頭(맥두) : '길가'라는 뜻이다. '阡陌(천맥)'이라 하여 밭 가운데 남북으로 난 길을 '阡'이라 하고, 동서로 난 길을 '陌'이라고 하는데(반대로 해설하는 경우도

있음), 여기서의 '陌'은 '길', '거리'의 뜻이다.

5) 楊柳色(양류색) : '버드나무 색'이라는 뜻이다. 옛날 중국에서는 이별할 때 버드나무를 꺾어 주는 풍습이 있었다. '柳'가 '류(留)'와 발음이 유사하여, 보내는 사람은 '떠나는 사람이 계속 머물러 있기를 바란다.'는 마음을 표할 수 있기 때문이다. 이 시의 여인은 봄이 되어 버드나무가 푸르러진 것을 보고, 갑자기 떠난 사람을 떠올리게 되었다는 뜻이다.

6) 夫壻(부서) : 지아비.

7) 覓封侯(멱봉후) : '覓封侯'는 외지로 나가서 부귀영화를 구하는 것을 뜻한다. '覓'은 '찾다'는 뜻이다.

해설

왕창령은 7언 절구(絶句)를 사용해서 궁중과 규방여인의 심리상태와 그 심리의 미묘한 변화를 세밀하면서 함축적으로 묘사하는 데에 매우 뛰어나다.

이 시는 독수공방의 외로움을 모르던 귀족집안의 어린 새색시가 어느 날 봄날 버들색을 보고 갑자기 성숙해져서, 전쟁터로 남편을 떠나보낸 뒤에 느끼는 이별의 수심을 노래한 규원시(閨怨詩)이다. 이 시는 궁원(宮怨)을 읊은 〈장신추사(長信秋詞)〉와 함께 왕창령의 대표적인 작품이라 할 수 있다.

시 제목은 "규원(閨怨)"이지만, 첫 머리에서는 오히려 "규방의 젊은 부인 수심이라곤 모른다(閨中少婦不知愁)"고 말해서, 마치 일부러 제목과 어긋나게 한 것 같다. 시인이 이렇게 쓴 것은, 바로 규방의 젊은 부인이 "수심이라곤 전혀 모르고" 지내다가 어느 날 갑자기 수심을 알게 되어, 남편과 헤어진 것을 "후회하는(悔)" 과정까지의 심리변화를 표현하기 위한 것이다.

남편을 멀리 전장으로 보내고, 헤어진 지 벌써 해가 바뀌었다고 했으니, 말하는 대로라면 반드시 상심하고 있을 것이다. 그런데도 "수심을 모른다(不知愁)"고 말한 이유는 여주인공이 나이가 어려서 아직 인생의 우여곡절을 경험하지 않았다는 것과 가정환경이 매우 부유하다는 것 이외에, 보다 근원적인 원인은 그 시대의 풍조에 있다. 당(唐) 전기(前期)에는 국력이 강성하여, 당시 사람들은 군대를 따라 원정하여, 변방에서 공을 세우는 것을 "제후로 봉해지는(覓封侯)" 중요한 수단의 하나로 여겼다. 잠참(岑參)이 〈송이부사부적서관군(送李副使赴磧西官軍)〉시에서 말했듯이 "공명은 오직 말위에서만 취하는 것이니, 그래야 진정한 대장부 영웅이다(功名只向馬上取, 真是英雄一丈夫.)"는 생각은 그 당시 많은 사람들의 생활이상이었다. 이러한 시대적 풍조의 영향 아래에, "제후로 봉해질 것을 추구하는" 남편과 그의 "젊은 부인(閨中少婦)"은 그러한 생활방식에 대해 일종의 낭만적인 환상으로 가득 차 있었을 것이다. 마지막 구절에서 "남편이 벼슬 찾아 떠나가게 한 걸 후회한다(悔教夫壻覓封侯)"고 한 말을 보면, 어쩌면 이 젊은 부인은 "남편이 제후로 봉해지도록" 하기 위하여 남편으로 하여금 종군하여 원정 가도록 주동적으로 선동했을 가능성도 있다. 그러니 시인이 이러한 젊은 부인을 "수심을 모르는" 여인으로 묘사한 것은 전후 맥락상 완전히 이치에 맞는 말이다.

시인은 첫 구에서 "閨中少婦不知愁"고 말한 뒤에 둘째 구에서는 봄날 누각에 올라 경치를 감상하는 행동으로 그녀의 "不知愁"를 구체적으로 드러내었다. 봄날 짙게 화장한 여인이 높은 누각에 오른 것은, 당연히 걱정으로 인한 기분전환이 아니라, 봄빛을 감상하면서 스스로 즐기기 위한 것이다. 어린 부인이 즐거워하는 모습을 묘사한 이 둘째 구는 바로 다음 구절에서 젊은 시절을 헛되이 보내고, 그것을 크게 원망하는 모습을 드러내기 위한 준비라 할 수 있다.

셋째 구절은 시 전체의 전환점이 된다. 길가의 버드나무 색은 일반인들이 가장 자주 볼 수 있는 춘색(春色)으로, 높은 곳에 올라서 바라보면 자연스럽게 그것을 볼 수 있다. 그러니 "문득 보다(忽见)"는 두 글자는 다소 돌발적인 것처럼 보인다. 그럼에도 불구하고 시인이 "忽见"이라는 말을 사용한 것은 이 두 글자를 통하여서 '젊은 부인이 높은 누각에서 별 생각 없이 누각 아래 봄 경물을 둘러보다가, 저도 모르는 사이에 문득 길가의 버드나무에 그 시선을 멈추었다.'는 것을 암시한다고 하겠다. 그런데 셋째 구의 핵심어는 바로 "陌頭楊柳色"에 있는데, 길가의 버드나무와 그 빛깔은 젊은 부인에게 여태까지 명확하게 의식하지 못하였던 많은 느낌과 연상을 불러일으켰다.

버드나무는 춘색을 구성하는 초목 가운데서도 대표적인 경물이다. 버드나무 가운데서도 특히 갯버들(蒲柳)은 가을이 되기도 전에 다른 초목에 비하여 먼저 쇠락해 버린다. 그래서 봄날의 푸르른 버드나무는 청춘이 쉽게 가버리는 것을 연상시키기도 한다.

버드나무는 또 이별을 상징하기도 한다. 길가의 버드나무를 보고서 천리 멀리 떨어져 있는 남편과 그해 이별의 승표로 버드나무 가지를 꺾어 주던 장면을 떠올리게 되었을 것이다. 문득 눈에 들어온 길가의 버드나무는 이전에 분명하게 인식하지 못했던 것을 그녀의 마음 속 깊은 곳으로부터 강렬하게 떠올리게 했고, 마침내는 "남편으로 하여금 벼슬 찾아 떠나게 한 것을 후회하는" 지경에까지 이르게 된 것이다. 이 후회스러움이 바로 시제에서 말한 "규원(閨怨)"이다.

이 시는 규방의 어린 부인의 심리가 미묘하게 변화하는 순간을 포착한 뒤 이를 집중적으로 묘사하여, 독자로 하여금 변화의 찰나에서부터 전 과정을 엿볼 수 있게 하였다. 젊은 부인이 원래는 예쁘게 화장하고 누각에 올라, 기분 좋게 봄빛을 감상하려던 것이 결과적으로는 오히려 깊은 후회만 일으키게 되었다. 그 변화가 너무 신속하고 갑작스러워서 독자들이 이해하기 어려울 정도이다. 시의 장점은 바로 여기 있다. 젊은 부인의 급격한 심리적 변화를 생동적으로 보여주면서도, 변화의 구체적인 원인과 과정은 말하지 않은 채 상상의 여지를 크게 남겨둠으로써 독자들로 하여금 그 맛을 자세히 음미할 수 있도록 한 것이다. 바로 이 점이 씹으면 씹을수록 이 시의 맛을 회미무궁(回味無窮)하게 만들어 준다.

高適
(고적 : 약700~765年)

고적은 자가 달부(達夫) 또는 중무(仲武)이며 측천무후(則天武后) 구시(久視) 원년(700년)에 발해 조(蓨 : 하북경현河北景縣 남쪽)에서 태어났다. 자세한 기록은 없으나 어렸을 때 집안형편이 어려워 실의에 잠겨 지냈다고 한다. 또 한 관련 기록에 의하면 그의 조부 고감(高砍)은 고종 때 좌무위대장군(左武衛大將軍)까지 지냈으며, 당시에 혁혁한 명성이 있었다고 한다. 그러므로 고적은 장군 집안의 수혼이며, ≪구당서(舊唐書) · 고적전(高適傳)≫에서 말한 대로 "왕자와 패자의 웅대한 전략을 말하기 좋아하고, 공명에 힘썼으며, 절개와 의리를 숭상한다(喜言王覇大略, 務功名, 尙節義.)"고 하는 성격으로 호탕하고 용감한 기질을 지니고 있다고 한다.

고적은 20세 때 장안으로 가서 벼슬을 구했으나 뜻을 얻지 못하자 장안을 떠나 계문(薊門)에서 막부(幕府)에 의탁한다. 그 후 다시 연(燕), 조(趙), 양(梁), 송(宋) 일대를 떠돌다 나이 50이 되는 천보(天寶) 8년(749년)에 송주자사(宋州刺史)로 있던 장구고(張九皐)의 도움으로 유도과(有道科)에 추천되어 첫 관식인 봉구현위(封丘縣尉)에 임명된다. 그렇게도 갈망했던 벼슬이었건만 그는 오래지 않아 그만두고 다시 하서절도사(河西節度使) 가서한(哥舒翰)의 추천으로 좌효위병조참군(左驍衛兵曹

參軍)과 장서기(掌書記) 등을 지내기도 하였다. 안사(安史)의 난이 일어났을 때 고적은 가서한을 도와 동관(潼關)을 방어하였으나 수비에 실패하여 도망하던 중 뜻하지 않게 현종(玄宗)을 알현하게 되었는데, 이 기회를 놓치지 않고 당시 군사정세를 설명한 것이 좋은 평가를 얻어 시어사(侍御史) 간의대부(諫議大夫)로 등용되었다. 지덕(至德) 2년(757년)에는 회남절도사(淮南節度使)로 나갔으나 이보국(李輔國)의 미움을 사 폄적되었으며, 후에 다시 촉(蜀)과 팽(彭) 지방의 자사(刺史)로 나갔다가 성도윤(成都尹) 검남서천절도사(劍南西川節度使)로 옮겨 가기도 하였다. 그러나 토번(吐蕃)의 내침을 제대로 방어하지 못한 죄목으로 오래지 않아 소환되었고, 좌산기상시(左散騎常侍) 발해현후(渤海縣侯)로 관직을 마쳤다.

≪구당서(舊唐書) · 본전(本傳)≫과 ≪신당서(新唐書) · 예문지(藝文志)≫에 의하면 그의 문집 20권이 있었으나 산일(散佚)되었으며, 송대에 편찬된 ≪고상시집(高常詩集)≫ 10권이 오늘날까지 전해진다. 격동의 시기를 살았던 고적과 잠참(岑參)은 변새시(邊塞詩)의 대가로 이름을 날렸으며, 고적의 시명(詩名)을 대가의 반열에 올려놓은 변새시는 66수가 전해지며, 주로 연(燕), 조(趙), 양(梁), 송(宋) 등지를 유람하면서 막부에 기탁했을 때 지은 것인데, 애국정신과 공명에로의 포부가 잘 드러난 〈계문행(薊門行)〉 5수와 〈송병도계북(送兵到薊北)〉, 〈새상(塞上)〉, 〈새하곡(塞下曲)〉 등에는 당시 변경문제에 대한 작가의 짙은 우려도 잘 반영되어 있다. 이 시들은 〈연가행(燕歌行)〉과 함께 고적의 대표작이다.

別董大 별동대

千里黃雲白日曛　　천리황운백일훈
北風吹雁雪紛紛　　북풍취안설분분
莫愁前路無知己　　막수전로무지기
天下誰人不識君　　천하수인불식군

동대와 헤어지며

천리 아득한 누른 구름으로 태양마저 어두워지고
북풍에 기러기 날리고 눈마저 어지러이 내리누나.
앞길에 그대를 알아주는 이 없다고 근심하지 마오
이 세상에 어느 누가 그대를 알아보지 못하겠는가?

주석

1) 董大(동대) : 동대가 누구인지는 분명하지는 않지만, 성을 '董', 이름을 '大'라 한 것으로 보아서 동씨(董氏) 집안에서 맏아들이었을 것으로 보인다. '大'는 배항(排行)이다. 역대의 주석가들에 의하면, 당 현종(玄宗) 때 유명한 금객(琴客), 곧 떠돌이 거문고 연주가로서 세속적 명리에 관심을 두지 않았던 음악의 대가였던 것으로 추측된다. 고적이 이 시를 쓸 때만 하여도 그는 아직 뜻을 얻지 못하고 방랑을 하고 있었다. 〈別董大〉는 원래 두 수인데, 여기서 소개한 시는 첫 번째 작품이다.
2) 黃雲(황운) : 누런 구름. 사막의 모래바람에 덮여 누렇게 된 구름을 가리킨다.
3) 白日曛(백일훈) : '白日'은 태양을 말하고 '曛'은 '어두워지다', '땅거미지다'는

뜻이다. '白日曛'은 '(누른 구름에 뒤덮여 낮인데도) 태양이 어두컴컴해졌다.'는 뜻이다.

4) 莫愁(막수) : 근심하지 마라. '莫'은 '~하지 마라.'의 뜻이다.

5) 知己(지기) : '자기를 알아주다'는 뜻에서 '자기를 알아주는 사람'을 뜻하는데, 일반적으로는 '친구'를 의미하는 말로 많이 쓰인다. ≪사기(史記)·자객열전(刺客列傳)≫에 "남자는 자기를 알아주는 사람을 위해 죽고, 여자는 자기를 기뻐하는 사람을 위해 화장한다(士爲知己者死, 女爲悅者容.)"는 말에서 나왔다.

6) 誰人(수인) : '어떤 사람'이라는 뜻이다.

해설

당대의 증별시(贈別詩)는 크게 두 가지로 나눌 수 있다. 하나는 슬픔에 잠겨서 차마 헤어지지 못하여 갈듯 말듯 배회만 하는 모습을 그린 작품이고, 다른 하나는 이별 앞에서도 폐부에서 우러나오는 씩씩한 감정을 묘사한 작품인데, 이 시(〈別董大〉2수 가운데 첫 번째 작품)는 전자에 속한다.

'董大'에 관해 여러 주석가들은 아마도 당 현종 시대의 저명한 금(琴)연주가일 것이라 생각했으며, 그는 뛰어난 재능을 가지고 명성과 이익에 구속되지 않는 음악명수일 것이라 했다. 고적이 이 시를 쓸 때 동대는 뜻을 얻지 못하여 이곳저곳으로 방랑하던 때였을 것으로 여겨진다. 고적은 〈別董大〉의 두 번째 작품에서 "새처럼 돌아다니니 스스로도 불쌍한데, 한번 경사를 떠난 뒤로 10여 년이 되었네. 장부가 빈천함에 만족해서도 안 되지만, 오늘 만남에는 술값도 없네(六翮飄飄私自憐, 一離京洛十餘年, 丈夫貧賤應未足, 今日相逢無酒錢.)"라고 말한 적이 있다. 고적 역시 동대처럼 당시에 술값이 없을 정도로 빈천한 처지에서 있었음을 알 수 있다. 이 시는 고적이 이렇게 뜻을 얻지 못하였던 초기의 작품으로서, 다소간 타인의 술잔을 빌려서 자신의 울분을 달래고자 한 느낌을 준다. 그렇긴 하나 고적은 이 시에서 위로의 말 중에 희망을 담았기 때문에 독자들에게는 가슴 속으로 자신감과 힘이 가득 차 있다는 느낌을 준다.

1, 2구는 눈앞의 경물을 직접 묘사하면서 순순히 백묘수법(白描手法)을 사용하였다. 태양이 모래바람에 의해 누런 구름에 뒤덮이고, 그래서 만 리 대지가 낮인데도 아득히 어두컴컴해지는 모습은 오로지 북방의 겨울에만 있는 경관이다. 시인은 이러한 경관을 사실 그대로 묘사하였다. 어두컴컴한 대낮에 또 눈이 분분하고, 북풍이 몰아쳐서 찬 구름 사이로 오직 기러기만 날리는 모습이 보이면, 일모춘한에 나그네 갈 곳 몰라 방황하는 것과 같은 서글픈 마음을 금할 수 없게 된다. 첫 두 구는 이렇게 어둡고 황량한 북방의 자연모습을 묘사하여서 은연중에 재능 있는 사람이 뜻을 얻지 못하는 암울한 현실을 보여주었다. 시인은 첫 두 구에서 필력을 남기지 않고 최대의 공력을 기울였다. 이것은 3, 4구에서 반전의 묘를 극대화하기 위한 조치이다.

3, 4구에서는 1, 2구의 암울한 현실에 대한 걱정을 떨쳐 버리게 하는 장엄한 격려를 하고 있다. 지금 떠나는 앞길에 혹 자신을 알아주는 사람이 없을까 걱정하지마라. 당신과 같은 재능이라면 천하의 어떤 사람이 알아보지 않겠는가? 위로하는 가운데 자신감과 힘이 충만하다. 시인은 떠나가는 사람의 친구이기 때문에, 말을 함에 꾸밈이 없고, 직설적이다. 시인은 그 자신이 회재불우(懷才不遇)한 삶을 살고 있는지라, 마치 자기암시와 자기최면을 걸듯이 친구에게 희망과 격려의 말을 전하고 있다. 그러니 3, 4구는 시인이 친구에게 하는 말일 수도 있고, 자기 자신에게 하는 말일 수도 있다.

고적은 가슴에서 우러나온 말로 시를 썼다는 평가를 받고 있다. 그는 때를 만나지 못하여 마음속으로 분만(憤懣)을 쌓으면서도, 굳센 기개로써 스스로를 높였다. 고적에게는 미음속에 쌓인 분노가 있고, 스스로를 높일 줄 아는 기개가 있으니, 이렇게 평범하고 소박한 몇 마디 말로 감동적인 시정(詩情)을 자아낼 수 있었으며, 이별의 서정을 펼치는 자리에서도 장엄한 분위기를 연출할 수 있었던 것이다.

王維
(왕유 : 701~761年)

왕유는 왕우승(王右丞)이라고도 불리며, 자는 마힐(摩詰)이고 산서성(山西省) 태원(太原) 기(祈) 출신이다. 그는 분주사마(汾州司馬)로 있는 아버지 왕처렴(王處廉)을 따라 포주(蒲州 : 산서성山西省 영제현永濟縣)로 옮겨와 소년시절을 보냈다. 왕유의 어머니 최씨(崔氏)는 박릉(博陵)의 호족 출신으로 북종선(北宗禪)의 대조선사(大照禪師) 보적(普寂)에게 30년 동안이나 사사(師事)한 독실한 불교신자였다. 왕유가 만년에 불교에 귀의하고, 그의 시 세계가 청정공적(淸淨空寂)한 가운데 이상향을 추구하는 경향을 띠게 된 것도 결국 어머니 최씨의 영향 때문인 것으로 보인다.

왕유는 다섯 형제의 맏이로 그의 아래로 진(縉), 역(繹), 굉(紘), 담(紞)의 네 동생이 있었는데, 특히 큰 아우 왕진이 시문에 능하여 그를 극진히 사랑하였다. 형제간의 우애가 평생을 두고 변함이 없었으며, 어머니에 대한 형제들의 효성이 지극하였다 한다.

왕유는 어려서부터 글재주가 뛰어나, 9세 때부터 시를 짓기 시작하였으며, 〈낙양여아행(洛陽女兒行)〉은 16세 때, 〈구월구일억산동형제(九月九日憶山東兄弟)〉는 17세 때, 〈도원행(桃源行)〉은 19세 때의 작품이라고 한다. 그림, 서예, 음악, 춤 등에 조예가 깊었던 왕유는 자신의 시에 모든 예술적 역량을 짙게 스며들게 하였다.

16세에 동생 왕진과 함께 고향을 떠나 낙양에 이른 왕유는 시와 그림에 능하였으며, 재주가 많아 귀족사회의 환영을 받았고, 왕공(王公), 부마(駙馬)와 권문세가(權門勢家)의 집에 자주 출입하였는데, 이런 교분을 배경으로 개원 7년(719년)에 경조부시(京兆府試)에 참가하여 해두(解頭), 곧 1등으로 합격하고, 21세가 되던 해에는 진사시험에 급제하여 대악승(大樂丞)의 벼슬을 받았다. 그러나 그는 벼슬자리에 나간 지 얼마 되지 않아 제주사창참군(濟州司倉參軍)으로 좌천되고 말았다. 제주로의 좌천은 벼슬길에 갓 발을 내딛고 장래의 공명에 꿈이 부풀어 있던 그에게 큰 충격과 좌절감을 안겨 주었다. 제주에서 6년간 쓸쓸한 날을 보내던 왕유는 마침내 벼슬을 버리고 장안으로 돌아오고 말았다. 왕유가 만년에 속세의 미련을 씻고 청정한 세계에 침잠하면서 주옥같은 시편들을 엮어낸 그 유명한 망천별서(輞川別墅)를 가지게 된 것이 바로 이 무렵인 것으로 보인다. 왕유가 장래 산수시인의 선배격인 맹호연을 만나게 되는 것도 바로 이 무렵이다. 왕유는 맹호연이 세상을 떠나기까지 약 10년간 그와 사귀면서 그의 시풍에 많은 영향을 받았던 것으로 생각된다.

개원(開元) 22년(734) 장구령(張九齡)이 중서령이 되자, 그동안 벼슬에서 떠나 있던 왕유는 다시 우습유(右拾遺)로 발탁된다. 이 시기는 왕유의 일생 가운데 황금기에 속한다. 그는 승상의 환심을 살 수 있었고, 귀족세도가들로부터도 환영을 받았다. 그리고 황제를 측근에서 모시는 입장에서 유람이나 연회 때에도 시종하거나 배석할 기회가 많았다. 그 후 양주(涼州)로 좌천되고 또 토번과 싸워 승리한 최희일(崔希逸)의 막하에서 판관직을 하면서 황막한 변방생활, 변경의 풍경, 오랑캐와의 전투 등을 소재로 하여 여러 편의 시를 썼다. 얼마 후 장안으로 돌아온 왕유는 감찰시어사(監察侍御史)에서 좌보궐(左補闕)이 되었다가 고부랑중(庫部郎中)으로 올랐다. 그러나 왕유는 벼슬길에서 여전히 불우한 편이었다.

이 무렵부터 왕유는 산수자연에 정을 붙이고 불교를 독실하게 신봉하는 한편 세속적 명리에 대해서도 담담한 심경을 지니게 되었다. 망천별서는 원래 초당의 송지문(宋之問)의 소유였던 것을 왕유가 제주에서 벼슬을 그만두고 장안으로 돌아온 후에 구입한 것이다. 이 망천별장은 자연환경이 매우 아름다울 뿐만 아니라, 왕유 스스로 주변여건을 잘 활용하여 건물을 배치하고 물길을 끌어들이며 대나무를 심고 꽃을 가꾸는 등 조경에도 정성을 쏟았다. 왕유는 친구 배적(裴迪)과 함께 그곳에 노닐면서 망천별장 이곳저곳의 경관을 읊어 각각 20수의 시를 지었고, 이를 한데 묶어 ≪망천집(輞川集)≫이라 이름 하였다. 이 가운데 〈녹채(鹿柴)〉, 〈죽리관(竹里館)〉 등은 널리 애송된다.

건원(乾元) 원년(758년)에는 태자중윤(太子中允)의 직책이 주어지고, 곧 이어 태자중서자(太子中庶子), 중서사인(中書舍人)으로 옮겼다가, 이어 상서우승(尙書右丞)의 자리까지 올랐다.

왕유는 본래 한적한 생활을 애호하여 30세경에 아내와 사별하고도 일생을 독신으로 지내면서 종남산(終南山)의 별장에서 자연의 아름다움에 탐닉하며 노년의 고적함을 달래다 세상을 떴다.

그림에 뛰어난 왕유는 남종화(南宗畵)의 시조로 일컬어지며, 현존하는 398수의 시 가운데 절대 다수는 전원생활과 산수풍경을 소재로 쓰여 진 것들이다. 특히 색채이미지와 선의 이미지를 시에 도입한 것으로 유명하며, 찰나적인 자연의 인상묘사에 뛰어났다. 또한 선리(禪理)에 정통하여 불가어(佛家語)를 삽입한 시도 많고, 시속에 화경(畵境)을 넣어 공간과 동작활용에 뛰어난 역량을 발휘하였다.

相思 상사

紅豆生南國	홍두생남국
春來發幾枝	춘래발기지
願君多採擷	원군다채힐
此物最相思	차물최상사

그리움

홍두는 남국에서 자라는데
봄이 되었으니 몇 가지에서나 꽃이 피었는가?
원컨대 그대여 홍두를 많이 따시게
이것이 그리움을 가장 잘 표현해 준다오.

주석

1) 紅豆(홍두) : 광동(廣東), 광서(廣西), 대만(臺灣) 등 남쪽에서 자란다. 흰색, 또는 담홍색의 꽃을 피우며, 열매는 둥글고 납작한 원형으로 장식물로 만들 수도 있다. 옛사람들은 이것으로 사랑을 상징하기도 하여, '상사자(相思子)'라 부르기도 하였다.
2) 南國(남국) : '남쪽 지방'이라는 뜻이다.
3) 採擷(채힐) : '손으로 따다'라는 뜻이다.
4) 此物(차물) : 홍두를 가리킨다.

해설

당대(唐代) 절구의 명편(名篇) 가운데는 악공이 가사에 곡을 붙이면서 널리 퍼지게 된 것이 아주 많다. 왕유의 〈相思〉도 바로 이원제자(梨園弟子)들이 애창하던 가사 가운데 하나였다. 전해지는 말에 의하면 천보(天寶)의 난 이후에, 유명한 가수 이구년(李龜年)이 강남에서 유랑하고 있을 때 사람들을 위해 이 노래를 무대에서 자주 노래하였고, 청중들 역시 감동받지 않은 사람이 없었다고 한다.

홍두(紅豆)는 남방에서 생산되며, 선홍색으로 둥글게 열매를 맺는다. 영롱한 것이 마치 산호 같으며, 남방 사람들은 사주 상삼 상식으로 사용한다. ≪고금시화(古今詩話)≫에 따르면, 한 여인의 남편이 변방지역에서 죽자, 그 여인은 남편을 그리워하며 나무 아래에서 울다 죽어서, 홍두(紅豆)로 변했다고 한다. 그래서 사람들은 또 이것을 "상사자(相思子)"라고 부르기도 한다. 당시(唐詩)에서는 이것을 사랑의 정과 연결하여 많이 사용하고 있다. 이 "相思"는 남녀 간의 애정에만 그치지 않는다. 친구사이에도 역시 그리움이 있다. 예를 들어 한대(漢代)의 이릉(李陵)이 소무(蘇武)에게 주었다는 시에서 "길 떠날 사람 오래 남기 어려우니, 각자 영원히 사랑하자 말하네(行人難久留, 各言長相思.)"라고 한 것은 잘 알려진 사례이다. 〈相思〉시의 제목을 〈강상증이구년증(江上贈李龜年贈)〉이라고 한 곳도 있다.

첫 구에서는 "홍두는 남국에서 자란다."는 말로 흥을 일으키고, 은연중에 뒤에 묘사할 상사지정(相思之情)을 자극하고 있다. 말은 극히 단순하지만, 이미지는 매우 풍부하다. 둘째 구에서는 "봄이 되었으니 몇 가지에서나 꽃이 피었는가?" 하고 가볍게 물으면서 첫 구를 자연스럽게 이어받고 있다. 말을 전하고 묻는 말투가 매우 친밀하게 느껴진다. 시인이 이렇게 친구에게 다른 것은 묻지 않고 "봄이 왔으니 홍두가 몇 가지에서나 꽃이 피었을까?"만 묻는 것은 그 의미가 매우 깊다고 할 수 있다. 그가 〈雜詩〉에서 "떠나올 때 우리 집 창문 앞 매화나무에 꽃이 피었던가요?"라는 물음으로 고향에 대한 깊은 그리움을 상징적으로 표현하였듯이, 이 시 역시 단 한 번의 가벼운 물음으로 친구에 대한 진한 그리움을 상징적으로 표현해 내었다고 할 수 있다. 홍두가 진실한 우애(友愛)의 상징이기 때문이다.

셋째 구는 둘째 구를 바로 이어받아서 상대방에게"홍두를 많이 따라"고 말하고 있다. 이것은 홍두를 따는 것에다 그리워하는 마음을 기탁하는 것이다. 이렇게 식물을 채집하는 데에다 그리워하는 마음을 기탁하는 표현은 중국 고전시가에 자주 사용하는 수법이다. 이를 테면 한대(漢代)의 고시(古詩)에서 "강을 건너 연꽃을 따는데, 난초 자란 연못에는 향기로운 풀 많네. 그걸 따서 누구에게 주려 하니? 먼 곳에 있는 사랑하는 사람이지(涉江採芙蓉, 蘭澤多芳草, 採之欲遺谁? 所思在遠道.)"라고 한 것이 유명한 예라고 할 수 있다. 친구가 있는 남방에는 홍두가 많이 자라지만, 시인이 있는 곳엔 홍두가 자라지 않는다. 그러니 셋째 구 "원컨대 그대여 홍두를 많이 따시라(願君多採擷)는 말은 친구로 하여금 대신 홍두를 많이 따게 하여서, 그 홍두에다가 친구에 대한 시인의 그리움을 기탁코자 한 것이라 할 수 있다.

전체적으로 보아 이 시는 남쪽에 있는 친구에 대한 시인의 진한 그리움을 홍두라는 상징물로 표현한 시라 할 수 있다.

雜詩(其二) 잡시(기이)

君自故鄕來	군자고향래
應知故鄕事	응지고향사
來日綺窗前	래일기창전
寒梅着花未	한매착화미

잡시(둘째)

그대는 고향에서 왔으니,
응당 고향의 일을 알겠구려.
떠나올 때 우리 집 창문 앞
매화나무에 꽃이 피었던가요?

주석

1) 君(군) : 그대.
2) 應知(응지) : '마땅히 알다'의 뜻이다.
3) 來日(래일) : '(고향을 떠나서) 오던 날'을 말한다.
4) 綺窗(기창) : '綺'는 무늬가 있는 비단. '綺窗'은 비단을 바른 격자창을 말한다.
5) 寒梅(한매) : 매화. 매화는 겨울 눈 속에서 꽃을 피우기 때문에 통칭 '寒梅'라고 한다.
6) 着花(착화) : 꽃이 피다.
7) 未(미) : 문장 끝에 쓰여서 의문형을 만드는 기능을 한다. 현대중국어에서 문장 끝에 쓰여 의문문을 만드는 '沒有'와 같은 기능을 한다.

해설

이 시는 고향을 떠난 지 오래된 나그네가 우연히 고향 사람을 만나게 되어 고향 소식을 묻는 시이다. 〈雜詩〉는 본래 세 수 연작으로 되어 있는데, 이 작품은 그 중 두 번째 작품이다.

주인공은 오랫동안 타향에 있다가 문득 고향에서 온 친구를 만나니, 무엇보다 먼저 고향의 경치나 고향사람들과 고향소식을 묻고 싶었을 것이다. 첫 두 구절은, 아무런 수식 없이 주인공의 이러한 감정을 생생하게 표현하였다. "그대 고향에서 왔으니, 응당 고향 일을 알겠지?"라고 한 이러한 물음은 고향사람을 만난 주인공에게는 너무나 자연스러운 물음이라 할 수 있다. 마치 어린 아이와 같은 순진함과 친근함으로 고향소식을 하나하나 묻고 싶은 마음일 것이다. 독자들은 시인이 첫째 구와 둘째 구에서 모두 '故鄕'이란 말을 사용하였다는 데에서 고향에 대한 그의 그리움과 고향소식을 알고 싶어 하는 그의 조급함이 얼마나 깊은지 미루어 짐작할 수 있다.

초당(初唐)의 왕적(王績)은 〈장안에서 집 생각하다가 고향사람을 만나서 묻다(在京思故園見鄕人問)〉는 시에서 친구, 어린애, 친척 아우나 조카, 옛 집의 새나무, 집과 재실의 크기, 버드나무의 조밀도 등등에서부터 정원의 과수와 숲속의 꽃까지 물었지만, 그래도 여전히 미진하여 "객지에 있는 마음인지라 그냥 묻고만 싶을 뿐이다(羈心只欲問)"고 말한 바 있다. 그런데 이 시의 주인공은 이 모든 것들을 내팽개치고, 상대방에게 "오던 날 우리 집 창 앞에 매화가 피었던가요?(來日綺窗前, 寒梅着花未?)"라고 하면서 단 한 마디만 물었다. 마치 고향에서 그리워할 만한 것은 바로 창문 앞에 있는 매화나무 한그루뿐인 것처럼 말이다. 이것은 상식적인 도리에서 벗어나는 것이지만, 그렇다고 또 거짓으로 그러한 것도 절대 아니다.

고향에 대한 그리움은 대부분 지난 날 자신이 직접 겪은 고향생활과 밀접한 관계를 가지고 있거나, 아니면 고향을 대표하는 특정한 인물이나 사물과 관계된다. 시인은 동네 입구에 서 있는 큰 느티나무나 마을을 휘감고 돌아가는 개울물에 대한 묘사만으로도 고향에 대한 그리움을 다해낼 수도 있고, 연세 높은 마을 어르신에 대한 건강 걱정이나 집안일을 도맡아 처리하는 재실 아재에 대한 궁금증만으로도 고향에 대한 그리움을 다해낼 수 있다. 고향에 대한 그리움을 불러일으키는 것은 이렇게 아주 평범하고, 일상적인데, 그것은 사람마다 반드시 서로 같을 수만도 없다. 이 시에서 말한 '창문 앞 매화'도 바로 그러한 예의 하나라 할 수 있다. 창문 앞의 한 매화는 일반 독자들이 알 수 없는, 지난 날 시인만이 경험한 특별한 일상이 깃들여 있을 수 있다. 시인에게 그 매화는 단순한 매화가 아니라, 고향에서 지낸 그의 지난날 일상을 연상시키는 상징물인 것이다. 그러니 "창문 앞의 매화가 꽃을 피웠는지 아닌지"를 묻는 한 마디의 말로써 시인은 고향에 대한 그리움을 다 펼쳐내었다고 할 수 있다. 그 매화가 시인의 지난날과 어떤 관계가 있었는지는 독자들이 상상할 일이다. 이 시가 화려한 표현이나 수사기교도 전혀 없이 매우 평범하고 질박한 언어로 일상을 언급한 것일 뿐인데도, 독사로 하여금 시적 연상과 상상력을 펼치게 하는 것도 바로 시 말미의 함축적인 물음이 있었기 때문이다. 평범하고 소박한 언어사용을 최고의 예술기교로 만드는 능력은 역시 왕유와 같은 대시인이어야 가능한 모양이다.

終南別業 종남별업

中歲頗好道　　　중세파호도
晩家南山陲　　　만가남산수
興來每獨往　　　흥래매독왕
勝事空自知　　　승사공자지
行到水窮處　　　행도수궁처
坐看雲起時　　　좌간운기시
偶然値林叟　　　우연치림수
談笑無還期　　　담소무환기

종남산의 별장

중년이 되면서 불도를 더욱 좋아하던 터에
만년에 남산 기슭에서 살게 되었다.
흥이 나면 늘 혼자 나서니
그 맛은 단지 나 혼자만 알 뿐.
수원지 끝까지 가보기도 하고
앉아서 구름이 피어나는 것 보기도 하네.
우연히 숲속에서 노인이라도 만나게 되면
서로 담소하노라 돌아갈 기약 없다네.

주석

1) 別業(별업) : 중국시에서 곧잘 '별서(別墅)'로도 쓰이는데, 둘 다 지금의 별장이라는 뜻이다.

2) 中歲(중세) : 중년을 말한다.

3) 頗好道(파호도) : '頗'는 '매우', '자못', 많이' 등의 뜻으로 쓰인다. '道'는 불도를 말한다.

4) 晩(만) : '늦다'는 뜻으로, 여기서는 '만년(晩年)'을 의미한다.

5) 家(가) : '집을 짓고 살다'는 뜻으로서 동사이다.

6) 南山(남산) : 종남산(終南山)을 말한다. 장안 남쪽에 있으며, 진령산맥(秦嶺山脈)의 주봉(主峰) 가운데 하나이다. 왕유가 이곳에 망천별서(輞川別墅)를 마련하였다.

7) 陲(수) : '변방', '변경'의 뜻도 있으나, 여기서는 '겉', '주변'의 뜻으로 쓰인다.

8) 勝事(승사) : '좋은 일', '유쾌한 일'이라는 뜻이다.

9) 水窮處(수궁처) : 물길이 다하는 곳, 즉 수원지(水源地)를 말한다.

10) 値林叟(치림수) : '値'는 '만나다'는 뜻이고, '林叟'는 '숲속의 노인'이란 뜻이다.

11) 無還期(무환기) : '돌아갈 기약이 없다'는 의미이다.

해설

'종남별업(終南別業)'은 곧 망천(輞川)의 별장이며, 왕유가 망천에 별장을 마련한 것은 개원 10년(722년) 제주(濟州)로 좌천되어 6년간의 폄적생활을 하다가, 벼슬을 그만두고 장안으로 돌아온 28세의 일이다. 왕유가 망천에 별장을 구입한 것을 두고, 혹자는 그가 벼슬에 대한 미련이 남아 있어 장안을 멀리 떠나지 못한 것이라 지적하지만, 왕유의 이후 행적을 보건데 그는 아마 이 시기에 이미 여생을 망천에서 은거하여 보내기로 작정한 듯하다.

왕유는 관직을 완전히 그만두고 은거하지는 않았다. 그는 한편으로는 조정에 출사도 하면서, 또 다른 한편으로는 틈나는 대로 망천의 별장에서 은자처럼 자연을 즐기며 살았다. 그러니 그의 40세 이후의 생활은 '반관반은(半官半隱)'의 생활이라 할만하다.

이 시는 왕유 만년의 작품으로, 시 속에는 불교에 귀의하여 자연 속에서 소요(逍遙)하는 시인의 꾸밈없는 인품이 느껴진다. 청(淸)의 기윤(紀昀)은 이 작품을 두고 성당의 시를 배우는 데 최고의 규범으로 삼을 만하다고 했다. 자연을 읊거나 자연 속에서 소요하는 삶을 노래할 때는 그 노래 또한 자연스러워야 한다. 시어도 자연스럽고, 시상(詩想)도 자연스러우며, 시의 의경(意境) 또한 자연스러워야 하는데, 이 시가 바로 그러한 시라 할 수 있다.

자연은 역시 혼자서 즐겨야 제 맛인 모양이다. 그래야 그 맛을 혼자만이 안다고 자부할 수도 있지 않은가? 흥이 나면 흥이 나는 대로 혼자 나서서 물이 다하는 곳까지 갔다가, 혼자 앉아서 저 멀리 구름 피어오르는 것 실컷 보다가 돌아온다. 혹 산길에 만나게 되는 사람이 있더라도 그는 세속의 인간이 아니라, 나처럼 자연을 벗 삼아 은자의 길을 걷는 사람이어야 한다. 그에게 세속적 냄새가 난다면, 나의 은거함이 그리 깊지 않기 때문이니, 대화를 즉시 그만두고 더 깊은 곳으로 숨어 들어가야 하리. 왕유처럼 '반관반은'의 길을 걸을 수만 있다면, 세속적인 삶도 그런대로 꾸려갈 수 있을 것 같다. 삶이 나를 힘들게 할 때는 자연을 찾으면 되지 않은가? 왕유는 30세에 상처(喪妻)한 뒤로 평생을 혼자서 살았으며, 어머니의 영향으로 불도에 심취한 불자였다. 자연과 진정으로 함께 하려면 아무래도 이러한 특별한 조건을 갖추어야 하는 모양이다. 그 많은 문인소객(文人騷客)들이 자연으로의 회귀를 노래하면서도 끝내 실패한 것은 이런 조건을 갖추지 못했기 때문이리.

그래 세상을 등지고 자연 속에서만 살려면, 먼저 가족이란 인연의 굴레가 없어야 하지만, 불행히도 우리 모두는 가족이란 인연을 인위적으로 제거할 수는 없다. 그러니 다시 그를 뛰어넘을 수 있는 초탈적 종교관이 있거나, 아니면 가족을 (세속적인 의미에서) 불행하게 만들 각오가 되어 있어야 한다. 성철 스님의 딸 이름도 불출(不出)이지 않더냐? 그러니 세상이 싫다는 말을 함부로 하지 말고, 자연으로 돌아가겠다는 말도 함부로 하지 마라. 너희들이나 나의 경지로는 도저히 누리기 어려운 대상이니라.

山居秋暝 산거추명

空山新雨後	공산신우후
天氣晩來秋	천기만래추
月明松間照	월명송간조
淸泉石上流	청천석상류
竹喧歸浣女	죽훤귀완녀
蓮動下漁舟	련동하어주
隨意春芳歇	수의춘방헐
王孫自可留	왕손자가류

산 속의 가을 저녁

빈산에 새로 비 내린 뒤
날씨는 저녁이 되자 가을 기운 완연하다.
밝은 달은 솔 사이로 비추고
맑은 샘물 바위 위를 흐른다.
대숲 왁자하니, 빨래하던 아낙네들 돌아오는 것이요.
연잎 흔들리니, 고깃배 내려가는 것이라.
제 마음대로 봄풀 시드니
왕손은 혼자서도 머물 만하네.

주석

1) 秋暝(추명) : 가을 저녁.

2) 天氣(천기) : 날씨.

3) 淸泉(청천) : '물이 맑은 샘', '맑은 물'이라는 뜻이다. 여기서는 막 비가 그친 후의 냇물 모습을 뜻한다.

4) 喧(선) : '떠들썩하다', '시끌벅적하다'는 뜻이다.

5) 浣女(완녀) : '빨래하는 여인'을 말한다.

6) 蓮動(연동) : '연꽃이 물결에 의해 흔들리다'는 뜻이다.

7) 下漁舟(하어주) : '고깃배가 내려가다'는 뜻이다.

8) 隨意春芳歇(수의춘방헐) : '隨'는 '따르다'는 의미이고, '意'는 '(자기의) 생각', 또는 '(자기의) 뜻'을 의미하니, '隨意'는 '자신의 뜻대로 따르다', 곧 '제 멋대로'라는 뜻이다. '春芳'은 '봄날의 풀', '향기로운 풀'의 뜻이다. '歇'은 '없어지다', '시들다'의 뜻이다.

9) 王孫(왕손) : 한(漢) 회남왕(淮南王) 유안(劉安)의 〈초은사(招隱士)〉에 나오는 "왕손이여 돌아오시게, 산중에는 오랫동안 머물 수 없다네(王孫兮歸來, 山中兮不可久留.)"라는 구절에서 나온 말이다. 왕손은 왕의 후손, 곧 귀공자를 가리키는 말이나, 시에서는 흔히 풍류 군자, 내지는 유유자적하는 은사를 가리키는 말로 쓰인다. 여기서는 왕유 자신을 말한다.

10) 自可留(자가류) : '自'는 '스스로', '당연히', '혼자서' 등의 뜻이 있으나, 여기서는 '혼자서'라는 뜻으로 해석함이 좋다. '可'는 '~할 만하다'는 뜻으로 쓰였다.

해설

이 시는 가을 산중에서의 저녁생활을 묘사한 시이다. 송(宋)의 소식(蘇軾)이 왕유의 시를 가리켜 '시중유화, 화중유시(詩中有畵, 畵中有詩)'라고 말했듯이, 이 시에서도 한 폭의 그림이 연상된다.

첫 구에서 시인은 가을 산을 구지 "공산(空山)"이라고 하였다. 그것은 시인이 거처하고 있는 가을 산에는 세속적인 냄새와 색깔이 전혀 없다는 것을 말하기 위해서이다. 그래서 시인은 이 빈 산을 가을 기운, 밝은 달, 소나무, 맑은 샘, 바위, 대나무 숲, 연꽃 등과 같은 맑고 깨끗한 자연물만으로 채워 놓은 것이다.

5, 6구에서 비록 빨래하러 갔다 돌아오는 아낙네와 고기 잡으러 내려가는 어부가 등장하지만 이들도 역시 자연에 동화된 모습으로 묘사되었다. 시인은 이처럼 아낙네와 어부를 표면 위로 직접 노출시키는 대신에 대나무 숲과 연꽃 사이에 숨겨 누는 수법을 취하고 있다. 시인은 대나무 숲에서 시끌벅적대는 소리에서 빨래하러 간 여인이 돌아오는 것이라 추측하고 있고, 연꽃이 흔들리는 것을 보고서 그 가운데로 고깃배가 내려가고 있는 것이라 판단하고 있다. 이러한 수법은 청각과 시각을 교차시켜 묘사코자 하는 대상을 공감각적으로 느낄 수 있게 하는 미적 효과를 거두고 있을 뿐만 아니라, 시인이 당초 이 시에서 묘사코자 하였던 자연동화적인 분위기를 더욱 고조시키고 있다.

시인은 이런 분위기를 봄꽃에서 총괄하고 있다. 제 멋대로 피었다가 제 멋대로 져버리는 봄꽃은 자연의 섭리가 결정화(結晶化)한 모습이다. 그리고 마지막 구에서 이런 자연 속에서 자신은 떠나지 않겠다는 뜻을 밝힌 것이다. 원래 '왕손(王孫)'이란 말은 한 유안(劉安)의 〈초은사(招隱士)〉라는 작품에서 나온 말로서 초(楚) 나라 왕실의 후손인 굴원(屈原)을 가리키는 말이었다. 〈초은사〉에서는 "산림은 위험하고 초목이 많으며, 호랑이와 표범이 싸우고 곰들이 포효하는 곳이니, 왕손이 덕성이나 심성을 양성할 곳은 아니라"는 것을 먼저 말한 뒤에, 마지막으로 "왕손이여 돌아오시게, 산중에선 오래 머물 수 없다네(王孫兮歸來, 山中兮不可久留.)"라고 한 것이다. 그런데 왕유는 이 말을 오히려 역으로 바꾸어 자연의 섭리가 지배하는 곳이니 "왕손은 혼자서도 머물러 있을 만하네."라고 말한 것이다. 김소월시인의 시를 보자,

산유화 (山有花)

산에는 꽃 피네
꽃이 피네
갈 봄 여름 없이
꽃이 피네
산에
산에
피는 꽃은
저만치 혼자서 피어 있네
산에서 우는 작은 새여
꽃이 좋아
산에서 사노라네
산에는 꽃 지네
꽃이 지네
갈 봄 여름 없이
꽃이 지네

왕유가 말한 "제 멋대로 피고 지는 봄꽃(春芳)"은 소월이 말한 "갈 봄 여름 없이 피었다가, 갈 봄 여름 없이 지는" 바로 그 꽃이다. 그렇다면 왕유는 꽃이 좋아 산에서 사는 작은 새가 아닌가? 왕유는 꽃이 좋아 산에서 살며 울음을 내는 새처럼, 꽃이 좋아 산에서 살며 울음을 내던 시인이었다.

鹿柴 녹채

空山不見人　　공산불견인
但聞人語響　　단문인어향
返景入深林　　반영입심림
復照青苔上　　부조청태상

녹채

빈산에 사람은 보이지 않고,
단지 사람이 말하는 소리만 들린다.
석양이 깊은 숲 속에 들어와서는,
다시 푸른 이끼 위를 비춘다.

주석

1) 鹿柴(녹채) : 왕유가 별장을 짓고 살던 망천(輞川)의 20경(景) 가운데 하나이다. 망천(輞川)은 지금의 섬서성(陜西省) 남전현(藍田縣) 서남쪽 20리에 위치한다.
2) 聞(문) : (소리가) 들리다.
3) 返景(반영) : '景'은 '影'과 같은 글자로 쓰여서 '日影'을 가리킨나. '返景(반영)'은 '반사하는 햇빛', 또는 '석양'을 가리킨다.
4) 青苔(청태) : '푸른 이끼'를 말한다.

해설

이 시는 왕유가 망천장(輞川莊)에서 생활할 때 쓴 것으로 녹채(鹿柴)의 한정(閒靜)한 경치를 노래하고 있다. 이것은 왕유의 후기 산수시의 대표작이다. 5언절구 연작시(連作詩)인 ≪망천집(輞川集)≫20수 가운데 제 4수이다. 녹채는 망천(辋川)의 여러 지역 가운데 한 곳이다.

이 시에서 묘사한 것은 저녁 무렵의 그윽하고 고요한 녹채 부근의 빈산과 깊은 숲이다. 첫 번째 구절은 먼저 빈산에 사람의 인적이 없다는 것을 묘사하였다. 불도(佛道)에 심취하여서 그런지 왕유는 시에서 특히 "空山"이라는 어휘를 쓰길 좋아하였다. 왕유가 쓴 "空" 자는 모든 시에서 그 의미가 같지는 않다. 〈산거추명(山居秋瞑)〉시의 "빈산에 처음 비가 온 뒤라, 하늘기운이 저녁 내내 가을 날씨다(空山新雨後, 天氣晩來秋.)"에서의 "空" 자는 비온 후 가을 산의 맑고 깨끗함에 중점을 두었고, 〈조명간(鳥鳴澗)〉시에서의 "사람은 한가롭고 계화 떨어지는데, 밤은 고요하고 춘산은 비어 있다(人閑桂花落, 夜静春山空.)"의 '공' 자는 주로 한 밤 봄 산의 고요함과 그윽함에 중점을 두고 있다. 이에 반하여 "빈산에 사람 보이지 않는다."의 "空" 자는 산의 적막함과 청랭함을 드러내는 데에 중점을 두었다. 인적이 없을 뿐이지, 정말로 빈산이 아니다. 시인이 느끼는 가운데 이 산은 태고(太古)의 산인 것 같다. "사람 보이지 않는다(不見人)"는 말은 "空山"의 내포된 뜻을 더욱 구체화했다.

만약에 첫 구절만 읽는다면, 이 구가 매우 평범하다고 느낄 것이다. 그러나 "빈산에 사람은 보이지 않고,"구 바로 이어 나오는 "단지 사람이 말하는 소리만 들린다."를 읽게 되면, 갑자기 새로운 경계(境界)가 나타남을 느끼게 될 것이다. 이 구절이 내포한 의미는 자못 깊이 새겨볼 만하다. 일반적인 상황에서는 적막하고 조용한 "빈산"은 말 그대로 언제나 사람이 보이지 않는다. 그러나 사람이 보이지 않는다고 하여서 그 산이 쥐 죽은 듯이 고요하고 조용한 것만은 아니다. 새소리, 벌레소리, 바람소리, 물소리 등이 서로가 뒤엉켜 있으니, 대자연의 소리는 사실 매우 풍부하고 다채롭다. 그렇지만, 이 시에서는 지금 이러한 모든 소리가 하나도 들리지 않는다. 산이 깊고 숲이 우거져 있다 보니 사람의 그림자는 보이지 않고, 오직 사람의 말소리만 어쩌다 전해올 뿐이다. 여기서 "사람이 말하는 소리(人語響)"는 외견상으로는 산의 적막함을 깨트리는 것 같이 보이지만, 그러나 실제로는 그 반대로서 어는 먼 곳에서 잠깐 동안만 들리는 그 "소리(響)"가 이 산이 아주 오랜 시간 동안 빈산으로 고요하였다는 사실을 두드러지게 보여 준다. 빈 골짜기에 전해지는 소리가 골짜기의 공허함을 더욱 드러나게 하듯이, "빈산"의 사람 소리는 적막함을 더욱 더해주고 있다. 고요함과 적막함은 소리가 있음으로 인하여 비로소 두드러지는 것이다. 사람이 말하는 소리가 없어지고 나면, "空山"은 만물이 적막한 경계로 다시 복귀한다. 그러니 시에서처럼 방금 한바탕 사람 소리가 들린 이후라면 이때는 고요함과 적막감이 더욱 두드러진다.

셋째, 넷째 구절은 위에서 묘사한 바, "空山"에서 말이 전해오는 말소리에서 한 걸음 더 나아가 깊은 숲속의 석양을 묘사하고 있다. '소리(聲)'의 묘사에서 '빛(色)'의 묘사로 나아간 것이다. 깊은 숲은 본래 어두컴컴하지만, 숲속 나무 아래의 푸른 이끼는 햇빛이 들지 않는 깊은 숲의 어두움을 더욱 두드러지게 한다. 적막함과 어두움은 비록 청각과 시각에서 구별하여 사용하지만, 그러나 이 둘은 사람들의 인상 속에는 언제나 한 종류에 속한다. 그래서 적막함과 고요함은 항상 함께 언급되는 것이다. 상식대로 한다면, 숲속의 깊은 어두움을 묘사하려면, 햇빛을 보이지 않게 묘사하는데 중점을 둬야한다. 그런데 이 두 구절은 오히려 석양이 깊은 숲속으로 들어와 푸른 이끼를 비추는 것을 묘사하고 있다. 이는 얼핏 보면, 한줄기 저녁 햇살이 어두컴컴한 깊은 숲에 한 줄기 밝은 빛을 가져오고, 숲 속의 푸른 이끼에 한 줄기의 따뜻함을 가져왔다고 느낄 수도 있다. 혹자는 어쩌면 빛이 숲 전체에 활기를 가져다 주었다고 말할 지도 모르겠다. 그러나 더 세밀하게 살펴보면, 작가의 주관적인 의도라는 입장에서든지 작품의 객관적인 효과에서든지, 어느 쪽에서 보더라도 모두 이와는 정반대라는 것을 알 수 있다.

사방 모두가 온통 어두우면 어떤 때는 그것은 오히려 사람으로 하여금 그 어두움을 느끼지 못하게 한다. 그러나 한줄기 석양볕이 이 어두컴컴한 깊은 숲에 들어와서, 얼룩얼룩한 나무 그림자가 나무 아래의 푸른 이끼 위로 비쳐나게 하면, 그 작은 저녁 빛은 드넓고 끝없는 어두움과 강렬하게 대비가 되어서, 오히려 깊은 숲의 어두움이 더욱 두드러지게 한다. 특히 이 시에서 묘사한 것과 같은 저녁 석양은 그 힘이 아주 미약할 뿐만 아니라, 아주 짧은 시간 동안만 비추니, 한 줄기 석양이 순식간에 모습을 감춘 뒤에 뒤따라오는 것은 바로 길고 긴 어두움이라 할 수 있다. 1, 2구가 '소리 있음(有聲)'으로서 소리가 없는(無聲) '고요함'을 드러내었다고 한다면, 3, 4구는 곧 '빛(有色)'으로 '어두움(無色)'을 드러내었다고 할 수 있다.

왕유는 시인이며, 화가이며 음악가이다. 이 시는 바로 시, 그림, 음악의 결합을 구체적으로 드러낸 것이라 할 수 있다. 소리 없는 적막함이나 빛이 없는 어두움은 사람들이 모두 쉽게 알아차릴 수 있다. 하지만 소리가 있는 적막함이나 빛이 있는 어두움을 주목하는 사람은 매우 적다. 시인은 바로 색채와 소리에 대하여 화가나 음악가만이 지고 있는 특유의 예민한 감각으로써 빈산에서 사람이 말하는 소리가 들리고 깊은 숲속으로 석양이 비추는 찰나의 순간에만 현시되는 그 그윽한 경계를 파악하였던 것이다. 시인의 이러한 예민한 감각은 대자연에 대한 그의 섬세한 관찰력과 은연중에 하나가 되어 있다.

竹里館 죽리관

獨坐幽篁裏　　독좌유황리
彈琴復長嘯　　탄금부장소
深林人不知　　심림인부지
明月來相照　　명월래상조

죽리관에서

홀로 그윽한 대나무 숲속에 앉아
거문고 타고서 다시 길게 소리친다.
깊은 숲이라 사람은 알지 못하고
밝은 달만 와서 달빛 비추어 주네.

주석

1) 竹里館(죽리관) : 망천(輞川) 20경(景) 중의 하나이다.
2) 幽篁(유황) : 깊고 그윽한 대나무 숲을 말한다.
3) 彈琴(탄금) : '거문고를 타다'라는 뜻이다.
4) 復(부) : '다시', '또'라는 뜻이다.
5) 長嘯(장소) : 소리를 길게 끌며 외치다.

해설

이 시는 망천(輞川) 20경 가운데 하나인 죽리관 주변의 한적한 경물을 묘사한 것으로, 시인의 청아한 정취가 고요한 분위기 속에 잘 드러나 있다. 왕유는 만년에는 산수자연에 정을 붙이고, 불교를 독실하게 신봉하는 한편 세속적 명리를 버리고, 남전(藍田) 망천(輞川)의 별장에서 은거하여 지냈다. 이 망천의 별장은 자연환경이 매우 아름다울 뿐만 아니라, 왕유 스스로 주변여건을 잘 활용하여 건물을 배치하고 물길을 끌어들이며 대나무를 심고 꽃을 가꾸는 등 조경에도 크게 정성을 쏟았다고 한다. 그의 삶은 "깊은 숲이라 사람은 알지 못하고, 밝은 달만 와서 달빛을 비춰주는(深林人不知, 明月來相照.)" 그러한 자연 속의 삶이었다. 이 시에는 자연과 일체가 되어 세속을 멀리한 시인의 그러한 일상이 잘 묘사되어 있다.

시인은 죽리관 주변의 경물은 "幽篁", "深林", "明月"의 6자로 묘사하였고, 작중 인물의 행동은 "獨坐", "彈琴", "長嘯"의 6자로 그려내었다. 특별히 사람을 감동시키는 시어나, 특별히 단련한 시구도 없이, 눈앞의 경물을 마음 가는 대로 써낸 것 같아서, 시인이 시에서 사물을 묘사하거나 꾸미는 데에 전혀 힘을 들이지 않은 것 같다. 그러면서도 죽리관 주변의 그윽한 경물과 그곳에 머물고 있는 시인의 청아한 정취를 그대로 드러내 보여 주고 있다. 시의 풍격이 불교에 의지하며 세속적 명리에 욕심을 두지 않은 시인의 평담한 마음과 그대로 일치하고 있다.

매우 평범한 것 같지만, 이 시에도 시인 왕유의 화가 겸 음악가로서의 예술적 감각이 그대로 구현되어 있다. 시인은 달밤의 그윽한 숲속을 묘사하는 것과 동시에, "거문고를 타고(彈琴)", "길게 소리치는(長嘯)" 시인의 모습을 묘사하였는데, 이것은 거문고 연주소리와 길게 외치는 소리로 숲속의 고요함을 부각시키고자 하는 것이다. '유성(有聲)'으로서 '무성(無聲)'의 고요함을 묘사한 것이다. 시인은 또 밝은 달빛으로서 어두운 밤을 그려내고 있는데, 이 역시 '유색(有色)'의 달빛으로서 '무색(無色)'의 어둠을 묘사한 것이라 할 수 있다. 그윽한 고요함이나 깊은 어두움은 그가 시인이든 화가이든 음악가이든 모두 그려내기 매우 어려운 사물이다. 뛰어난

화가들은 그러한 고요함을 그려내기 위하여 새가 울고 있는 모습을 그리기도 하고, 짙은 어둠을 묘사하기 위하여서 밝은 달빛을 그려 넣는 수법을 취한다. '없는 것'을 그리거나 묘사하려면, '있는 것'을 그리고 묘사함으로써 비로소 그 실체를 부각시킬 수 있는 것이다. 이 시에는 시인의 그러한 예술적인 기교가 종합적으로 발휘되어 있다고 할 수 있다.

李白 (이백 : 701~762年)

풍류를 좋아해 술과 달을 시의 소재로 삼아 노래한 이백은 자가 태백(太白)이고, 호는 청련거사(靑蓮居士)이며, 스스로를 취선옹(醉仙翁)이라고 했다. 평생을 유랑생활을 하다가 생을 마치는데, 그의 본적 씨족 및 생애에 대해서도 제 각각의 설이 있다. 이백의 조상은 농서 성기(隴西 成紀 : 지금의 감소성甘肅省 천수天水) 사람으로 5세 때인 당 신룡(神龍) 원년(705년)에 아버지를 따라서 서촉(西蜀)의 광한(廣漢), 곧 면주(綿州) 창륭현(昌隆縣 : 지금의 사천성 강유江油)으로 이사 왔다. 그 때문인지 이백도 그의 시에서 사천을 자기 고향이라고 했다.

이백은 스무 살이 넘도록 아버지에게서 사마상여(司馬相如)의 〈자허부(子虛賦)〉를 배웠는데, 그는 이미 5세 때 육갑을 암송하였고, 10세 때 제자백가서를 읽었으며 호탕한 성격에 협기가 있어 재물을 무시하고 베풀기를 즐겼다고 한다. 이백은 독서와 창작활동 이외에도 검술이나 신선술에도 남다른 관심이 있었다.

26세 때 자신의 시적 재능을 펼칠 기회를 얻고자 촉을 떠나 초(楚) 지방을 여행하고, 금릉(金陵), 양주(揚州)를 거쳐 오(吳), 월(越)을 돌아 안륙(安陸)으로 돌아온다. 28세 때 안륙에서 재상을 지낸 허어사(許圉師)의 손녀와 결혼하였다. 겨울까지 안륙에서 머물면서 이곳의 관리들과 잦은 마찰이 발생하기도 하였다.

30세에 장안으로 가서 하지장(賀知章)을 만난다. 이백의 〈오서곡(烏棲曲)〉, 〈촉도난(蜀道難)〉을 본 하지장은 그의 시에 대하여 "귀신을 울릴만한 시"라고 극찬하고 그를 "하늘에서 귀양 온 사람(天上謫仙人)"이라고 부르기도 한다. 이백은 장안 근처의 종남산(終南山)에 은거하였는데, 이곳에 머물고 있는 현종의 누이동생인 옥진공주(玉眞公主)의 추천을 받아 정계로 진출하고자 하였으나 실패로 끝나고, 31세(731년) 여름, 실의에 찬 채 장안을 떠나서 약 10년간의 유람생활을 하게 된다.

장안을 떠나 숭산(嵩山)에 은거하여 살고 있던 원단구(元丹丘)를 방문하기도 하고, 그 지방의 명승지에 대한 감회를 시로 읊기도 한다. 36세(736년)에는 태원(太原)으로 가는데, 그의 대표적인 시인 〈장진주(將進酒)〉는 바로 이 시기에 지은 시이다.

이백은 도사 오균(吳均)과 섬중(剡中 : 절강성 승현嵊縣)에서 선술을 닦았는데, 오균이 현종에게 이백을 추천하였고, 현종의 부름을 받은 이백은 한림학사에 임명되니, 그의 나이 42세였다. 장안에 머문 3년간 이백의 방자한 태도는 유명하였는데, 그는 호탕하고 방탕한 생활로 일관하였다. 그의 대표작인 〈청평조(淸平調)〉 3수도 이때 쓰여진 것이었다. 후에 장안을 떠나게 되고, 그의 나이 44세부터 55세사이 안사의 난이 일어나기까지의 10년간 그는 그의 인생 두 번째의 장기간의 유랑생활을 하게 된다. 그는 이때 낙양에서 11세 연하의 두보(杜甫)를 만나 그와 깊은 우정을 나누었고, 양원(梁園)에서는 고적(高適)을 만나기도 하였다. 이백은 두보, 고적과 함께 취대(吹臺), 금대(琴臺)를 오르며, 함께 술을 마시고 시를 지었다. 이백과 두보의 사귐은 6개월이 채 되지 못하였으나 한 형제처럼 가까웠다고 한다.

이백은 하북의 안릉(安陵 : 하북성 오교吳橋)을 방문하여서는 두록을 만들어서 정식으로 도사적에 입적하여 연단학도(煉丹學道)에 전념하기도 한다. 754년 남릉(南陵)에 갔을 때에는 부근 추포(秋蒲 : 안휘성安徽省 귀지현貴池縣)의 그림같이 맑은 풍경을 〈추포가(秋蒲歌)〉 17수에 담아 흐르는 물과 같이 빠르게 지나가버리는 세월과 나그네의 수심을 표현하기도 하였는데, 그 유명한 "백발 삼천 장은 수심으로 길어졌다. 거울처럼 맑은 강물 그 어디에서 가을 서리 얻어왔는지 모르겠다(白髮三千丈, 緣愁似箇長. 不知明鏡裏, 何處得秋霜.)"는 시가 바로 그 중 한 수이다.

이백은 756년에 겨울에 현종의 아들인 영왕(永王) 이린(李璘)의 부름으로 그의 막료로 들어가 문서를 관장하는 일을 맡았다. 영왕은 장강 중하류 일대의 방위를 담당하고자 병사 수만을 이끌고 강릉에 진을 쳤으나 이백의 예측과는 달리 이린은 장강 일대를 자신의 세력권에 넣고자 모반을 도모하였고, 이를 경계한 숙종은 관군을 파견하여 반군을 패퇴시켰다. 영왕은 남쪽으로 도망가다가 피살되고, 이백은 자수를 하여 감옥에 투옥되었다가 얼마 후 풀려난다. 아직 조정의 완전한 사면을 얻지 못한 그는 마침내 그의 나이 57세가 되는 지덕(至德) 2년(757년) 야랑(夜郞 : 귀주성 동재현桐梓縣 일대)로 유배를 가게 되었다. 그의 나이 59세가 되는 해에 봉절(奉節)에 이르렀을 때 사면소식을 듣고서 약 일 년 반에 걸친 유배생활을 마무리하게 되는데 이때의 심정을 "마치 새장을 벗어난 새처럼 가슴이 시원하였다(曠如鳥出籠)"고 표현하였다. 그리고는 당도현(當塗縣)의 현령 이양빙(李陽冰)에게 가서 그에게 의탁한다. 보응(寶應) 원년(762년) 대종(代宗)이 즉위하여서 이백을 좌습유로 부르지만, 이백은 관직으로 나아가지 않는다.

사실 영왕의 반란사건에 가담한 죄로 짧지 않은 유배생활에서 받은 고초에다가 아내와의 별거까지 겹친 이백의 만년생활은 처참한 날의 연속이었다. 이처럼 이백은 평생 포의(布衣)로 지내다가 결국 가난과 울분으로 당도(當塗)에서 병사했다.

그의 시 세계는 매우 복잡다단하여 그 특징을 한 마디로 잘라 말한다는 것은 부적절한 일이다. 그는 도가적 성격이 강하였고 정치적 포부도 있었고 공명심이 강한 유가적 바탕도 있었다. 속세를 잊고 신선세계를 동경하는 표일한 작품이 있는가 하면, 세상을 구해보겠다는 제세의지(濟世意志)와 이를 실천치 못하는 불우한 처지를 토로한 비장한 시들도 있다. 거시적이며, 호탕한 인생을 노래한 장편 가행(歌行)도 있고, 섬세함과 간결함이 돋보이는 단편시도 적지 않다. 그의 시는 현재 1049수가 남아 있는데, 율시는 겨우 82수이고, 악부시가 549수이며, 나머지는 고시와 절구이며, 특히 7언이 다. 이런 현상은 격률과 대구 등 형식적인 것에 속박되기를 싫어하는 그의 성격 때문일 것이다. 특히 그의 시는 서정성이 뛰어나 논리성이나 체계성보다는 감각이나 직관에서 독보적 경지를 개척하고 있다. 흔히들 그의 시를 읽다 보면, 평범한 언어 속에 담겨 있는 천재성과 낭만성에 거듭 탄성을 자아내게 된다. 호방한 성격에서 우러나온 낭만적 시풍을 그의 시의 대표적인 특색으로 삼을 수 있을 것이다. 후일 두보(杜甫)가 시성(詩聖)으로 불리고 왕유가 시불(詩佛)로 불리며, 이백은 시선(詩仙)으로 불리었다.

將進酒 장진주

君不見黃河之水天上來	군불견황하지수천상래
奔流到海不復回	분류도해불부회
君不見高堂明鏡悲白髮	군불견고당명경비백발
朝如靑絲暮成雪	조여청사모성설
人生得意須盡歡	인생득의수진환
莫使金樽空對月	막사금준공대월
天生我材必有用	천생아재필유용
千金散盡還復來	천금산진환부래
烹羊宰牛且爲樂	팽양재우차위락
會須一飮三百杯	회수일음삼백배
岑夫子	잠부자
丹丘生	단구생
將進酒	장진주
君莫停	군막정
與君歌一曲	여군가일곡
請君爲我側耳聽	청군위아측이청
鐘鼓饌玉不足貴	종고찬옥불족귀
但願長醉不願醒	단원장취불원성
古來聖賢皆寂寞	고래성현개적막
惟有飮者留其名	유유음자류기명

陳王昔時宴平樂	진왕석시연평락
斗酒十千恣歡謔	두주십천자환학
主人何爲言少錢	주인하위언소전
徑須沽取對君酌	경수고취대군작
五花馬	오화마
千金裘	천금구
呼兒將出換美酒	호아장출환미주
與爾同銷萬古愁	여이동소만고수

술 마시기를 권하며

그대 보지 못했는가? 황하의 물이 하늘에서 내려와,
세차게 흘러 바다에 이르면 다시 돌아오지 않는 것을.
그대 보지 못했는가? 귀한 집 사람이 거울 보며 백발을 서러워 하는 것을,
아침에는 푸른 비단실과 같더니 저녁엔 눈처럼 희어졌네.
인생이란 때를 만났을 때 모름지기 즐거움 다해야 하니,
금빛 술잔이 빈 채로 달을 맞게 하지 마시라.
하늘이 나 같은 재목 낳으심은 반드시 쓸 곳이 있고,
천금은 다 쓰고 없어지더라도 다시 또 돌아올 걸세.
양을 삶고 소를 잡으며 잠시 즐기리니,
한 번 마셨다면 반드시 삼백 잔은 마셔야 하네.
잠선생과 단구군!
술 마시길 청하니, 그대들은 술잔을 멈추지 마시게나.
그대들에게 노래 한 곡조 들려 줄 터이니,

그대들은 나를 위해 귀를 기울여 주시게.
흥겨운 음악과 맛있는 음식은 귀하게 여길 바 못 되고,
단지 바라옵기는 영원히 취해서 깨어나지 않기를.
예로부터 성현들은 모두 쓸쓸하셨고,
오로지 술 마시는 사람만 그 이름을 남겼었지.
진왕은 옛날에 평락관에서 연회를 할 때,
한 병에 만 전이나 하는 술을 마음껏 떠들며 마셨다 하네.
주인이 어찌 돈이 모자란다 하겠는가?
당장 틀림없이 술을 사와 그대들과 대작하리라.
오화마, 천금의 갖옷,
아이를 불러 가지고 나와서 맛있는 술로 바꿔오게 하여
그대들과 더불어 만고의 시름 녹이리라.

주석

1) 將進酒(장진주) : '將'은 '청하다'는 뜻이고, '進'은 '마시다'는 뜻이다. 그러니 '將進酒'는 '술 마시기를 청한다'는 뜻으로서 권주가(勸酒歌)로 생각하면 된다. 중국시에서는 노래의 가사로 불려 졌던 시를 악부시(樂府詩)라 하는데, 〈將進酒〉는 한대(漢代)의 악부시 가운데 요가(鐃歌) 18곡에 속하는 노래 중의 하나이다. 요가는 지금의 징과 같이 생긴 '요(鐃)'라는 악기로 반주하였던 노래인데, 주로 군중(軍中)에서 불려졌다. 노래의 가사는 주로 술 마실 때의 호기와 흥취를 묘사한 것이 주인데, '장진주'라는 제목으로 지어진 악부시 중에는 이백의 시가 가장 유명하다.

2) 君不見(군불견) : 불특정 다수의 청자에게 그들의 견문이나 경험, 지식 등을 환기시키는 반어적인 말로서, '그대는 보지 못했는가?'라는 뜻이다.

3) 奔流(분류) : '奔'은 '치달리다'는 뜻이니 '奔流'는 '세차게 빨리 흐르다.'는 뜻이다.

4) 不復(불부) : '復'는 '부'로 읽고 '다시'라는 뜻이다. '不復'는 '不'이라는 부정어를 강조하여 '다시는 ~하지 않는다.'는 뜻으로 쓰였다.

5) 高堂(고당) : '높고 큰 대청', 곧 '좋은 집'의 의미로 쓰이는데, 여기서는 '좋은 집에 사는 사람'이란 뜻으로 쓰였다. '高堂'은 '부모', 또는 '부모님이 살고 계신 곳'이란 뜻으로 사용되기도 하는데, 혹자는 이를 가지고 '부모와 연배가 같은 나이가 많은 사람'이란 뜻으로 해석하기도 한다.

6) 青絲(청사) : 푸른 실. 여기서는 젊은 사람의 검은 머리카락을 비유한 말이다.

7) 得意(득의) : ① 사물의 의미를 깨닫다. ② 바라던 일이 성취되다. 뜻대로 되다 ③ 마음에 차다. 만족하다. 전후 문맥상으로 여기서는 '마음먹은 대로 뜻을 이룰 수 있는 젊은 시절'을 의미하는 것으로 쓰였다.

8) 金樽(금준) : '金'으로 장식한 화려한 술동이. '樽'은 단지와 비슷한 술동이로서 '존(尊)', '罇(준)' 과 같은 글자다.

9) 天生我材(천생아재) : '我材'는 '나라는 재목', 또는 '나 같은 재목'을 의미이며, '天生我材'는 '하늘이 나라는 재목을 낳다.'는 뜻이다.

10) 散盡(산진) : '흩어서 다 없애다.'는 뜻이다.

11) 還復來(환부래) : '還'은 부사로서 '다시', '여전히'라는 뜻이고, '復'는 '다시'라는 뜻이니 '還復來(환부래)'는 '여전히 다시 온다'는 뜻이다.

12) 會須(회수) : '會', '須' 각각이 따로 한 글자씩 쓰여도 '반드시~해야 한다', 또는 '반드시 ~일 것이다'는 뜻을 지니고 있다. 여기서는 음절의 리듬을 맞추기 위하여 함께 썼다.

13) 烹羊宰牛(팽양재우) : '烹'은 삶는 것. '宰'는 칼로써 고기를 저미어 것을 말한다. 따라서 '烹羊宰牛'는 양을 삶고 소고기를 저며서 요리하는 것을 말한다.

14) 且爲樂(차위락) : '且'는 '잠시', '부족하지만, 우선 아쉬운 대로 ~하다'의 뜻을 담고 있다. '爲樂'은 '환락을 행하다', '즐기다'는 뜻이다.

15) 岑夫子(잠부자) : 분명하지는 않지만 변새시인인 '잠참(岑參)'을 가리킨다는 주장도 있고, 이백의 시집에 보이는 '잠징군(岑徵君)'이란 사람이라는 주장도 있

다. 그러나 공자(孔子)를 공부자(孔夫子)로 부르는 예에서 알 수 있듯이, '부자(夫子)'란 말은 존칭어로서 지금의 '선생님'이란 뜻에 해당한다.

16) 丹丘生(단구생) : ≪이백집(李白集)≫속에는 '元丹丘'와 관련된 시가 많은데, 이백이 자주 내왕했던 도사 '元丹丘'를 가리킨다. 그는 이백의 친구이므로 그냥 이름 뒤에 '生' 字를 써서 불렀다. 오늘날의 표현인 '단구군!'하고 부르는 것과 같다.

17) 與君歌一曲(여군가일곡) : '與'는 '~에게', '~에게 ~해 주다'는 뜻이다. 혹자는 '~를 위해서'로 해석하기도 하는데 이 역시 가능한 해석이다. '歌'는 여기서는 '노래하다'는 뜻의 동사로 쓰였다.

18) 請君爲我側耳聽(청군위아측이청) : '爲我'는 '나에게', 또는 '나를 위해'라는 뜻이다. '側耳聽'는 '귀를 기울이고 듣다'는 뜻이다.

19) 鐘鼓(종고) : '鐘'은 종이고, '鼓'는 북인데, 여기서는 고대에 큰 연회(宴會)를 할 때 연주되던 음악을 가리킨다.

20) 饌玉(찬옥) : '饌'은 '음식', 또는 '음식을 차려내다.'는 뜻이니, '饌玉'은 '옥과 같이 진귀한 요리를 음식으로 차려낸다.'는 뜻이다.

21) 長醉不願醒(단원장취불원성) : '長醉'는 '항상 취하다', '영원히 취하다', '不願醒'은 '깨어나고 싶지 않다'의 뜻이다.

22) 寂寞(적막) : '쓸쓸함', '적적함'의 뜻이다. 여기서는 '이름이 후세에 전해지지 않는다.'는 의미를 나타낸다.

23) 陳王昔時宴平樂(진왕석시연평락) : '陳王'은 위(魏) 조조(曹操)의 아들 조식(曹植)으로, 조식의 〈명도편(名都篇)〉에 "돌아와 평락궁에서 잔치를 베푸는데, 좋은 술은 한 병에 만전이라(歸來宴平樂, 美酒斗十千.)"는 말이 있다. '平樂'은 한(漢) 나라 밤기에 낙앙성 서쪽에 세운 평락궁(平樂宮)을 말한다.

24) 斗酒十千(두주십천) : '斗酒'의 '斗'는 두 가지 의미가 있다. ① '斗'란 원래 술을 담는 국자 모양의 용기(容器)를 상형한 글자인데, 여기에서 유래하여 '斗酒'는 '한 국자의 술', 내지는 '한 병의 술'을 의미하는데, 시에서는 '변변치 않은

적은 양의 술'이란 뜻으로 자주 쓰인다. 한(漢) 탁문군(卓文君)의 〈백두음(白頭吟)〉 시에 "오늘은 이별의 작은 술 자리이지만, 내일이면 궁원의 물가에 있으리(今日斗酒會, 明日溝水上.)"가 그것이다. ② '斗'는 '십승(十升)', 곧 '한 말'이란 뜻으로 쓰이기도 하니, '斗酒'란 '한 말의 술'을 의미하기도 한다. 두보(杜甫)의 〈음중팔선가(飮中八仙歌)〉에서 "이백은 한 말 술에 시가 백편인데, 장안 저자의 안 술집에서 잠들어 있네(李白斗酒詩百篇, 長安市上酒家眠.)"라고 한 것이 그 예이다. 이 시에서 '斗酒'는 문맥상으로 전자의 뜻으로 쓰여서, '한 병의 술'로 번역하는 것이 자연스럽다. '十千'은 열 개의 '千'이니, 일 만을 풀어 쓴 것이다. 따라서 '斗酒十千'은 '한 병의 술이 만금이나 된다'는 뜻이다.

25) 恣讙謔(자환학) : '恣'는 '마음껏', '마음대로', '讙'은 '떠들다', '謔'은 '희롱하다', '즐기다'는 뜻이다. 따라서 '恣讙謔'은 '마음대로 떠들어대며 즐기다.'는 뜻이다.

26) 何爲(하위) : '무엇 때문에'의 뜻이다.

27) 少錢(소전) : '돈이 적다', '돈이 모자라다'의 뜻이다.

28) 徑須沽取對君酌(경수고취대군작) : '徑'은 '즉시', '곧', '바로'의 뜻이다. '沽'는 '팔다', '사다', '술장수' 등의 여러 의미가 있으나, 여기서는 '(술을) 사다'는 뜻으로 쓰였다. '取'는 '취하다', '가져오다'는 뜻이다. '沽取'는 '고주(沽酒)'로 된 판본도 있다. '對君酌'은 '그대를 마주하여 술을 따르다'는 뜻이다.

29) 五花馬(오화마) : 매우 비싼 명마. 오화마의 명칭의 유래는 말의 털에 오색 무늬가 있기 때문이라는 설과, 말의 갈기가 다섯으로 나누어져 있기 때문이라는 두 가지 설이 있다.

30) 千金裘(천금구) : 천금의 가치가 있는 비싼 갖옷. '裘'는 가죽털옷. ≪사기(史記)·맹상군전(孟嘗君傳)≫에 "맹상군에게는 여우의 털로 만든 흰 갖옷 한 벌이 있는데, 값어치가 천금으로, 천하에 둘도 없다(孟嘗君有一狐白裘, 直千金, 天下無雙.)"라는 기록이 있다.

31) 呼兒將出換美酒 (호아장출환미주) : '呼兒'는 '아이를 부르다'는 뜻이고, '將

出'은 '가지고 나오다'는 뜻이다. '將'에는 '가지다', '잡아 가지다', 또는 '거느리다'는 등의 뜻이 있다. '換美酒'는 '맛있는 술로 바꾸다.'는 뜻이다.

32) 與爾同銷(여이동소) : '與'는 '~와 함께', '爾'는 '너'라는 뜻이니, '與爾'는 '너와 함께'라는 뜻이다. '同銷'는 '함께 녹이다'는 뜻이다.

해설

이 시는 악부시로 〈한요가(漢鐃歌)〉 중의 한 곡명이다. 이백이 악부시의 체제와 악상을 빌어서 시를 쓴 것은 악부시가 형식이 자유롭고 풍격이 질박(質朴)해서 낭만적인 그의 시상을 표현하는데 적합했기 때문이다.

중국시는 역대로 음주를 소재로 삼은 시문이 적지 않다. 이백의 이 시와 조조의 〈대주당가(對酒當歌)〉, 유령(劉伶)의 〈주덕송(酒德頌)〉, 도잠(陶潛)의 〈음주시(飮酒詩)〉는 천고에 전송되는 작품이다.

〈장진주〉는 작자가 숭산(嵩山)에 사는 잠훈(岑勛)과 영양산(穎陽山)에 사는 원단구(元丹丘)를 찾아 갔을 때 지은 작품이다. 그 당시 이백은 뛰어난 재능을 지녔음에도 불구하고 나라와 백성을 위해 일을 할 수 없는 처지였기에, 세상만사 모든 근심과 시름을 떨쳐버리고 좋은 친구들과 어울려 시도 짓고 노래도 부르며 흥을 다하자고 권유하는 필치로 시상을 전개하고 있다.

시인은 먼저 황하가 마치 하늘에서 내려온 듯 하다는 과장된 표현으로서 시흥을 일으키고 있다. 그리고 이 도도하게 흐르는 영원불멸의 황하도 한 번 바다에 이르면 다시는 돌아올 수 없음을 언급함으로서 우리 인생의 젊음 또한 이처럼 돌이킬 수 없음을 상기시켰다. 그는 또 인생의 젊은 시절부터 노년에 이르는 전 과정을 '귀한 집의 사람이 거울 앞에서 아침에는 푸른 비단실 같다가 저녁에는 눈처럼 희어진 백발을 슬퍼하고 있는' 매우 회화적인 모습으로 묘사해 내었다. 시인은 '아침(朝)'과 '저녁(暮)'이라는 단 두 글자로 인생의 덧없음을 묘사해 내었는데, 이 역시 과장기법의 하나라 할 수 있다. 이처럼 시인은 공간적 과장과 시간적 과장을 통하여 우리 인생의 일회성과 무상함을 매우 효과적으로 표현해 내었다. 대자연 황하의 위대함과 영원불멸함은 인간생명의 미소(微小)함과 나약함을 대조적으로 강조시키고 있으며, 물이 한 번 흘러가면 돌아오지 않는다 함은 짧은 인생일지라도 지나간 세월을 다시는 돌이킬 수 없음을 비유하고 있다. 시인의 이러한 표현형식은 독자로 하여금 슬픈 감정에서 벗어나, 오히려 거시적인 안목에서 인생을 생각해보게 하고, 그의 예술적 역량을 엿볼 수 있게 하며, 두 구의 대비 속에서 독자들이 그의 호방한 기세를 충분히 엿볼 수 있게 해 준다.

'인생이란 때를 만났을 때 모름지기 즐거움을 다해야 한다.'는 말은 즐거움이 최고조에 이르렀을 때 한 말 같지만, 사실은 자신의 원대한 뜻을 마음껏 펼칠 기회를 얻지 못한 데서 오는 실망과 분노를 역설적으로 표현한 것이라 할 수 있다. 그러나 그는 이러한 실망과 분노로 결코 좌절하지는 않고 있으니, 그것은 그 다음 구절인 "하늘이 나 같은 재목 낳으심은 반드시 쓸 곳이 있다"고 한 말에서 알 수 있다. 이백의 이러한 자신감은 그 다음 구절 "천금은 다 쓰고 없어지더라도, 다시 또 돌아온다."고 한 말에서도 확인된다. 시인은 사실 〈상안주배장사서(上安州裵長史書)〉에서 "지난 날 양주에서 나그네 생활할 때, 일 년도 되지 않아 30여 만 전의 돈을 썼다(曩者遊維揚, 不逾一年, 散盡三十餘萬.)"라고 한 말 그대로의 호방한 인물이었다. 이백의 이러한 자신감은 한편으로는 자신의 회재불우(懷才不遇)함에 대한 자각 때문이겠지만, 다른 한 편으로는 이 세상에서 쓰임을 받고 싶다는 적극적인 자세에서 비롯된 것이라 할 수 있다.

이백의 이러한 기세는 다시 성대한 술자리로 이어지고 있다. 양을 잡고, 소를 잡았으며, 술 또한 한 번 마시면 삼백 잔은 채워야 했다. 여기서 그의 감정은 최고조에 이르렀으며, 시의 선률은 더욱 빠른 템포로 치달리고 있다. 시인은 열띤 흥분 속에 취기가 오르자 돌연 "잠선생과 단구군! 술 마시길 청하니, 그대들은 술잔을 멈추지 마시게나."하고 소리 높여 술을 권하고 있는데, 이 구절은 시의 절주(節奏), 곧 시의 리듬상의 변화를 풍부하게 할 뿐 아니라, 술자리의 시끌시끌한 청각적인 면을 묘사한 것이다. 다시 만난 지기(知己)에게 술잔을 들어 술을 권하는 작자의 모습은 그의 평상시의 생활태도이며, "그대들에게 노래 한 곡조 들려 줄 터이니, 그대들은 나를 위해 귀를 기울여 주시게."라는 구절은 그야 말로 노래 속에 다시 노래가 있게 하였으니, 그의 기발한 착상을 엿볼 수 있게 한다.

"흥겨운 음악과 맛있는 음식"은 옛날 부귀한 사람들의 술자리를 상징한다. 그야 말로 이백의 말처럼 그리 "귀하게 여길 바가 못 된다." 그러니 단지 바라기로는 "영원히 취하여 다시 깨어날 필요가 없는 것"이다. 그런데 이백의 이러한 말도, 사실은 뜻한 대로 되지 않는 자신의 처지를 의식한 분노에서 나왔음을 알 수 있다. 뒤 구절에서 "예로부터 성현들은 모두 쓸쓸하셨고, 오로지 술 마시는 사람만 그 이름을 남겼다."고 한 말에도 역시 불만에 찬 작자의 마음이 엿보인다. "옛 부터 성인이 적막했다." 함은 시인 자신이 세상에 쓰임이 없이 '적막했음'을 나타내는 것이며, 이런 적막감에서 벗어나기 위한 유일한 해결책을 술에 두고서, 그 술에 잔뜩 취해 깨어나고 싶지 않다 함은 자포자기한 상태와 다를 바 없다. 역사에 이름을 남긴 이가 어찌 술을 마셨던 사람뿐이겠는가? 설사 그러하더라도 시인이 굳이 조식(曹植)만을 예로 거론한 것은 무슨 까닭인가? 그것은 조식이 위(魏) 문제(文帝) 조비(曹丕)와 명제(明帝) 조예(曹叡)의 질시와 미움을 받아 결국은 자신의 뜻을 펼쳐보지 못한 채 죽었다는 점에서 동질감을 느꼈기 때문일 것이다.

이러한 자포자기적 어조와는 달리 다음 구절에서 시인은 주흥이 더욱 높아져 다시 광란적인 모습을 그리고 있다. 주인이 어찌 돈이 모자란다 하는가? 천금을 다 썼으면, 오색 말과 천금의 갖옷 같은 귀중한 물건으로 술과 바꿔오기를 주장하는 것이다. 그래서 시인은 자신이 친구에게 초대받은 손님임을 알고 있으면서도, 마치 주인인양 아이를 불러 명령을 내리려 하고 있다. 이는 이 시의 묘미 가운데 하나로서, 독자에게 주인과 손님이 바뀐 듯한 착각을 불러일으키고 있다.

"그대들과 더불어 만고의 시름 녹이리라."고 한 마지막 부분은 이 시의 백미로서 시의 대미를 장식하고 있다. 그러면 이백이 술로 녹여야 할 '만고의 시름(萬古愁)'이란 도대체 무엇인가? 그것은 만고 이래로 계속되는 천재들의 적막함, 곧 천재들이 세상에 아무런 쓰임도 없이 사라져야 한다는 것이다. 다시 말해 재능과 포부를 지녔으면서 세상에 등용되지 못한 이른바 '회재불우'에 대한 시름인 것이다.

이 시의 편폭은 사실 길다고 할 수는 없지만, 그러나 시적 리듬의 변화는 매우 심원하고, 기상이 평범하지 않다. 그리고 비분강개하는 감정이 극에 달해 광적인 느낌마저 들고, 어휘 또한 호방하면서도 무게가 있다. 이 시가 고금을 진동시킬 만한 기세와 힘을 갖게 된 것은 과장법과 밀접한 관계가 있으니, 이를테면 '千金', '三百杯', '斗酒十千', '千金裘', '萬古愁'와 같은 시어들이 그것이다. 이러한 과장된 표현임에도 불구하고, 이 시가 독자들에게 허황하다는 느낌이 들지 않도록 하는 것은 시인의 충실하고도 심후한 내재적 감정과 '술기운에 하는 말(酒話)' 뒤에 감춰진 폭발할 듯한 분노감 때문이다.

특히 이 시는 기복이 심하여, 슬픔에서 즐거움으로, 즐거움에서 다시 광란하는 모습으로 변하고, 여기서 또 다시 분개하고 다시 미쳐버리고, 결국에는 처량함으로 마무리되고 있어, 마치 황하의 물이 굽이치는 기세를 보는 듯하다.

문학과 술과는 풀래야 풀 수 없는 인연으로 맺어져 있다. 술과 가깝기로는 문학 중에서도 시가 으뜸이리라. 시인이 술을 좋아하는 것은 그 술을 빌어 심중의 고민을 발설하고자 함이니, 시란 바로 고민의 상징문자인 셈이다. 이제 시에 술이 결합하게 되면, 그 술은 시로 하여금 취하게 하고 시로 하여금 호방하고 낭만적인 색채를 더하도록 한다. 술의 문학은 필경 '재도(載道)의 문학'은 아니다. 비록 '술기운에 하는 말'이 있음을 피할 수는 없겠지만, 그러나 작가의 진실된 감정을 드러나게 하는 데에는 술만큼 효과적인 매개는 없다. 나 비록 품은 재능은 없어도 그때만큼은 이백처럼 "예로부터 성현들은 모두 쓸쓸하셨고, 오로지 술 마시는 사람만 그 이름을 남겼었지(古來聖賢皆寂寞, 惟有飮者留其名.)"라고 외쳐보리라. 그러다가 혹 마음 맞는 지기(知己)라도 만나면 그 주막에서 이백처럼 '만고의 수심'을 녹여보리라.

月下獨酌(其一) 월하독작(기일)

花間一壺酒	화간일호주
獨酌無相親	독작무상친
擧杯邀明月	거배요명월
對影成三人	대영성삼인
月旣不解飮	월기불해음
影徒隨我身	영도수아신
暫伴月將影	잠반월장영
行樂須及春	행락수급춘
我歌月徘徊	아가월배회
我舞影零亂	아무영령란
醒時同交歡	성시동교환
醉後各分散	취후각분산
永結無情遊	영결무정유
相期邈雲漢	상기막운한

달 아래서 홀로 술을 마시며(첫째)

꽃 사이에 술 단지 하나 놓고
친구도 없이 혼자 술을 마시네.
잔을 들어 밝은 달맞이 하고
그림자를 마주하니 세 사람이어라.
달은 본시 술을 마실 줄 모르고

그림자는 부질없이 내 몸을 좇는구나.
잠시나마 달과 그림자를 동반하니
행락은 모름지기 봄을 놓치지 말아야 한다.
내가 노래 부르면 달이 여기저기를 배회하고
내가 춤을 추니 그림자는 떨어지면 어지럽구나.
술에 깨어 있을 땐 함께 서로 즐거워하더니
술에 취한 뒤에는 각각 흩어져 버리는구나.
세속적인 마음이 없는 사귐을 영원히 맺고자 하면
아득한 은하수에서나 기대해야 하겠구나.

주석

1) 月下獨酌(월하독작) : 원래 4수로 이루어져 있으며 이 시는 그 중에서도 첫째수이다. 송 촉본(宋 蜀本)에는 이 시의 제목 아래에 '장안(長安)'이라 주(注)하였다. 시의 내용으로 보아 천보(天寶) 3년(744년) 봄, 이백이 장안을 떠나기 직전에 지은 것으로 여겨진다.
2) 壺(호) : 술병, 술 항아리.
3) 獨酌無相親(독작무상친) : '酌'은 '술을 떠내다', 또는 '술을 따르다.'는 뜻으로, '獨酌'은 '혼자 술을 마시다.'는 뜻이다. '相親'의 '相'은 허사(虛詞)로서 뜻이 없으니, 굳이 '서로'라고 뜻을 새길 필요는 없다. '친한 사람', 또는 '친구'라는 뜻으로 해석하면 된다.
4) 擧杯邀明月(거배요명월) : '擧杯'는 '잔을 들다.'는 뜻이다. '邀'는 '맞이하다', '초청하다'는 뜻이다. '邀明月(요명월)'은 '밝은 달을 맞이하다.'는 뜻이다.
5) 對影成三人(대영성삼인) : 그림자를 마주하니 세 사람이 되다. '三人'이란 홀로 술을 마시는 詩人, 술잔 속으로 맞이한 하늘의 달, 그리고 시인의 그림자를 뜻한다.

6) 月旣不解飮(월기불해음) : '旣'는 원래, 본래. '解'는 '~할 수 있다.'는 뜻으로서 '不解飮'은 '마실 줄 모르다'는 뜻이다.

7) 徒(도) : '부질없이', '공연히'라는 뜻이다.

8) 暫伴月將影(잠반월장영) : '暫伴'은 '잠시나마 동반하다'는 뜻이다. '將'은 여러 가지 뜻으로 쓰이는데, 여기서는 '거느리다'는 의미로 쓰였다.

9) 行樂須及春(행락수급춘) : '須'는 '반드시', '모름지기', '及'은 '~에 미치다', '~를 따라 잡다'의 뜻이다. 따라서 '行樂은 반드시 봄에 해야 한다'는 의미이다.

10) 徘徊(배회) : '노닐다', '이리저리 왔다 갔다 하다'의 뜻이다.

11) 影零亂(영령란) : '影'은 '그림자'라는 뜻이고, '零亂'은 '떨어지고 어지럽다'는 뜻인데, 달빛 아래에서 술 취한 시인의 그림자가 땅위로 쏟아지며 어지러이 흩어지는 것을 가리킨다.

12) 交歡(교환) : '서로 즐거워하다.'의 뜻이며, '交'는 '서로'의 뜻이다.

13) 永結無情遊(영결무정유) : '세속적인 마음이 없는 사귐을 영원히 맺다.'라는 뜻이다. '永結'은 '영원히 맺다'는 뜻이고, '無情遊'의 '情'은 원래 시나 산문에서 거의 대부분 긍정적인 의미로 쓰인다. '情'은 '남녀 간의 진실한 사랑'을 의미하기도 하고, 인간의 타고난 '순수한 성정(性情)'을 의미하기도 한다.' 또 때로는 사물에 감촉되어 일어나는 마음의 작용을 의미하기도 한다. 그러나 여기에서 쓰인 '情'은 부정적인 의미로 쓰였는바, '세속적인 마음', 내지는 '이해득실을 따지는 마음'으로 파악해야 한다. '遊'는 '교유', 즉 '사귐', 따라서 '無情遊'는 '세속적인 마음이 전혀 개입되지 않은 사귐', 또는 '사심이 없는 사귐'이란 뜻이다.

14) 相期邈雲漢(상기막운한) : '세속적인 마음이 없는 사귐을 아득히 먼 은하수에서나 이룰 수 있기를 혼자 기대해 본다.'는 뜻이다. '相期'는 만날 것을 기대하는 것. '邈'은 '멀다'는 뜻이고. '雲漢'은 은하수를 의미하니, '邈雲漢'은 '아득한 은하수'를 의미한다.

해설

이 시는 〈월하독작〉 네 수 중 첫째수이다. 5언으로 된 고시로서 달 아래서 술을 마시면서 느낀 정서를 표현한 시이다.

시인은 꽃피어 우거진 숲 사이에 술 단지 하나를 놓고 상대할 친구도 없이 혼자 술을 마시고 있다. 술잔을 드니 밝은 달이 잔 속으로 들어와 비치고, 시인의 그림자는 까닭도 없이 시인을 따르니, 결국 달과 그림자와 시인 셋이라. 달은 본래 술을 마시질 못하고, 그림자는 건성으로 시인을 따라 움직일 뿐이나, 시인은 짧은 시간 동안이나마 달과 그림자를 벗하여 봄철을 즐기고 있다. 시인이 노래하면 달이 서성이는 듯하고, 시인이 춤을 추면 그림자도 따라 움직인다.

시인은 이처럼 자신이 깨어 있을 때는 달과 그림자도 자신과 함께 하는 것으로 이해하였다. 그가 비록 "꽃 사이에 술 단지 하나 놓고 친구도 없이 혼자 술을 마신다."고 하였지만 밝은 달이 있고, 그의 그림자가 또 그를 짝하고 있으니 전혀 외롭지가 않다. 시인이 노래하고 춤을 추면, 달과 그림자가 그에 호응하여 함께 기쁨을 나눈다. 그러니 시인이 비록 '독작(獨酌)'이라고 하였지만, 결코 '독'이라고 할 수 없다.

중국시에서의 '獨'이란 '외로움'이나 '고독'을 의미하기보다 절대자유를 의미하는 경우가 더 많다. 특히 자연 속에서 느끼는 시인의 '독'이 그러한데, 이 시에서도 이백의 '독'은 친구가 없어서 느끼는 외로움이나 쓸쓸함 보다는 오히려 친구나 아는 사람이 없어서 느낄 수 있는 절대자유라 할 수 있다. 그런데 시의 마지막 두 구에 이르면 시인의 절대자유를 표현하던 시정(詩情)이 급변한다. "永結無情遊, 相期邈雲漢"에서 '무정유(無情遊)'는 이 시 전체의 핵심으로 '세속적인 마음이 개입되지 않은 사귐', 또는 '이해득실을 따지는 마음이 전혀 없는 사귐'을 의미한다. 시인이 아직 술에 깨어 있을 때는 달과 그림자가 시인과 함께 기쁨을 공유하는 것 같은데, 술에 취해 쓰러지고 나니, 이 둘도 각각 사라져 버리는 것이 아닌가? 그렇다면 달과 그림자도 세속적인 인간처럼 항심(恒心 : 변하지 않는 마음)이 없다는 말이 아닌가? 그 둘이 시인과 맺은 사귐도 결국은 사심이 작용한 '정유(情遊)'가 아닌가? 그래서 시인은 사심이 없는 사귐이란 아무래도 저 먼 은하수에서나 기대해야 하겠다고 말한 것이다. 이백과 동시대의 사람인 하지장(賀知章)은 이백을 가리켜 '하늘에서 귀양 온 신선(天上謫仙)'이라고 말한 바 있다. 이제 이백은 이 시에서는 탈속적(脫俗的)이고, 신선적(神仙的)이다 못해 저 은하계의 세상을 추구하고 있는 것이다. 달세계만으로는 만족할 수 없는 시인이었다. 달과의 사귐에 만족하지 못하고 다시 은하계의 세상을 찾는 시인 이백에게서 외로움을 느낄 수 있는 부분이다. 시의 전반부에서 시인이 구가하였던 절대자유가 시의 말미에서는 절대 외로움으로 바뀐 것이다.

이백은 도대체 이 세상에 대한 불만과 분노가 얼마나 컸으면 은하의 세계를 찾았을까? 그가 조정에 등용되긴 하였지만, 한림학사(翰林學士)라는 한직에 있으며 허송세월만 보내다, 마침내 자의반 타의반으로 장안을 떠나기 직전에 지은 것으로 여겨지는 이 시를 통해 그 당시의 그의 불만과 분노를 미루어 짐작할 수 있다.

이백의 시에서 뿐만이 아니라 중국의 모든 시인들에게서 달은 현실을 벗어난 이상의 세계이지 이 세상의 사물이 아니다. 그래서 시인은 현실에 대한 불만족을 달에 대한 동경으로 바꾸었다. 그림자는 시인의 분신이다. 자신의 그림자와의 사귐은 이 세상에서 세속적인 인간과의 사귐을 맺고 싶지 않다는 뜻이다. 술은 또 무엇인가? 세속적인 인간사를 잊게 해 주는 매개물이 아닌가? 이백은 술을 통해서 세속적인 인간사를 잊고 이상향 속의 달과 자신의 분신과의 교유를 추구하였던 것이다.

그러나 그것도 술이 아직 깨어있을 때의 일. 술에 취해 쓰러지고 나니 어느덧 달도 떠나고, 그림자도 보이지 않는다. 달에게도 그림자에게도 모두 변하지 않는 항심(恒心)이 없다. 아마 달도 그림자도 무엇인가 이기적인 마음이 있는 모양이다. 세속적인 인간들의 일순간적인 사귐과 별로 달라 보이지 않는다. 그래, 이젠 저 은하의 세계로나 올라가야 영원한 '무정유(無情遊)'를 이룰 수 있는가 보다.

'무정유!' 참으로 우리 모두가 동경하는 경지가 아닌가? 우리의 삶에 언제 이런 사귐을 맺은 적이 있었는지 돌아본다. 우리 모두는 우리에게도 한 때는 그런 사귐이 있었다고 착각하고 살아간다. 영원히 변치 않을 듯한 사랑과 우정도 모두 일순간의 일, 믿을 게 못된다. 차라리 미움과 배신에서 불변하는 인간의 본성을 확인받는 편이 빠르리라.

사랑하는 이들이여! 이 세상에 살아 있을 동안 사랑과 우정을 변치 않겠다고 맹세하지 마라. 변치 않는 사랑과 우정이란 이 세상의 것이 아니다. 그것은 은하의 세계에서나 가능한 일이다. 그래도 누군가에게 맹세할 바라면, 반드시 그를 후일 다시 배신할 것이라는 심산을 미리 해야 할 것이다. 혹 억세게 운이 좋아 그 누군가에게서 맹세를 받는다 하더라도 반드시 그로부터 다시 버림받을 준비를 하여라. 이백은 저 영원불멸의 달도 불신하지 않았던가? 하물며 우리 간사한 인간들임에랴.

靜夜思 정야사

牀前明月光　　상전명월광
疑是地上霜　　의시지상상
擧頭望明月　　거두망명월
低頭思故鄕　　저두사고향

고요한 밤에 사념에 잠겨

침상 머리 밝은 달빛 보고
땅 위에 내린 서리인줄 알았네.
머리 들어 밝은 달 바라보고
머리 숙여 고향을 생각하네.

주석

1) 靜夜思(정야사) : 악부의 노래 제목명이다. '고요한 밤에 생각에 잠긴다.'는 뜻으로서 우울한 내용의 가사가 많다.
2) 牀前(상전) : '침상 머리', 또는 '침상 앞'의 뜻이다.
3) 疑是(의시) : '疑'는 '의심하다', '是'는 '~이다.'는 뜻이니, '疑是'는 '~이 아닌가 의심한다.'는 뜻으로 영어에서 "I doubt ~", 또는 "I wonder ~"의 쓰임과 비슷한 용례이다.
4) 擧頭(거두) : '머리를 들다'. '擧'는 '들다'는 뜻이다.
5) 低頭(저두) : '머리를 숙이다'. '低'는 '낮추다', 또는 '낮게 하다'의 뜻이다.

6) 思故鄕(사고향) : '고향생각에 잠기다'의 뜻이다. '思'는 '생각에 깊이 침잠하는 것'을 말하는데, '사색하다', '사랑하다'는 등의 뜻으로 쓰인다.

해설

달빛을 묘사하기로는 이효석의 ≪메밀꽃 필 무렵≫에서 "산허리는 온통 메밀밭이어서 피기 시작한 꽃이 소금을 뿌린 듯이 흐뭇한 달빛에 숨이 막힐 지경이다."라고 한 묘사가 매우 인상적이다. 이백의 이 시에서는 달빛을 서리에 비유하고 있는데, 이것은 이미 이백 이전의 시인에게서도 보이고 있다. 양(梁) 간문제(簡文帝) 소강(蕭綱)은 〈현포납량(玄圃納涼)〉에서 "저녁달이 가을 서리 같다(夜月似秋霜)"고 한 바 있으며, 당(唐) 장약허(張若虛)는 〈춘강화월야(春江花月夜)〉에서 "하늘에서 서리가 내려도 서리 날리는 줄 모르겠네(空裏流霜不覺飛)"라고 말한 바가 있다. 달빛을 "소금을 뿌린 듯이 흐뭇하다."고 표현한 것이나, 가을서리로 표현한 것은 역시 시인만이 할 수 있는 감각일 듯하다.

이는 달빛이 밝은 어느 날 밤 간절한 고향생각을 읊은 시이다. 고향생각에 빠진 것으로 보아 시인은 지금 객지에 있고, 달빛을 서리로 착각한 것으로 보아 계절적으로는 가을이라 할 수 있다.

술 좋아하는 시인인지라 필경은 전날 얼큰한 상태에서 침상에 들었으리라. 그러나 새벽 무렵엔 어렴풋이 잠에서 깨어나고, 그리고는 침상 머리맡에 쏟아지는 달빛을 서리로 착각한 다. 시인의 이러한 착각은 하얀 달빛 때문이기도 하겠지만, 사실은 가을새벽의 싸늘한 기온 때문일 것이다. 찬 새벽공기를 의식하고서, 의도적으로 '땅 위에 서리가 내린 것이 아닌가?' 하고 착각하고 있는 것이다. 시각과 촉각을 조합하여 연출한 의도적 착각이라 할 수 있다.

시인은 무엇 때문에 의도된 착각을 연출했을까? 그것은 착각에서 벗어나게 되면 자연스럽게 확인될 밝은 달과 고향을 착각의 몽롱한 분위기와는 대조적으로 밝게 드러내기 위해서였다. 몽롱한 착각을 배경으로 하였기에 산 위의 달은 더욱 명랑(明朗)하고, 또 그 달이 비추는 고향은 눈에 들어오듯이 더욱 선명하게 연상되는 것이다. 착각에서 벗어난 시인은 이제 청신(淸新)한 생각으로 밝은 달을 우러러본다. 그리고 그 달을 매개로 고향을 내려 보다가 고개 숙여 깊이 고향생각에 잠긴다.

그런데 시인은 왜 밝은 달을 우러러보던 자세 그대로 고향생각에 잠기지 않고, 굳이 고개 숙여 고향생각에 잠긴다고 했을까? 그것은 분명코 고향생각 때문에 흘리는 눈물을 감추기 위해서였으리라.

시인은 현실에서 많은 눈물을 흘리지만, 그러나 그 눈물을 시 속에서 그대로 묘사하지는 않는다. 시의 언어는 그 눈물을 드러내기 보다는 교묘하게 감추기 때문이다. 시가 우리의 마음을 맑고 깨끗하게 만드는 것은 그러한 아름다운 눈물을 감추고 있기 때문이다. 고개 숙인 이백의 모습에서 눈물을 보지 못한다면, 이 시가 주는 카타르시스를 느낄 수 없으리라.

고향은 눈물이다. 고향이 기쁨으로 다가선다면 당신은 그래도 아직은 행복한 사람이다. 부모와 형제가 있고, 친구와 연인이 기다리는 고향이 아직도 있다면, 당신은 참으로 행복한 사람이다.

하루가 저물고, 인생이 저무는데 이제 돌아갈 곳이 없다면 불행한 사람이리라. 돌아갈 곳이라 여겨 돌아갔는데, 기다리고 반겨주는 이 없다면 그로 인해 서러워하리라.

살면 살수록 기다려 주는 이가 줄어든다. 이러다간 이 세상에서 나를 기다리고 반겨줄 이가 다 없어질 것만 같다. 아직 돌아갈 곳이 있을 때는 행복하다. 비록 눈물로 그리워할지라도 돌아갈 곳만 있다면 행복하리라.

부평초처럼 뿌리 없이 떠다니는 나의 인생이여. 가까운 훗날, 나의 돌아옴을 아무도 반겨주지 않는다면, 그때는 나의 눈물도 말라버리리. 그래도 언젠가는, 고향생각으로 눈물 흘린 이백을 무척이나 부러워하게 될 날도 있을 것 같다.

玉階怨 옥계원

玉階生白露　　　옥계생백로
夜久侵羅襪　　　야구침라말
却下水晶簾　　　각하수정렴
玲瓏望秋月　　　령롱망추월

궁녀의 원망

옥섬돌에 흰 이슬 내려,
깊은 밤 비단 버선에 젖어든다.
방에 돌아와 수정 발을 내리고서,
영롱한 가을 달을 바라본다.

주석

1) 玉階怨(옥계원) : 중국의 대부분의 건물은 흙으로 지면을 돋운 후 그 위에다 지으므로, 지면으로부터 몇 개의 층계가 있게 되는데, 이것을 '階'라고 한다. '玉階'는 대궐(大闕) 안이나 부귀한 집의 옥으로 만든 섬돌을 뜻한다. 〈玉階怨〉은 원래 악부시로서, 속악(俗樂)인 상화가사(相和歌辭)의 초조곡(楚調曲)에 속하며, 〈첩여원(捷妤怨)〉, 〈장신원(長信怨)〉 등과 같이 평생 궁안에서 독수공방만 하는 후궁들의 애질한 마음을 묘사한 노래이다.
2) 夜久侵羅襪(야구침라말) : '夜久'는 '밤이 오래되다'는 뜻이고, '侵'은 '(백로가 비단버선으로) 스며들다'는 뜻이며, '羅襪'은 '비단 버선'을 뜻한다.
3) 却下(각하) : '물러나서 내리다'. '却'은 '방으로 물러난다.'는 뜻이고, '下'는 '(수정렴을) 내린다.'는 뜻으로 쓰였다.

4) 水晶簾(수정렴) : 수정 혹은 투명한 유리로 만든 주렴을 말한다.

5) 玲瓏(영롱) : '玲'과 '瓏'은 모두 '옥이 부딪혀서 나는 소리', 또는 '옥처럼 투명한 모습'을 의미한다. 그래서 '玲瓏'에는 '옥이나 쇠가 쟁그랑 쟁그랑 울리는 소리', '옥처럼 맑고 투명한 모습'이라는 두 가지 의미가 있다. 여기서는 '달의 영롱한 모습'을 가리키는 후자의 뜻으로 해석한다.

해설

이 시는 궁원시(宮怨詩) 또는 규원시(閨怨詩)로서 혼자 외롭게 지내는 여인을 노래한 것이다. 옥섬돌과 비단 버선이라는 말에서 이 여인의 신분을 미루어 짐작할 수 있다. 그녀는 여염집 여인네가 아니라, 궁중이나 어느 왕공귀족의 여인일 것이다. 이 시는 바로 이런 부귀한 집의 여인이 님을 기다리는 서러움을 그렸다.

이 여인은 규방을 나와 섬돌에 서서 님을 기다리고 있다. 이 기다림은 어쩌면 이 밤에 오시기로 미리 약속이 되었기 때문이리라. 기다리던 님이 내내 오시지 않자, 할 수 없이 방을 나와 섬돌에 서서 기다린 것이다. 밤이 깊고 이슬이 내릴 때까지 님은 끝내 오시질 않는다. 이젠 이슬이 버선발에 스며들어 더 이상 시린 발로 기다릴 수만도 없다. 할 수 없이 다시 규방으로 돌아가 주렴을 내리고 가을 달을 쳐다보며, 님이 오시길 기다린다. 저 달을 통해 님 계신 곳을 내려다보려 하지만, 님은 여전히 보이질 않는다. 이렇게 밤새 기다리던 여인의 눈엔 영롱한 눈물이 맺히기 시작한다.

시의 내용이 여인의 서러움을 그렸다 하나, 그러나 표현은 무척 빛나고 밝은 것을 소재로 삼고 있다. 이를테면 "옥섬돌(玉階)", "흰 이슬(白露)", "비단버선(羅襪)", "수정렴(水晶簾)", "가을 달(秋月)" 등은 슬퍼하기엔 너무나 아름답고 빛나는 것들이다. 이렇듯 화려하고 사치스러운 생활 속에 사는 여인은 슬픔이란 전혀 없을 것 같다. 그러나 사랑하는 사람이 곁에 없을 때는 그 모든 화려함은 오히려 몇 곱의 슬픔으로 변해버린다.

이 시는 이처럼 여인의 모습이나 표정은 물론이고, 외로움이나 슬픔을 의미하는 글자를 단 한 자도 쓰지 않았으면서도, 사랑하는 님을 기다리는 여인의 '간절한 마음(怨)'을 매우 잘 묘사해 내었다. 이백의 시재가 단연 돋보이는 시라 할 수 있다.

특히 "玲瓏望秋月" 구는 "영롱한 가을 달을 바라본다."는 뜻인지, "영롱한 눈물로 가을 달을 바라본다."는 뜻인지 애매모호하다. 표면상으로는 "玲瓏"이 "秋月"을 수식하여 "영롱한 가을 달을 바라본다."는 뜻으로 해석해야 할 듯하지만, 시의 내용과 분위기로 볼 때는 이 "玲瓏"은 님을 기다리다 지친 여인의 "영롱한 눈물"임에 틀림없다. 독자들은 시인의 이러한 교묘한 설정에 걸려들지 않을 수 없고, 마침내는 영롱한 눈물로 영롱한 가을 달을 쳐다보는 것과 같은 기분 좋은 혼란에 빠지게 된다. 시어의 '이중성' 내지는 '애매모호함(ambiguity)'이 오히려 시의 예술적 효과를 잘 살려냈다고 할 수 있다.

春思 춘사

燕草如碧絲	연초여벽사
秦桑低綠枝	진상저록지
當君懷歸日	당군회귀일
是妾斷腸時	시첩단장시
春風不相識	춘풍불상식
何事入羅幃	하사입라위

봄의 그리움

연 나라 풀 파란 비단실과 같을 때,
진 나라 뽕나무는 푸른 가지 낮게 드리웠네.
그대가 돌아올 것을 생각하는 날,
그 날은 바로 첩이 애끊는 때지요.
봄바람은 나를 알지도 못하면서,
무슨 일로 비단 휘장 안으로 불어오는지?

주석

1) 燕(연) : 지명. 지금의 하북(河北) 지역을 말한다. 하북 지역은 날씨가 추워서 초목이 늦게 싹튼다.

2) 碧絲(벽사) : 푸른 실. 여기서는 하북 지방의 기온이 낮아 초목의 성장이 느리므로, 다른 지방의 풀들에 비해 가늘다는 것을 표현하기 위하여 '파란 비단실 같다'고 하였다.

3) 秦(진) : 지금의 섬서(陝西)지역. '秦'은 기온이 따뜻한 지방이어서 다른 지방에 비해 초목이 빨리 푸르러진다.

4) 低綠枝(저록지) : 푸른 가지가 낮게 드리우다. 여기서는 섬서 지방이 따뜻하기 때문에 뽕나무 잎이 빨리 커져서 온 가지가 푸르게 늘어져 있는 것을 나타낸 것이다.

5) 斷腸(단장) : (슬퍼서) 창자가 끊어지는 듯하다.

6) 入羅幃(입라위) : 비단 휘장 안으로 불어오다. '幃'는 휘장이다.

해설

이백에게는 남편을 그리는 부인의 심리를 묘사한 시가 많이 있는데 〈春思〉는 이 가운데서도 유명한 시이다. 중국 고전시가에서 "春" 자는 늘 쌍관(雙關)의 의미를 가지고 있다. 그것은 자연계의 봄을 가리키기도 하며, 또 청년남녀 간의 사랑을 비유할 수도 있다. 시 제목 "春思"의 "春"은 이 두 가지 뜻을 모두 포함하고 있다.

이 시는 5언으로 된 규원시(閨怨詩)이다. 첫 두 구 "연 나라 풀은 파란 비단실과 같고, 진 나라 뽕나무는 푸른 가지 낮게 드리웠다(燕草如碧絲, 秦桑低綠枝.)"는 ≪시경(詩經)≫의 '육의(六義)' 가운데 '흥(興)'의 수법을 쓰고 있다. 시의 '흥(興)' 구는 일반적으로 눈앞에서 보이는 사물이나 경물을 손이 가는 대로 가져오는 것인데, 이 두 구는 뜻밖에도 서로 아득히 먼 연(燕)과 진(秦) 두 나라의 봄 경물을 묘사하고 있으니 매우 독특하다. "燕草如碧絲)"고 한 표현은 근심에 잠긴 부인의 추측에서 나온 것인 반면에 "秦桑低綠枝"는 근심에 잠긴 부인이 직접 두 눈으로 목격한 장면이다. 눈이 미치지 못하는 원경과 눈앞의 근경을 한 폭의 화면상에 배치하였을 뿐만 아니라, 거기에다가 둘 다 근심에 잠긴 부인 쪽에서 일방적으로 묘사한 것이니, 논리적으로 말하면, 합리적이 아닐 수도 있다. 그러나 '경치를 묘사한다(寫景)'는 점에서 보면, 오히려 통할 수 있다 : 음력 2월에 뽕잎은 무성하고, 진 땅에서 혼자 사는 근심에 잠긴 부인은 봄날의 정경을 접하곤 감정이 일어나서, 온종일 연 땅으로 행역 떠난 남편이 빨리 돌아오기만을 바란다. 그녀는 자신이 평소에 남편과 사랑이 깊었고, 남편에 대하여 깊이 이해하고 있었다는 것을 근거로, 멀리 연 땅에 있는 남편이 이때 푸른 비단실과 같은 봄풀을 보고서, 틀림없이 집으로 돌아올 생각을 일으킬 것이라 짐작한다. 봄풀을 보며 돌아갈 것을 생각한다는 말은 ≪초사(楚辭)·초은사(招隱士)≫의 "왕손은 떠돌기만 하고 돌아오지 않는구나, 봄풀은 자라서 무성한데!(王孫兮不歸, 春草生兮萋萋!)"라고 한 말에서 비롯되었다. 이 시의 첫 구는 ≪楚辭≫의 말을 인용한 것이긴 하나, 매우 자연스러워서 모방한 흔적이 없다. 시인은 근심에 잠긴 부인의 복잡한 감정의 움직임을 교묘하게 포착하여서, 서로 떨어진 두 곳의 봄 경치를 이용하여, 두 곳의 그리움을 일으켰다. 시인은 자신의 상상과 기억을 눈앞의 실제 풍경과 융합하였으니, 사실을 근거로 허구를 꾸며 내어, 시의 묘경을 만들어 내었다. 그래서 이 시의 첫 두 구는 일반적인 '흥(興)' 구가 하듯이 시의 배경분위기를 부각시킬 뿐만 아니라, 남편에 대한 부인의 진실한 감정과 그들 부부간에 마음이 서로 완전히 일치하는 친밀한 관계까지 묘사해 내었으니, 이런 것은 일반적인 '흥' 구가 해내기가 쉽지 않다. 이외에도, 이 두 구는 또 해음쌍관(諧音雙關) 수법을 운용했다. "絲"는 "思"와 해음이 되고, "枝"는 "知"와 해음이 되는데, 이 두 단어는 아래 구의 '근심에 잠긴 부인'과 "斷腸"이란 말과 서로 딱 짝이 되어, 시구의 음악미와 함께 함축미를 더욱 강화하였다.

3, 4구는 '흥' 구의 개념을 이어받아 나왔기에 두 방면에서 묘사하였다. "그대가 돌아오길 생각할 때, 이때는 첩의 애간장이 끊어지는 때이다(當君懷歸日, 是妾斷腸時.)" 남편이 봄이 되어 돌아가기를 원한다는 말은, 그를 기다리는 부인의 근심을 충분히 위로해 줄 수 있다. 이치대로 말한다면, 시 속의 여자 주인공은 당연히 즐거움을 느껴야 하는데, 아래 구는 뜻밖에도 "斷腸"으로 앞 구를 받으니, 이것은 일반인의 생각과 어긋나는 것과 같다. 그러나 만약 위의 '흥' 구, 즉 첫 두 구와 연관하여서 자세히 살펴본다면, 이렇게 서술해야 근심에 잠긴 부인의 감정을 표현하는 일에 또 한 계단 더 진일보한다는 것임을 알게 된다. 원대(元代) 소사빈(蕭士贇)은 이

백의 시집에 주를 달면서 일찍이 평술(評述)을 가하여 다음과 같이 말한 적이 있다. "연 나라 북쪽은 땅이 차가워, 풀이 자라는 게 더디다. '진나라 땅의 모든 뽕나무가 드리워져 푸를 때, 연나라 풀이 이제 막 자라난다.'는 말은 돌아가기를 바라는 마음을 이제 막 싹틔우는 것이 연나라 풀이 이제 막 자라는 것과 같다는 사실을 연상시킨 것이다. 첩의 입장에서 말하면, 남편을 그리워하는 것이 오래되어, 마치 진나라 뽕나무가 이미 푸르름을 드리운 것과 같다(燕北地寒, 生草遲. 當秦地柔桑低綠之時, 燕草方生, 興其夫方萌懷歸之志, 猶燕草之方生. 妾則思君之久, 猶秦桑之已低綠也.)" 이 평술은 '흥' 구와 읊조리는 말 사이의 미묘한 관계를 드러낸 것이다. 시에서는 이치적으로 맞지 않는 곳이 바로 감정이 가상 농밀한 곳이라 할 수 있다.

옛 속담에 말하기를 "만남이 많으면 마음이 싫증나기 쉽고, 만남이 적으면 마음이 변하기 쉽다(見多情易厭, 見少情易變.)"라고 하였다. 이 시 속의 여주인공의 고귀한 점은 멀리 떨어져 있어도 사랑이 더욱 깊어지고, 오가는 자취 소원한데도 마음이 변하지 않는다는 점이다. 시의 마지막 두 구에서는 "봄바람은 나와 알지도 못하는데, 무슨 일로 비단 휘장 안으로 들어오는가?(春見不相識, 何事入羅幃?.)"라고 하였다. 시인은 봄바람이 규방으로 들어와서 비단휘장을 걷어 올리는 찰나적 순간에서의 여인의 심리상태를 포착하여, 사랑에 충실하고 지조가 굳은 그녀의 귀한 정신을 잘 표현해 내었다. 소사빈은 "마지막 구절은 그 마음이 굳고 순결하여서, 외물에 의하여 마음이 움직이지 않는다는 것을 비유하고 있다(末句比喻此心貞潔, 非外物所能動.)"고 하였는데, 그의 이 한마디가 마지막 두 구를 딱 맞게 모두 설명해 주었다. 예술 방면에서 말하자면, 마지막 두 구에서 근심에 잠긴 여인이 감정이 없는 봄바람에게 말을 건네는 것이, 또 불합리한 것으로 보일 수도 있다. 그러나 혼자서 봄의 규방을 지키는 특정 환경 속의 여인의 심정을 그렇게 표현하면, 이를 듣는 독자로 하여금 정말로 믿을 만하게 만든다. 봄바람에 마음을 혼란케 된다든지, 봄의 그리움에 사로잡힌다든지, 봄바람을 질책한다든지 하는 이런 것들은 바로 그렇게 함으로써 자신을 경계시키는 뜻을 밝히는 것이다. 시의 끝맺음이 아주 잘 되었다.

'이치에 맞지는 않는데도 절묘하게 되는(無理而妙)' 것은 중국 고전시가에서 자주 볼 수 있는 예술 특징이다. 이치에는 맞지 않으면서도 매우 잘된 표현이란, 바로 얼핏 보기에는 상리(常理)와 상정(常情)에 어긋난 묘사를 하는 가운데서 오히려 여러 가지 복잡한 감정을 핵심을 찌르듯 잘 표현한 것을 가리킨다. 상인한 〈春思〉가 바로 그러한 시라 할 수 있다.

子夜吳歌 秋歌 자야오가 추가

長安一片月	장안일편월
萬戶擣衣聲	만호도의성
秋風吹不盡	추풍취부진
總是玉關情	총시옥관정
何日平胡虜	하일평호로
良人罷遠征	량인파원정

자야오가 가을 노래

장안성 한 조각 달
집집마다 다듬이질 소리.
가을바람도 날려버릴 수 없는 것이
언제나 옥문관의 님 그리움이라.
언제쯤 오랑캐를 평정하고
님께서 원정을 그만두실까.

주석

1) 長安(장안) : 당(唐)의 수도로, 현재의 섬서성(陝西城) 서안(西安)이다.
2) 萬戶(만호) : '가가호호(家家戶戶)', '모든 집'이라는 뜻이다.
3) 擣衣(도의) : 옷을 빤 뒤 말려서, 다듬이로 두드려 그 옷을 깨끗하게 하는 것. 여기서는 원정(遠征)나가 있는 님의 옷을 다듬질 하는 것을 말한다.
4) 吹不盡(취부진) : '(바람이) 불어도 다 없애지 못하다'를 의미한다.
5) 玉關(옥관) : 글자 수의 제한 때문에 옥문관(玉門關)을 축약하여 '玉關'이라 하였다. 옥문관은 감숙성(甘肅省) 돈황현(敦煌縣)의 서북쪽에 있는 관문으로, 원정군(遠征軍)은 이 관문을 나서서 서역 사막지대에서 싸웠다.
6) 平(평) : 평정하다.
7) 胡虜(호로) : 서북의 이민족, 오랑캐. 당시에는 흉노(匈奴)를 호로(胡虜)라고 했다.
8) 良人(양인) : 남편. 낭군.
9) 罷遠征(파원정) : '원정을 끝내다'라는 뜻이다.

해설

〈子夜歌〉라는 노래는 육조시대(六朝時代) 장강(長江) 유역의 오(吳) 지역에서 불린 민가로, 진대(晉代)의 자야(子夜)라는 여자가 이 노래를 잘 불러서 그녀의 이름을 노래이름으로 삼았다고 한다. 후에 이 노래가 널리 유행하자 사계(四季)를 연창(演唱)한 〈자야사시가(子夜四時歌)〉가 나오게 되었으며, 〈대자야가(大子夜歌)〉, 〈자야경가(子夜警歌)〉, 〈자야변가(子夜變歌)〉 등의 변곡이 있다. ≪자야사시가≫라는 작품은, 모두 네 수로 이루어져서, 봄 · 여름 · 가을 · 겨울의 사계절을 읊고 있다. 육조악부(六朝樂府)의 ≪청상곡(清商曲)・오성가곡(吳聲歌曲)≫에 ≪자야사시가≫가 있는데, 이백에 의해 계승되었다. 그 노래가 오성곡(吳聲曲)에 속하기 때문에 ≪자야오가(子夜吳歌)≫라고도 불려진다. 원래 〈자야사시가〉는 4구로 지었으며, 내용은 여인이 사랑하는 님을 그리워하는 슬픔과 원망을 주로 다루었다. 이백이 처음으로 이 시의 형식을 4구에서 6구로 바꾸어 썼으며, 그 주제도 부인이 원정나간 남편을 그리워하는 정서를 묘사하는 것으로 하였으니, 당시의 시대상에 맞는 새로운 시도라 할 수 있다. 여기서는 세 번째인〈秋歌〉를 선택하여 해설한다.

이 시는 변방으로 원정나간 님을 기다리는 여인의 애절한 정을 묘사하고 있다. 가을밤의 다듬이 소리가 장안성 고요한 달빛 아래 집집마다 울려 퍼지니, 그 소리에는 멀리 떠나 있는 남편을 애절하게 그리워하는 마음이 담겨 있다.

총괄하여 말하면, 이 시의 수법은 선경후정(先景後情)으로 지어졌는데, 정(情)과 경(景)이 시종 조화되어 있다. "장안의 한 조각 달(長安一片月)"은 경치를 묘사함과 동시에 또 제목과 관련하여 "가을은 달빛이 매우 밝다"고 하는 계절적 특징을 드러내며 쓰여 졌다. 달을 보고 사람을 그리워하는 것은 중국 고전시가의 전통적인 표현방법이고, 거기에다가 가을이 오면 멀리 떠난 남편에게 보낼 군복을 급히 만들어야 하는 계절이기에, 달은 또 '흥(興)'의 뜻이 있다. 이외에도, 달이 대낮 같이 밝으니, 옷을 다듬질하기가 딱 좋다. 가을의 달빛은 주렴으로도 걷어내지 못하고, 다듬질한다고 하여 떨쳐지는 것도 아니다. 그러한 가을달빛이니, 그것이 독수공방하는 부인에게는 얼마나 도발적이겠는가! 또 이렇게 밝은 달밤에 다듬질 소리가 장안성 전체에 가득하니, 장안성을 가득채운 이 특별한 '가을소리'는 그리움에 빠진 여인의 마음을 또 얼마나 뒤흔들겠는가!

어디 가을 달과 가을소리(다듬질소리)뿐이겠는가? 가을바람도 여인의 마음을 자극하여 수심에 잠기게 한다. "가을바람이 창문 안으로 들어와, 침상 휘장을 휘날리는(秋風入窗裏, 羅帳起飄揚.)" 것은 그리움에 잠긴 부인에게는 밝은 달과 다듬이 소리에 이은 세 번째 충동이다. 달은 밝고 바람은 맑으니, 그 바람이 다듬이 소리를 전하는데, 소리 소리마다 온통 옥문관에 나가 있는 남편을 그리워하는 심정이 담겨 있다. 이즈음에서, 가을달, 가을소리, 가을바람은 완전히 혼연일체의 경지를 이루어, 사람은 보이지 않고, 옥문관을 향한 그리움만 절로 짙어간다. 청(淸)의 왕부지(王夫之)가 ≪당시평선(唐詩評選)≫에서 "앞 4구는 하늘과 땅이 좋은 시구를 만들어내자, 이백이 주워간 것이다(前四句是天壤間生成好句, 被太白拾得.)"고 평한 바 있는데 그 평이 전혀 이상하지 않을 정도이다.

가을 달, 가을소리, 가을바람에 자극받은 여인의 마음이 더 이상 억제할 수 없는 지경에 이르자 마침내 마지막 두 구에서 여인은 자신의 속마음을 직설적으로 드러내었다. : "언제쯤 오랑캐를 다 평정하고, 님께서 원정을 그만두실까?(何日平胡虜, 良人罷遠征.)" 시에서 여운과 함축을 좋아하는 이들은 마지막 두 구를 삭제하여 이 시를 4구의 절구로 만드는 것이 더 좋다고 말하기도 한다. 이들과 다른 한편에서는, 5, 6구와 같이 하고 싶은 말을 입안에서 어물어물 하지 않고, 그것을 직설적으로 표시하는 것이 민가의 특징이라는 점에서 5, 6구를 그대로 두는 것이 더 좋다고 주장하는 사람도 많다. 어느 쪽이 더 좋은지는 독자가 판단할 일이다.

送友人 송우인

靑山橫北郭	청산횡북곽
白水遶東城	백수요동성
此地一爲別	차지일위별
孤蓬萬里征	고봉만리정
浮雲游子意	부운유자의
落日故人情	낙일고인정
揮手自玆去	휘수자자거
蕭蕭班馬鳴	소소반마명

벗을 보내며

청산은 북쪽 성곽에 가로 놓여 있고
백수는 동쪽 성곽을 감돌아 흐른다.
여기서 한번 헤어지면
벗은 쑥대처럼 만 리 길 떠나가리.
뜬 구름은 나그네의 마음이요
지는 해는 벗의 심정이라.
손 흔들며 여기에서 떠나가니
외로운 말 처량하게 울음 내구나.

주석

1) 橫北郭(횡북곽) : '북쪽 성곽에 가로 놓여 있다'라는 뜻이다. '郭'은 '곽(廓)'과 같은 글자로서 외성(外城)을 의미한다.
2) 遶東城(요동성) : '동쪽 성곽을 감돌다'라는 의미이다.
3) 一爲別(일위별) : '일단 이별하다', '한번 이별하다'는 뜻이다.
4) 孤蓬(고봉) : 외로운 쑥대. 원래는 바람 부는 대로 뒹구는 뿌리 뽑힌 쑥대를 가리키나, 여기에는 홀로 먼 길을 떠나갈 친구를 비유하고 있다.
5) 浮雲(부운) : 나그네의 마음과 생활이 정처 없음을 비유한 것이다.
6) 落日(낙일) : 떠나가는 이를 만류할 수 없는 친구의 아쉬운 마음을 비유한 것이다.
7) 揮手(휘수) : 손을 흔들다.
8) 蕭蕭(소소) : 처량한 말 울음소리.
9) 班馬(반마) : '무리에서 이탈한 말'을 가리키는데, 여기서는 '홀로 떠나가는 나그네'를 상징한다. 이 구는 ≪시경(詩經)·거공(車功)≫의 "소소마명(蕭蕭馬鳴)"에서 나온 말이다.

해설

이 시는 친구가 멀리 떠나가는 것을 전송하며 노래한 송별시로서 시적인 정취와 그림 같은 화면이 가득하다. 시인과 친구는 말에 채찍하며 작별하니, 두 사람의 끝없는 우정이 독자의 폐부를 울린다.

1, 2구 수련(首聯)은 두 사람이 이별하는 장소를 묘사하였다. 시인은 친구를 전송하느라 이미 성 밖으로 나왔지만, 두 사람은 여전히 말고삐를 늦추어 어깨를 나란히 하고, 헤어지기를 원하지 않는다. 다만 푸른 산이 성 밖 북쪽에 가로놓여 있고,

맑고 깨끗한 강물은 동쪽 성을 휘감고 흐르는 모습이 보일 뿐이다. 이 두 구는 매우 정교한 대구를 이루며 독창성을 보이고 있다. : "靑山"과 "白水", "橫"과 "遶", "北郭"과 "東城"은 각각 대우(對偶)를 이루고 있다. "靑"과 "白"이 섞이어서 색채가 맑고 아름답다. "橫" 자는 푸른 산의 조용한 자태를 묘사하였고, "繞" 자는 성을 휘감고 가는 맑은 물의 동작을 묘사하였다. 흘러가는 강물은 떠나는 사람을 상징하고, 움직이지 않는 푸른 산은 머물러 친구를 전송하는 시인을 상징한다 할 수 있다. 산과 강물은 이별을 노래하는 시라면 으레 등장하는 송별시의 전형적인 소재라 할 수 있다. 수련에는 아름다운 색채가 잘 어울려 있고, 산과 강물의 정태미(情態美)와 동대미(動態美)가 대비되어서 마치 한 폭의 아름다운 그림을 연상시킨다.

함련(頷聯)과 경련(頸聯)은 이별의 정서를 묘사하였다. 함련은 정처 없는 나그네 생활에 대한 시인의 깊은 관심을 표현한 말이다. 이곳에서 한번 헤어지고 나면, 떠난 사람은 곧 쑥대처럼 되어 정처 없이 바람 따라 만 리 밖까지 간다는 것이다. 그 표현이 행운유수(行雲流水)같이 자연스럽고, 율시의 함련임에도 불구하고 대구(對句)에 구속받지 않았으니 '별구일격(別具一格)'이라 할 만하다. 경련은 정교한 대구를 사용하여서, 떠나는 친구의 마음과 보내는 시인의 심정을 상징적으로 잘 표현해 내었다. "뜬 구름은 나그네의 마음이요, 지는 해는 벗의 심정이라(浮雲游子意, 落日故人情.)"에서 "뜬 구름(浮雲)"과 "지는 해(落日)", "나그네의 마음(游子意)"과 "벗의 심정(故人情)"은 그 대구가 매우 정교하다. 시인은 특히 "浮雲"과 "落日"을 가지고서 떠나는 친구의 마음과 보내는 자신의 마음을 교묘하게 비교하였다. 하늘의 뜬 구름은 바람 부는 대로 이곳저곳을 둥둥 떠다니니, "浮雲"으로써 친구의 행적이 일정하지 않음을 묘사하였다. 산수가 빼어나고 석양이 붉은 저녁을 배경으로 한 이별은 특별히 안타까워하게 하여 헤어지기 싫어하게 만든다. 먼 곳의 새빨간 석양은 뉘엿뉘엿 저물며, 차마 대지를 떠나지 못하는 듯하니, 시인은 이 "落日"로써 친구를 떠나보내기 싫은 마음을 은유(隱喩)하였다. 이렇게 "浮雲"과 "落日"로서 헤어지는 두 사람의 마음을 상징한 것은 다른 시인들의 작품에서는 찾아 볼 수 없는 이백만의 매우 독창적인 수법이라 할 수 있다.

7, 8구 미련(尾聯)은 이별의 애틋함이 더욱 절실하다. 손 흔들며 이제 떠나가니, 말 울음소리 더욱 처량하구나. 시인은 이별의 슬픔을 직접 말하지 않고, 단지 "외로운 말만 처량하게 울음소리 낸다(蕭蕭班馬鳴)"고 하였다. 친구와 시인이 탄 말은 각각 주인의 마음을 아는지 서글픈 울음소리를 내며 서로 헤어지려 하지 않는다. 말조차 이러하니 사람의 마음은 더욱 슬펐을 것이다. 감정이입(感情移入)의 수법이라 할 수 있다. 시인은 이 시를 말울음으로 마무리하였는데 여기에는 시인의 또 다른 의도가 담겨 있다. 그것은 영화의 마지막 장면처럼, 헤어지는 서정에 끝없는 여운을 남기고자 한 것이다. 독자들에게는 두 사람이 헤어진 뒤에도 그들이 탄 말울음 소리가 여전히 귀가에 들려오고 있는 것 같다.

이 시는 묘사가 매우 새롭고 독특하여 일반적인 송별시의 진부함이 없다. 시에서 묘사한 푸른 산봉우리와 맑은 물, 그리고 붉은 석양과 흰 구름들은 모두 서로가 서로를 돋보이게 하면서, 그 색채가 찬란하다. 외로운 말의 긴 울음소리 역시 이미지가 매우 신선하며 생동적이다. 자연미와 인간미가 하나로 잘 어우러져, 묘사에 소리가 있고 그림이 있으며, 기운이 살아 움직인다. 시의 리듬이 경쾌하고, 감정이 진지하고 열정적인 데다, 화통하고 낙관적이기까지 하여서, 아녀자처럼 질질 짜는 분위기가 전혀 없다. 바로 이것이 이백 송별시의 특징이다.

早發白帝城 조발백제성

朝辭白帝彩雲間　　조사백제채운간
千里江陵一日還　　천리강릉일일환
兩岸猿聲啼不住　　양안원성제부주
輕舟已過萬重山　　경주이과만중산

아침에 백제성을 떠나며

채색 구름 속 백제성을 아침에 떠나
천 리길 강릉을 하루 만에 돌아왔네.
강 양쪽 원숭이 울음소리 아직 그치지 않았는데
가벼운 배 어느덧 겹겹의 산을 지났네.

주석

1) 早發白帝城(조발백제성) : '아침에 백제성을 떠나다'는 뜻이다. 이 제목은 판본에 따라서 '下江陵(강릉으로 내려가다)', 또는 '白帝下江陵(백제성에서 강릉으로 내려가다)'이라 한 곳도 있다.
2) 白帝城(백제성) : 동한(東漢)의 공손술(公孫述)이 세운 산성(山城)으로서 지금의 사천성(四川省) 봉절현(奉節縣) 동쪽의 백제산(白帝山) 위에 있다.
3) 江陵(강릉) : 호북성(湖北省) 강릉현(江陵縣). 백제성과 1,200여 리의 거리를 두고 있다.

4) 啼不住(제부주) : '啼'는 '울다'는 뜻이고, '住'는 '그치다'는 뜻이다. '啼不住'는 두 가지로 해석이 가능하다 : (1) 울음소리가 멈추지 않다. (2) 울음소리가 (배를) 멈추지 못한다. 이 시의 해설에서는 전자를 따라서 시를 해설하였다.
5) 萬重山(만중산) : 만 겹의 산.

해설

당(唐)나라 숙종(肅宗) 건원(乾元) 2년 봄, 이백은 영왕(永王) 이린(李璘)의 거병에 가담하였다가, 야랑(夜郞)으로 유배가게 되었다. 그는 사천(四川)을 경유하여 폄적지로 가는 도중에 백제성에 이르렀다가, 그곳에서 사면되었다는 소식을 들었다. 폄적 도중에 사면소식을 들은 이백은 놀람과 기쁨이 더해져, 즉시 배를 타고 동쪽 강릉(江陵)으로 내려갔다. 이 시는 바로 이때의 기쁜 심정을 묘사하였다. 이백의 칠언절구(七言絶句) 가운데서도 걸작으로 꼽히는 이 시는 독자들로 하여금 백제성에서 강릉까지 직접 시인과 함께 배를 타고 칠백 리 삼협(三峽)을 지나면서 원숭이 우는 소리를 듣고, 만 겹 파산(巴山)의 장관을 눈으로 보는듯한 느낌을 갖게 해 준다.

첫째 구에서는 특히 "채색구름 사이(彩雲間)" 3자의 쓰임을 주목할 만하다. 표면적으로야 강위에서 바라보면, 백제성이 구름 위에 있는 것 같이 보이니, 그래서 시인은 백제성이 채색 구름 속에 있다고 하였던 것이다. 그러나 "彩雲間"이란 말에는 시인의 특별한 의도가 두 가지 들어가 있다. 먼저, 백제성 지세의 극히 높음을 말하여서 아래 구 묘사의 근거로 삼자는 것이다. 백제성의 극히 높음을 묘사하지 않으면, 위에서 아래로 흐르는 장강 경사도의 급격한 차이를 구체적으로 드러낼 방법이 없기 때문이다. 벡제성이 하늘 높이 구름 사이로 솟아 있다고 묘사하였기 때문에, 그곳을 출발한 배가 하루 민에 친리 길 강릉에 도달할 수 있었고, 중간에 접하는 만 겹의 산이나 원숭이의 울음에도 시인이 일일이 응대할 겨를이 없었던 것이다. "彩雲間" 3자는 또 캄캄한 어두움에서 찬란한 밝음으로 바뀌는 새벽녘의 큰 기상과 경관을 드러내 보여주고 있다. 시인은 바로 이 새벽 서광(瑞光)이 막 찬란해지기 시작하는 시각에 흥분된 마음으로 급히 백제성을 떠났던 것이다. 이제 막 폄적에서 풀려난 시인의 폴짝폴짝 뛰어오를 듯한 기쁨이 첫 구부터 그대로 반영되어 있다고 할 수 있다.

둘째 구에서는 "千里"와 "一日"로써 아주 먼 거리와 극히 짧은 시간을 뚜렷하게 대비하고 있다. 이 먼 공간과 짧은 시간의 대비는 "還(돌아오다)" 자를 매개로 함축하는 바가 매우 크게 되어, 시인이 하루 만에 천리 길을 갔다는 통쾌함뿐만 아니라, 사면 받은 기쁨까지 은은히 표현하였다. 원래 "還"은 자기가 태어나거나 살던 고향으로 돌아옴을 의미한다. 강릉이 이백의 고향이 아닌데도 그가 "돌아왔다"고 표현한 것은 그가 마치 고향으로 돌아온 듯 기뻤기 때문이다.

셋째 구의 경계는 더욱 신묘하다. 백제성에서 강릉으로 내려오려면 삼협(三峽)을 지나게 되는데, 그 양 언덕에는 예로부터 원숭이가 많이 서식했다. 이곳 원숭이들의 울음소리는 매우 슬퍼서, 배를 타고 가는 이들이 그 울음을 듣기 위해 곧잘 멈추었다고 한다. 그러나 이 시에서 보듯이 시인은 잠시도 배를 멈추지 않았다. 배를 멈추었다면 원숭이 울음이 그치는 것을 듣고 보고 했을 것이다. 원숭이가 울고 있는 가운데 시인이 탄 배는 삼협의 급한 물살을 타고서 멈춤 없이 내려갔다. 시인이 본 산과 시인이 들은 원숭이의 울음은 순간순간 다른 산이고 다른 울음이다. 그러나 삼협을 내려오는 배의 속도가 워낙 빠르다 보니, 앞서 본 산과 앞서 들은 울음이 지금 보고 듣는 것과 같은 것으로 느껴진다. 그래서 마치 원숭이 울음이 그치지 않는 것 같다고 말하였던 것이다. 배의 움직임이 그만큼 빠르다는 것을 형용하고 있다. 청(淸) 계복(桂馥)은 이 부분에서 찬탄을 금치 못하고 ≪찰박(札朴)≫에서 이렇게 말했다. : "묘처는 바로 3구에 있는데, 이 구절이 시 전체로 하여금 정신이 살아 움직이게 한다(妙在第三句, 能使通首精神飛越.)"

넷째 구에서, 배는 순식간에 이미 "만 겹의 산(萬重山)"을 지났다. 배의 빠름을 형용하기 위하여, 시인은 원숭이 소리와 산 그림자를 활용하는 것 이외에, 또 배 자체에 "輕" 자를 하나 첨가했다. 이 "輕" 자에는 또 다른 함축이 있다. 삼협은 물살이 급하고 여울이 험하다. 시인이 전에 이 강물을 거슬러 올라갔을 때는, 배가 무겁게 느꼈을 뿐만 아니라, 마음은 더욱 무거웠다. 그래서 그는〈삼협을 올라가다(上山峽)〉는 시에서 "삼일 낮은 소걸음으로 올라가고, 삼일 밤은 기어갔네. 삼일 낮에 다시 또 삼일 밤이 되니, 귀밑머리가 어느새 비단실처럼 자랐네(三朝上黃牛, 三暮行太遲. 三朝又三暮, 不覺鬢成絲.)"라고 하였던 것이다. 그런데 이제 삼협의 물결을 하류로 타고 내려가니, 배가 가볍기가 새 깃털 같다. 그 가벼운 배를 타고서 높고 높은 만 겹의 산을 지나서 평탄한 평야로 들어섰을 때는 온갖 풍파와 시련을 거친 뒤 마침내 양광 찬란한 큰 길(陽光大道)로 들어서는 그런 쾌감을 느꼈을 것이다. 이렇게 "輕" 자에는 "배가 가볍다"는 뜻 이외에 "시인의 몸도 마음도 모두 가볍다."는 뜻을 암시하고 있다. 마지막의 이 두 구는 경치를 묘사했을 뿐만 아니라, 비유를 기탁한 것이기도 하다. 개인감정의 표현이기도 하지만, 인생경험의 총결(總結)이라고 할 수도 있다.

이 시는 경물을 통해 감흥을 일으켰는데, 그 정묘함이 짝할 이가 없을 정도다. 명(明)의 양신(楊愼)은 ≪승암시화(升庵詩話)≫에서 이 시를 가리켜 "풍우도 놀라게 하고, 귀신도 울게 한다(驚風雨而泣鬼神矣)"고 극찬한 바가 있다. 천년 이래로 모든 사람들의 사랑을 받았다. 시인은 자신의 통쾌한 감정을 표현하기 위하여 일부러 상평성(上平聲) '刪' 운의 "間", "還", "山"을 운각(韻脚)으로 삼았다. 시를 읽다 보면 그 운이 유장(悠長)하고 경쾌(輕快)하여서 백번 고쳐 읽어도 지겹지가 않다.

杜甫
(두보 : 712~770年)

두보는 자가 자미(子美)이며, 현종(玄宗) 선천(先天) 원년(712년) 하남성(河南省) 공현(鞏縣)에서 출생했다. 두보의 13세조 두예(杜預)는 서진의 명장이었고, ≪좌전(左傳)≫에 정통하였다. 증조부 두의예(杜依藝)는 공현의 현령을 지냈고, 조부 두심언(杜審言)은 초당의 유명한 시인이었다. 두보의 아버지 두한(杜閑)은 연주사마(兗州司馬)와 봉천현령(奉天縣令)을 지냈다. 이런 가문을 두고 두보는 〈증촉승려구(贈蜀僧閭邱)〉에서 "우리 조상은 시로써 옛날에 으뜸이셨다(吾祖詩冠古)", 〈종무생일(宗武生日)〉에서는 "시는 우리 가문의 일이다(詩是吾家事)"라고 말하여 시에 대한 집안의 자부심을 표하기도 하였다.

두보는 어려서부터 총명했고 시문에 뛰어난 천품을 발휘했다. 또한 매우 성실하고 노력하였는데, 그는 〈봉증위좌승장(奉贈衛左丞丈)〉시에서 "만권의 책을 독파하자 붓을 들고 글을 쓰니 마치 신이 깃들인 것 같더라(讀書破萬卷, 下筆如有神.)"라고 말하기도 하였다. 개원(開元) 23년(735년) 24세 때에 그는 진사시험에 응시했으나 낙방하고, 산동(山東), 하북(河北) 지역으로 여행하며 많은 문인들과 친교를 맺고 호탕하게 술 마시며 놀았다. 개원 39년(741년) 30세로 낙양(洛陽)에 돌아왔고, 그 후 삼년이 지나 천보(天寶) 3년에 낙양에서 11세 연장인 이백과 만났다. 두 사람은 한 눈에 의기투합했으며 짧은 시일의 교유였으나 마침내는 불후의 우정을 수립했다.

두보는 35세에 장안으로 돌아왔다. '황제를 보좌하여 요 순 이상으로 높여서, 다시 한 번 나라의 풍속을 순박하게 바로잡겠다(致君堯舜上, 再使風俗淳)'는 뜨거운 정치적 포부를 지녔던 두보는 이듬해(747년)에 과거에 응시하였다가 다시 낙방하였다. 이때의 두보는 너무나 궁핍한 생활을 하였다. 그때의 심정을 시에서 "아침에 부잣집 문을 두들기고 저녁에 귀족들의 말을 뒤쫓아 가서, 찌꺼기 술잔이나 고기를 얻어먹으며 사방에서 슬프고 쓰라린 맛을 보았다(朝扣富兒門, 暮隨肥馬塵. 殘杯與冷炙, 到處潛悲辛. 〈봉증위좌승장(奉贈韋左丞丈)〉)"고 적기도 하였다. 너무나 실망한 두보는 술에 취하여서 "유학이 나에게 무슨 소용이 있나? 공자나 도적이 다 같이 흙이 되었는데(儒術於我何有哉, 孔丘盜跖俱塵埃. 〈취시가(醉詩歌)〉)"라고 했고, 또 "유학자는 대부분 몸을 그르친다(儒冠多誤身)", "유학자 중에는 굶어 죽는 것을 근심하는 사람도 있다(有儒愁餓死)", "어찌 굶어 죽어서 도랑을 막는 것만큼이나 하겠는가?(焉如餓死塡溝壑)"라고 신세타령을 하기도 하였다.

이러한 고난 속에서 두보는 더욱 사회의 부조리와 통치계급의 타락과 백성의 고충을 냉철하게 내다보았다. 〈병거행(兵車行)〉, 〈전출새(前出塞)〉, 〈후출새(後出塞)〉에서는 위정자의 지나친 변경확대 야욕에 제물이 되고 있는 무고한 전사들의 슬픔을 대변하였으며, 〈추우탄(秋雨歎)〉에서는 백성들의 가난한 생활을 걱정했다.

천보 14년(755년) 안녹산이 반란을 일으킬 때까지의 당나라는 가장 번성했던 시기라 하겠다. 그러나 최고로 태평성세를 구가했던 당나라가 하루아침에 암흑과 혼란 속으로 떨어지게 된 이유는 역시 백성들과 유리되고 안일과 부패에 젖은 통치계급의 실책이라 하겠다. 두보는 그의 〈장안에서 봉선으로 가면서 마음속의 뜻을 읊은 오백 자의 시(自京赴奉先縣詠懷五百字)〉 에서 말하기를 "귀족들의 붉은 대문 안에는 술과 고기가 썩어 냄새를 피우는데, 길에는 얼어 죽은 사람들의 시체가 나뒹굴고 있디. 영화로움과 가난함이 지척을 두고 갈라져 있으니, 그 처량한 마음 더 이상 말하기 어렵네(朱門酒肉臭, 路有凍死骨. 榮枯咫尺異, 惆悵難再述.)" 두보는 특히 〈여인행(麗人行)〉시에서는 양귀비 자매를 중심으로 하여서 당나라 통치계급의 무절제한 사치생활에 대하여 맹비판을 가하기도 하였다.

지덕(至德) 2년(757년) 정월에 안록산(安祿山)이 살해되면서 당나라 군대는 질서와 안정을 회복하자 두보도 숙종을 알현하고 그 해에 종팔품상(從八品上)에 해당하며 간언을 올릴 수 있는 좌습유(左拾遺)의 벼슬을 받게 되었다. 그러나 기질상으로 행정가나 관료가 될 수 없었던 그는 재상 방관(房琯)을 변명하는 상소문을 숙종에게 올렸다가 도리어 숙종의 역린(逆鱗)에 걸려 8월에는 부주(鄜州)에 있는 가족에게 가 있으라는 명을 받고 숙종을 떠나야 했다. 그러자 당나라 관군이 위구를족의 도움으로 장안을 수복하였고, 10월 숙종이 장안으로 환궁하자 이에 두보도 장안으로 돌아와 다시 조정에 출사하게 되었고, 가지(賈至), 잠참(岑參), 왕유(王維)와 같이 궁궁에서 서로 시를 짓기도 했다. 그러나 이듬해 건원(乾元) 원년 6월 두보는 방관이 빈주자사(邠州刺史)로 좌천됨에 따라 화주(華州)의 사공참군(司功參軍)으로 쫓겨나고 말았다. 4년의 짧은 시기였으나, 이때의 삶이 두보에게선 가장 다양한 경험을 하게 하였고, 시도 가장 고양되어 있었다. 〈술회(述懷)〉, 〈옥화궁(玉花宮)〉, 〈강촌(羌村)〉, 〈북정(北征)〉, 〈팽아행(彭衙行)〉, 〈곡강(曲江)〉등의 대작과 걸작이 수없이 나왔다.

48세가 되는 759년 7월에 두보는 화주의 사공참군을 그만두고 이후 약 10년 동안 각지로 떠돈다. 진주(秦州)를 거쳐 동곡(同谷)으로 갔고, 다시 겨울에는 촉(蜀)의 험난한 길을 타고 성도(成都)로 깊이 들어갔다. 상원(上元) 원년(760년), 여러 사람의 도움을 얻어 완화계(浣花溪)에 초당(草堂)을 지어, 잠시나마 한숨을 돌리고 안착할 수가 있었다. 두보의 나이 53세 때 절도참모(節度參謀) 검교공부원외랑(檢校工部員外郎)이 되나 이때 폐병과 중풍에 쇠잔하여 공무를 감당할 수가 없어 사퇴를 하고 다시 완화계로 돌아왔다. 대종(大宗) 영진(永秦) 원년(765년)에 다시 가족을 이끌고 방랑의 길에 올라 가주(嘉州), 융주(戎州), 유주(渝州), 충주(忠州)를 지나 운안(雲安)까지 왔다가 이곳에서 신병이 더욱 악화되자 두보는 해를 넘긴 766년 늦봄에 기주(夔州)에 왔다. 이곳에서 두보는 약 2년간을 지냈다. 원두막 같은 초라한 집에서 원주민들의 도움을 받고 살았던 두보의 생활은 물론 여유가 있는 것은 아니었다. 그러나 이 기주생활에서 그는 430수의 시를 지었다. 이 수량은 그의 전집에 남아 있는 전체 작품의 10분의 3을 넘는 양이다. 특히 인생이나 사회나 국가의 모든 차원에서 간고를 몸소 체험한 두보가 죽기 수년 전에 지은 이 시들은 전같이 노골적인 사회적 비판이나 분개가 표면에 나타나지 않고, 깊은 우수와 비애 속에 선의와 애정이 감돌고 있다.

대력(大曆) 3년(768년) 57세 정월에 기주를 떠나 강릉에 잠시 머물렀고, 악주(岳州)를 거쳐, 담주(潭州)에 가서 대력 5년(770년) 봄을 맞이하였다. 4월에는 지방 군벌의 난이 일어나 다시 형주(衡州)로 피했다가 침주(郴州)로 가려는 도중 뢰양(耒陽)까지 왔다가 홍수에 길이 막혀서 다시 담주로 되돌아갔고, 겨울에 다시 배를 타고 나섰다가 담주와 악주 사이에서 그는 고난의 일생을 끝맺는다.

두보를 시성(詩聖)이라고 부르는데 이것은 시를 통한 성인이란 뜻이다. 유가사상을 바탕으로 한 인애(仁愛)의 시인이었다. 현재 전해오는 그의 시는 1,453 수로 작품의 사상성과 예술미가 최고로 조화를 이룬다. 두보는 시를 불후의 성사(盛事)로 삼았다. '문장은 천고의 일(文章千古事)'이라고도 했고, 특히 자식에게도 '시는 우리 집안의 일(詩是吾家事)'이라고 했다.

月夜 월야

今夜鄜州月	금야부주월
閨中只獨看	규중지독간
遙憐小兒女	요련소아녀
未解憶長安	미해억장안
香霧雲鬟濕	향무운환습
淸輝玉臂寒	청휘옥비한
何時倚虛幌	하시의허황
雙照淚痕乾	쌍조루흔건

달밤에

오늘밤 부주의 달을
규방에서 혼자만이 보고 있겠지.
멀리서도 안타깝구나, 저 어린 녀석들이
엄마가 장안을 그리워하는 것 이해하지 못할 것이.
향기로운 안개는 구름 같은 머리를 적시고
맑은 달빛에 옥같은 팔이 시리리.
언제면 텅 비었던 창문휘장에 기대어
둘이서 달빛 받으며 눈물흔적 마르게 할 수 있을런지?

주석

1) 鄜州(부주) : 지금의 섬서성(陝西省) 부현(富縣). 당시 두보의 가족이 있던 곳이다.

2) 閨中(규중) : '부인의 방', 여기서는 두보의 아내 양씨(楊氏)를 가리킨다.

3) 遙憐(요련) : '遙'는 '멀다'는 뜻이고, '憐'은 '가련히 여기다', '불쌍히 여기다'는 뜻이니, '遙憐'은 '멀리서 가련히 여긴다'는 뜻이다. 여기서 '가련히 여긴다(憐)'는 말의 목적어는 '어린 아들과 딸들이 엄마가 장안의 아빠를 그리워하는 것을 알지 못하는 것이다.

4) 小兒女(소아녀) : 어린 아들(兒)과 딸(女). 두보는 이때 아들이 둘, 딸이 둘 있었다.

5) 未解(미해) : '아직 ~하지 못하다', '아직 ~할 줄 모른다.'는 뜻이다.

6) 憶長安(억장안) : 직역하면 '장안을 그리워하다'는 뜻이다. 그러나 여기서의 '長安'이란 바로 '장안에 있는 두보 자신'을 가리키니, 내용상으로는 '장안에 있는 나를 그리워하다'는 뜻으로 해석해야 한다.

7) 香霧(향무) : 향기로운 안개. 가을밤의 안개를 가리킨다. 부인의 아름다운 향기 때문에 밤안개마저도 향기롭게 되었다는 의미를 내포하고 있다.

8) 雲鬟濕(운환습) : '鬟'은 여인의 쪽진 머리를 말한다. '雲鬟'은 미인의 풍성한 머리카락을 구름에 비유한 말로서, '구름같이 쪽진 머리'라는 뜻이다. 그 당시에는 머리를 높고 크게 올리는 것이 유행이었다. '濕'은 '젖다', '축축해지다'는 뜻이다.

9) 淸暉(청휘) : 맑은 달빛.

10) 玉臂(옥비) : 옥같이 하얀 팔. '臂'는 '팔'을 가리킨다.

11) 依虛幌(의허황) : '依'는 '의지하다', '기대다'는 뜻이고, '幌'은 '(창문의) 휘장'을 가리킨다. '依虛幌'은 '투명한 창문 휘장에 기대다'라는 뜻이다.

12) 雙照(쌍조) : 달빛이 부부 두 사람에게 함께 비추게 하다. 여기서 '雙'은 둘째 구의 '獨'과 대비되어 쓰였다.

13) 淚痕乾(누흔건) : 눈물 흔적이 마르다. '痕'은 '흔적', '乾'은 '마르다'는 뜻이다.

해설

두보는 천보 13년(754년) 장안에서 먹는 문제를 해결하기가 어려워 식구들을 봉선(奉先 : 지금의 섬서성陝西省 포성蒲城)으로 옮기고 자기는 다시 장안으로 돌아와 있었다. 그러다가 천보 14년(755년)에 안록산(安祿山)의 난이 일어났고, 안록산이 장안 가까이 쳐들어오자, 두보는 봉선으로 가서 가족을 데리고 백수(白水)로 피난시켰고, 장안의 관문인 동관(潼關)이 함락되자 가족을 다시 부주(鄜州)의 강촌(羌村)으로 피난시켰다. 그리고 현종(玄宗)의 뒤를 이어 숙종(肅宗)이 즉위했다는 소리를 들은 두보는 혼자서 연주(延州)로 북상했다가 노자관(蘆子關)을 지나서 숙종이 있는 영무(靈武)로 가려다가 부주를 채 벗어나지도 못하고 도중에 적도에게 잡혀서 장안으로 끌려왔나. 두보는 요행히 우위솔부주조참군(右衛率府胄曹參軍)이라는 낮은 지위에 있었으므로 별로 해를 입지는 않았지만, 그러나 장안을 마음대로 벗어날 수 없는 연금 상태에 있었다.

이 시는 지덕 원년(756년) 가을, 시인의 나이 마흔 다섯에 장안에서 연금된 몸으로 있을 때 부주에 있는 가족들을 그리워하며 지은 시이다.

첫 구에서 '오늘밤 장안의 달(今夜長安月)'이 아니라, '오늘밤 부주의 달(今夜鄜州月)'로 시작하는 수법이 역시 예사롭지 않다. 둘째 구에서는 부주에 있는 아내의 모습을 상상 속에 그려내고 있다. 그는 밤하늘에 떠 있는 달을 바라보면서 먼저 아내를 연상하였다. 그리고는 자신이 아내를 그리워하듯이 아내 역시 부주의 하늘에 떠 있을 저 달을 혼자서 쳐다보면서 장안에 있는 자신을 보고 싶어 할 것이라고 추측하고 있다

3, 4구는 해석이 두 가지로 갈린다. 두보는 천보 14년(755년) 11월에 우위솔부주조참군(右衛率府胄曹參軍)에 임명되었다. 이것은 무기창고의 열쇠를 관리하는 정팔품하(正八品下)의 한직이었지만, 두보는 이 직책을 받기로 결정한 뒤 가족을 만나기 위해 장안을 떠나 봉선으로 간 적이 있다(이때는 이미 안록산이 평로, 범양, 하동의 삼진(三鎭)을 근거로 반란을 일으켜 하북의 여러 군을 함락시킨 때이나,

두보가 봉선으로 떠날 때까지만 해도 이 소식은 아직 장안에 이르지 않았다.) 그는 이때 지은 〈자경부봉선영회오백자(自京赴奉先詠懷五百字)〉시에서 "문에 들어가자 울부짖는 소리 들리는데, 어린 아이가 배 주리다 이미 굶어 죽었다 하네. 내 어찌 슬퍼하지 않으리오. 이웃 사람들도 흐느껴 우는데(入門聞號咷, 幼子飢已卒. 吾寧捨一哀, 里巷亦嗚咽.)"라고 말한 바 있다. 두보가 〈월야(月夜)〉 시를 지을 때 그의 두 아들은 종문(宗文)과 종무(宗武)로서 각각 7살과 4살이었다. 이런 전후 사정을 생각한다면, "遙憐小兒女, 未解憶長安"은 "멀리서도 안타깝구나, 어린 아이들이 장안의 나를 아직 그리워할 줄 모르는 것이."라고 해석하는 것이 틀린 해석이라고 할 수도 없다.

그러나 시의 후반부가 부인과 관련하여 읊고 있다는 점을 생각한다면, "遙憐小兒女, 未解憶長安" 구는 '멀리서도 안타깝구나, 어린 아이들이 제 엄마가 장안에 있는 나를 그리워하는 것을 이해하지 못할 것이.'라고 해석하는 것도 가능하다. 만약 이렇게 해석한다면, 두보는 아이들이 엄마의 어떤 모습을 이해하지 못한 것으로 다루었단 말인가? 그것은 시의 마지막 구에서 알 수 있듯이 두보는 이때 자신의 부인이 자신을 그리워하며 울고 있는 모습으로 설정하였고, 아이들은 그렇게 울고 있는 엄마의 모습을 아직 이해하지 못할 정도로 어리고 철없는 모습으로 설정한 것이라 할 수 있다. 부인을 그렇게 울고 있는 것으로 설정한 것은 두보 자신이 부인을 보고 싶어서 울고 있었기 때문이다. 마지막 두 구에서는 그런 이유 때문에 "언제 다시 창문 휘장에 기대어 서서, 둘이서 달빛 받으며 눈물흔적 마르게 할 것인가?(何時倚虛幌, 雙照淚痕乾?)"라고 읊었던 것이다.

5, 6구는 1, 2구에서 상상한 아내의 모습을 보다 구체적으로 형상화시켜 놓았다. 미인의 상징인 구름같은 머리에 옥같이 흰 살결을 지면 위로 부각시켜 놓고 있다. 안개로 뽀얗게 젖은 타래머리, 달빛 아래 차가운 살갗, 모두가 두보만이 느낄 수 있는 감각이다. 거기에다가, "香"자와 "淸"자를 놓아, 아내를 돋보이게 하는 품격은 흔한 생각 같아도, 실은 사랑의 짙은 농말이 아니고서는 정녕 어려운 쓰임새이다.

7, 8구는 이 시의 정점이요 결말이다. 규방을 가리키는 말로서 시인은 왜 '虛幌'

이라 하여 "虛"자를 썼을까? "虛"자의 쓰임에 대한 해석엔 고래로 정설이 없단다. 혹 자신이 없던 규방이었으니 "虛"요, 다시 만난 뒤에는 서로의 눈물 흔적 마르도록 밝은 달빛을 통과시켜야 하니 역시 "虛"일 수밖에 없었던 것이 아닐까? 대시인의 심산은 역시 엿보기도 어렵다.

이 시의 백미는 역시 마지막 구이다. "상조(雙照)"는 "두 줄기로 비추다", 또는 "두 사람에게 비추다"로 번역할 수 있다. 마지막의 이 두 시구로 인하여 지금 달을 보고 있는 두보가 눈물을 흘리고 있음을 확인할 수 있다. 두보는 장안에서 부인생각으로 눈물을 흘리며 달을 바라보고 있었던 것이다. 그리고는 부인도 자신을 그리워하여 눈물을 흘리며 저 달을 바라보고 있을 것이라고 상상한 것이다. 부주와 장안으로 격해 있던 달을 바라보며 눈물 흘리던 두 사람이 다시 만나 투명한 창문 커튼에 기내어 서서는 두 줄기 밝은 달빛을 받으며(두 사람이 달빛을 받으며) 지난날의 눈물자국을 마르게 한다는 것이다.

둘째 구에서 "규방에서 혼자서 달을 바라보던 모습(獨看)"과 마지막 구의 "함께 달빛을 받는 모습"이 서로 대비가 되면서 이젠 독자들로 하여금 눈물을 흘리게 한다. 반군들에 연금되어 내일을 기약할 수 없는 처지에서도 가족과의 행복한 미래를 꿈꾸는 두보의 모습 때문에 독자들의 흐르던 눈물은 이제 더 굵어진다. 정말이지 두보의 시 가운데서도 보기 드문 서정시라 할 수 있다.

두보는 참 가난하게 살았다. 먹을 것이 없어 자식을 굶겨 죽인 적도 있고, 절간으로 양식을 구걸하러 간 적도 있다. 사는 곳도 일정치 않았다. 항상 방랑하였다. 밭뙈기 하나 없으니 여기 저기 떠돌아다니며 친구나 지인의 신세를 질 수 밖에 없었던 것이다.

두보의 시를 읽다 보면 눈물이 나는 경우가 많다. 두보의 시가 사람으로 하여금 눈물 흘리게 만드는 이유는 그러한 가난과 방랑에도 불구하고 그의 시에는 조국과 백성에 대한 끝없는 충성과 사랑이 배어 있기 때문이다. 정말이지 두보의 시를 읽고서도 두보를 사랑하지 않을 수 있다는 것은 불가능할 것 같다.

그런데 이 시는 두보의 시 중에서도 좀 특이한 시이다. 그의 시에서는 좀처럼 찾아볼 수 없는 서정시이다. 근엄한 두보에게서 인간미를 물씬 느낄 수 있는 시이다. 그도 역시 여인을 사랑할 줄 아는 남자였던 모양이다.

두보는 애들이 어려서 엄마의 마음을 이해하지 못할 것이 안타깝다고 하였다. 어른으로서의 두보는 정말로 애들의 마음을 헤아릴 수 있었을까? 혹, 애들은 애들대로 어쩌면 진작부터 제 엄마의 마음을 알고 있었던 것은 아닐까?

羌村(其三) 강촌(기삼)

群鷄正亂叫　　군계정난규
客至鷄鬪爭　　객지계투쟁
驅鷄上樹木　　구계상수목
始聞叩柴荊　　시문고시형
父老四五人　　부로사오인
問我久遠行　　문아구원행
手中各有携　　수중각유휴
傾榼濁復淸　　경합탁부청
莫辭酒味薄　　막사주미박
黍地無人耕　　서지무인경
兵革旣未息　　병혁기미식
兒童盡東征　　아동진동정
請爲父老歌　　제위부로가
艱難愧深情　　간난괴심정
歌罷仰天嘆　　가파앙천탄
四座涕縱橫　　사좌체종횡

강촌(셋째)

닭 무리 막 어지러이 울더니
손님 오니 닭이 싸움 벌인다.
닭을 몰아 나무 위로 오르게 하니

비로소 사립문 두드리는 소리 들린다.
마을의 노인들 사오명이 찾아와
오랫동안 먼 길에 갔었다고 위문한다.
손에 각각 무언가를 들고 있는데
술통 기울이자 탁주에 또 청주이다.
술맛 없다고 사양하지 마시요
기장 밭에 밭 갈 일꾼이 없답니다.
전란은 아직도 끝나지 않아
자식들은 모두 동쪽으로 출정하였단다.
노인들 위하여 노래를 자청하니
간난 중 깊은 정에 감격하노라
노래 마친 뒤 하늘 보고 탄식하니
자리에 있는 모든 사람 눈물을 펑펑 쏟네.

주석

1) 亂叫(난규) : '어지러이 울다'라는 뜻이다.
2) 驅鷄(구계) : 닭을 몰다.
3) 叩柴荊(고시형) : '사립문을 두드리다'라는 뜻이다.
4) 父老(부노) : 마을노인.
5) 問我(문아) : 나를 위문하다.
6) 久遠行(구원행) : '오랫동안 멀리 나가다'는 뜻이다.
7) 各有携(각유휴) : '저마다 들다'라는 의미다.
8) 傾榼(경합) : 술통을 기울이다.
9) 濁復淸(탁복청) : 탁주에 다시 청주.
10) 莫辭(막사) : 사양 하지 않다.
11) 酒味薄(주미박) : 술맛 없다.

12) 黍地(서지) : 기장 밭.
13) 兵革(병혁) : 전란.
14) 旣未息(기미식) : 아직도 그치지 않다.
15) 盡東征(진동정) : 모두 동쪽으로 출정 나가다.
16) 艱難(간난) : 어려움, 간난.
17) 歌罷(가파) : 노래가 끝나다.
18) 涕縱橫(체종횡) : '눈물이 종횡으로 흐르다'라는 말이다.

해설

두보는 지덕(至德) 2년(757년) 좌습유(左拾遺)의 벼슬로 재상인 방관(房琯)이 안록산에게 패한 일을 관대히 용서해달라고 간언했다. 이로 인해 숙종의 노여움을 사서 8월에 잠시 가족이 있는 부주(鄜州) 낙교현(洛交縣)의 강촌(羌村)에 갔을 때인 757년 늦가을에 쓴 〈강촌(羌村)〉 3수 가운데 세 번째 작품이다. 이때 두보의 나이는 46세였다.

〈강촌(羌村)〉 3수 가운데서도 세 번째 작품이 특히 독자들의 눈을 적시게 한다. 전반부인 1~8구는 이웃집 아저씨들의 훈훈한 인정을 눈물겹게 묘사하였다. 조용하던 집안에 갑자기 닭들이 시끄럽게 떠들어대는 것은 시인을 위로하러 찾아온 손님들이 사립문에서 놀던 닭들을 멀리 나무 위로 내쫓기 때문이다. 그제야 사립문 두드리는 소리 듣고서 나가본다. 바로 천리 길 원행에서 돌아온 나를 위로하러 이웃 아저씨들이 찾아온 것이다. 모두들 손에는 술병을 비롯하여 무엇인가 하나씩 들고 있다. 자리가 마련되자, 가져온 술병을 기울이며 청주와 탁주를 권하는데, 그 가운데 한 사람이 말한다. "술맛은 없지만 사양하지 마시게, 기장 밭엔 농사지을 사람 없다네. 전란이 아직 가시지 않아 자식들은 동쪽으로 싸우러 갔다네." 술이 맛없을 수밖에 없는 형편을 설명한다. 비록 전란 중이지만 방안은 이웃집 아저씨들의 훈훈한 정이 넘쳐난다. 시인은 온 세상의 인심이 흉흉한 데도 이렇게 정다운 마을 사람들의 고마운 마음에 감동하여 노래하길 자청한다. 시인의 노래가 끝나자 모두들 눈물을 흘린다. 역시 전란이 주는 어려움과 고통 때문이다.

이 시는 일상의 일을 매우 평이한 말로 스케치하듯이 그려내었다. 그러는 가운데서도 시 속에는 전란의 아픔을 묘사하는 것을 잃지 않았다. 두보의 시는 매우 사실적이다. 그는 자신이 겪은 삶을 통하여서 시대의 아픔을 고스란히 고발하였다. 그의 시가 현실을 묘사하고, 또 현실을 고발한 사실시라고 하지만, 그의 시는 그러한 가운데서도 언제나 시적 서정성을 유지하였다. 두보의 시가 예술적으로 높이 평가받는 것도 바로 이러한 사실적 묘사에 담은 시적 서정성 때문이다.

曲江(其一) 곡강(기일)

一片花飛減却春　　일편화비감각춘
風飄萬點正愁人　　풍표만점정수인
且看欲盡花經眼　　차간욕진화경안
莫厭傷多酒入脣　　막염상다주입순
江上小堂巢翡翠　　강상소당소비취
苑邊高塚臥麒麟　　원변고총와기린
細推物理須行樂　　세추물리수행락
何用浮榮絆此身　　하용부영반차신

곡강(첫째)

한 조각 꽃잎만 날리어도 봄을 줄이는데
바람이 만 점 꽃잎 휘날리며 수심에 잠기게 하네.
잠깐 보니 다 져버릴 듯 꽃잎 눈앞을 지나는데
술 마시면 슬픔 많아질까 꺼려하지 마라.
곡강 가의 작은 집엔 비취 새 깃들었고
부용원 곁의 높은 무덤엔 기린석상 누웠네.
사물이치 자세히 미뤄보면 모름지기 즐거움을 따를지니
어찌 헛된 영화에 이 한 몸 묶어두랴.

주석

1) 曲江(곡강) : 동남쪽에 있던 못 이름으로서, 지금의 서안(西安) 성남(城南) 5km 지점에 있다. 원래는 한(漢) 무제(武帝) 때 만들었고, 당(唐) 현종(玄宗) 개원(開元) 년간에 대대적으로 정비하여서, 물이 맑고 화초가 무성히 둘러있었다. 그 남쪽에 자운루(紫雲樓), 부용원(芙蓉苑)이 있었고, 서쪽으로는 행원(杏園), 자은사(慈恩寺)가 있었다. 당대의 유명한 유람지로서 곡강지(曲江池)라고도 불린다.
2) 且(차) : 잠시, 잠깐.
3) 翡翠(비취) : 물총새.
4) 苑(원) : 곡강 남쪽에 있었던 부용원(芙蓉苑)을 가리킨다.
5) 麒麟(기린) : 상상 속에 나오는 상서로운 동물. 여기에서는 무덤 앞의 석조물 기린 상을 가리킨다.

해설

두보는 재상 방관(房琯)에게 용서해달라고 간언했다가 역린(逆鱗)에 걸려 8월에는 부주(鄜州)에 있는 가족으로 갔었다. 10월에 숙종이 장안으로 환궁하자 이에 두보도 장안으로 돌아와 다시 조정에 출사하게 되었는데, 이 시는 장안으로 돌아온 이듬해인 건원(乾元) 원년(元年)인 758년 모춘(暮春)에 쓴 시이다. 두보는 이때 방관을 변호한 일로 숙종에게 배척되어 간관으로서 아무 말도 하지 못하고 있었다. 이 시의 마지막 구에서 "어찌 헛된 영화에 이 한 몸 묶어두랴(何用浮榮絆此身)"는 바로 이즈음의 심경을 말한 것이다.

이 시는 늦은 봄에 봄바람에 지는 꽃과 전란 이후의 황폐한 모습을 통하여서 인생무상을 노래하고 있다. 1, 2구는 매우 상징적인 표현으로서, 시인이 매우 놀라운 통찰력으로 사물을 관조하고 있음을 보여주고 있다. 한 조각 꽃잎만 휘날려도 봄이 가는 것을 느끼겠는데, 바람이 만 점의 꽃잎을 휘날리게 하니, 온 봄이 다 가버리는 듯한 느낌을 가지리라. 휘날리며 떨어지는 봄꽃 앞에서 무한한 슬픔에 빠진 시인의 모습을 충분히 상상할 수 있다. 1, 2구를 지나서 3구까지는 '꽃잎 하나가 지다' → '수만 송이가 지다' → '꽃이 다 지고 봄이 가다'라고 점층법으로 봄의 감을 아쉬워 했다. 그래서 4구의 명구가 등장한다. '봄이 가는 것으로 마음상한다고 술 마시는 것을 싫어하지 마라'고. 두보는 종종 아름다운 구절로 황량함을 표현했는데, 5, 6구가 그러한 예이다. 안록산의 난 이후에 곡강 주변의 건축물은 대다수 파괴되고, 공경대부들은 살해되어 집에 사람은 살지 않고 물총새만이 집을 지어 살고, 무덤도 돌보는 이 없어 석상이 쓰러져 있음을 묘사하였다.

두보는 이 시를 통하여서 종팔품상(從八品上)에 해당하는 좌습유 벼슬에 연연해하고 있는 안타까운 자신의 모습과 부귀공명을 누리고 호화무덤에 누워 있어도 다 부질 없는 인생의 무상함을 매우 함축성 있게 잘 묘사하였다. '슬픔 많아진다고 술 마시길 사양하지 말고', '사물이치 자세히 살펴보면 인생은 결국은 즐겨야 한다.'는 말에서 이즈음 두보의 감상적이며 자조적인 모습을 엿볼 수 있다.

曲江(其二) 곡강(기이)

朝回日日典春衣　　조회일일전춘의
每日江頭盡醉歸　　매일강두진취귀
酒債尋常行處有　　주채심상행처유
人生七十古來稀　　인생칠십고래희
穿花蛺蝶深深見　　천화협접심심견
點水蜻蜓款款飛　　점수청정관관비
傳語風光共流轉　　전어풍광공류전
暫時相賞莫相違　　잠시상상막상위

곡강(둘째)

조회에서 돌아오면 날마다 봄옷을 잡혀 놓고
매일 곡강에서 만취하여 돌아오네.
외상 술값은 보통 가는데 마다 있지만
인생 칠십년은 예부터 드물다네.
꽃 사이를 뚫던 호랑나비 깊숙이 파묻혔다 보이고
곡강 위에 점찍는 잠자리 느릿느릿 날아다닌다.
말하거니와 봄날의 풍광이여, 함께 흘러 흘러가자,
잠시나마 서로 즐기며 어긋나지 말자.

주석

1) 朝回(조회) : 조회(朝會)에서 돌아오다.
2) 典(전) : 저당 잡히다.

3) 盡醉(진취) : 크게 취하다.

4) 尋常(심상) : 보통. 예사롭다.

5) 穿花(천화) : '나비가 꽃 속을 뚫고 날아 다닌다'는 의미이다.

6) 蛺蝶(협접) : 호랑나비. '호접(胡蝶)'을 쓰지 않은 까닭은 평측을 맞추기 위해서이다.

7) 深深見(심심현) : '깊이 숨었다 나타났다' 하는 것을 말한다. '見'은 '현(現)'과 통한다.

8) 蜻蜓(청정) : 잠자리.

9) 款款飛(관관비) : 느릿느릿 나는 모양.

10) 相賞(상상) : 서로 즐기다.

11) 莫相違(막상위) : 서로 어긋나지 않다.

해설

앞에서 소개한 시의 분위기를 그대로 이어받고 있다. 마음 둘 곳 없이 방황하다가 술로 하루하루를 보내는 이즈음 시인의 모습을 그대로 묘사하였다 할 수 있다. 그의 꿈은 〈봉증위좌승장(奉贈韋左丞丈)〉시에서 말했듯이 "임금님이 요순보다 위에 있게 하여, 다시 또 풍속을 순박하게 만들고 싶은(致君堯舜上, 再使風俗淳)" 것이다. 그러나 그렇게 하기에는 그의 직위와 경륜은 너무 부족하였다. 거기에다 그는 당시 숙종에게서도 배척되어 있던 상황이다. 그래서 그는 조회에서 물러나오면 곡강에 가서 옷 잡히고 매일 술에 취해 돌아가곤 하였다. 곡강 뿐만이 아니다. 가는 술집마다 외상값이 밀려 있다. 꽃밭사이 누비는 호랑나비도 철을 만난 듯 즐겁게 보이고, 꼬리를 물에 적시며 나는 잠자리도 세상을 만난 듯하다. 시인도 저 나비와 잠자리처럼 자연과 어울려 서로 즐기고자 한다. 앞에서 말한 대로, "사물의 이치 자세히 살펴보면, 인생은 역시 반드시 즐겨야 하는(細推物理須行樂)" 모양이다. 어차피 인생이란 70년도 못사는 삶이 아닌가? "인생칠십고래희(人生七十古來稀)"란 말은 두보의 이 시에서 비롯되었다.

石壕吏 석호리

暮投石壕村	모투석호촌
有吏夜捉人	유리야착인
老翁踰牆走	노옹유장주
老婦出門看	노부출문간
吏呼一何怒	이호일하노
婦啼一何苦	부제일하고
聽婦前致詞	청부전치사
三男鄴城戍	삼남업성수
一男附書至	일남부서지
二男新戰死	이남신전사
存者且偸生	존자차투생
死者長已矣	사자장이의
室中更無人	실중갱무인
惟有乳下孫	유유유하손
有孫母未去	유손모미거
出入無完裙	출입무완군
老嫗力雖衰	노구력수쇠

請從吏夜歸	청종이야귀
急應河陽役	급응하양역
猶得備晨炊	유득비신취
夜久語聲絶	야구어성절
如聞泣幽咽	여문읍유열
天明登前途	천명등전도
獨與老翁別	독여노옹별

석호촌의 관리

날 저물어 석호촌에 투숙하였는데
밤에 사람을 잡는 관리가 있더라.
늙은 할아버지는 흙담 넘어 달아나고
늙은 부인네는 문을 나서 맞이하네.
관리의 외치는 소리는 어찌 그리도 노여워했는지,
부인의 울음은 또 어찌 그리도 쓰라린지.
부인이 나서서 하는 말 들으니
세 아들 업성의 적 군영으로 나갔다네.
한 아들이 부친 편지가 도착하였는데
두 아들이 새 전투에서 죽었다 하네.
살아 있는 자는 그런대로 살아가겠지만
죽은 자는 영원히 끝나버렸도다.
집안에 더 이상 남자는 없고
오직 젖먹이 손자만 있을 뿐이라.
손자가 있어서 어미가 아직 집을 떠나지 못했지만
들어가고 나감에 온전한 치마가 없다네.

늙은 할미가 힘은 비록 쇠약해졌지만
청컨대 관리가 밤새 돌아가는 대로 따라가면
급한 대로나마 하양의 전투에 응하여
그래도 새벽밥 짓는 일은 준비할 수 있다오.
밤이 오래되면서 말하는 소리 끊이고
몰래 흐느껴 우는 소리가 들리는 듯 하였네.
하늘이 밝아 갈길 오르는데
단지 할아버지와만 이별하였네.

주석

1) 石壕吏(석호리) : '石壕'는 하남성(河南省)의 섬현(陝縣) 동쪽에 있는 마을. 석호리는 석호의 하급관리로서, 이 시에서는 군대에 동원될 인력을 차출하는 관리로 등장했다.
2) 暮投(모투) : 저녁에 투숙하다.
3) 夜捉人(야착인) : '밤에 사람을 잡다'. 밤중에 군대 보낼 남자를 징발해 간다는 뜻이다. '捉人'이란 말의 '捉'자에 주의를 기울여야 한다. '捉'은 '잡다'는 뜻이며, 그냥 '징병(徵兵)', '점병(點兵)', '초병(招兵)' 등과 같이 '徵', '點', '招' 등으로 표현할 수 있는 것을 '捉'으로 표현한 것은 관리들의 횡포를 부각시키고자 함이다.
4) 老翁(노옹) : '늙은 할아버지'. 작가가 투숙한 집의 주인을 가리킨다.
5) 踰墻走(유장주) : '담을 넘어 도망가다', '踰'는 '넘다', '墻'은 '담장', '走'는 '달아나다'는 뜻이다.
6) 出門看(출문간) : '문을 나서서 응접하다', '看'은 '보다'는 뜻 이외에도, '응접하다(對待)', '정성껏 모시다(款待)'는 뜻이 있는데, 여기서는 후자의 의미로 쓰였다.

7) 吏呼(리호) : 관리가 외치다. '呼'는 '고함지르다', '외치다'는 뜻이다.

8) 一何怒(일하노) : 어찌 저리도 화를 내는지? '一'과 '何'는 강조를 나타내는 부사인데, '一何'는 '어찌 저리도'라는 뜻으로 해석하면 된다.

9) 婦啼(부제) : 부인은 울다. '啼'는 '(눈물을 흘리며) 소리 내어 울다', 또는 '(짐승이) 울부짖다'는 뜻으로서, 크게 소리 내어 우는 것을 말한다.

10) 苦(고) : '苦'는 '고통스러워하다', '괴로워하다'는 뜻이다.

11) 三男(삼남) : 문맥상으로 '세 명의 아들'을 가리킨다. '셋째 아들'이 아님을 유의할 것.

12) 鄴城戍(업성수) : '업성의 적군군영'을 말한다. '鄴城'은 상주(相州), 곧 지금의 하남성(河南省) 안양현(安陽縣)에 해당하는 지역으로서, 당시 안경서(安慶緖)의 반란군이 이곳을 근거지로 삼고 있었다.

13) 一男(일남) : (세 아들 중의) 한 아들.

14) 附書至(부서지) : 편지를 부친 것이 도착하였다.

15) 二男(이남) : (세 아들 중의) 두 아들.

16) 存者(존자) : 생존해 살아 있는 자.

17) 且偸生(차투생) : '且'는 '고(姑)'자와 동의어인데 '우선 그런대로', '그럭저럭'의 뜻이다. '偸生'은 '반드시 죽을 목숨이 잠시 죽지 않고 삶을 도둑질하듯 살고 있다.'는 뜻이다.

18) 長已矣(장이의) : '長'은 '영원히', '已'는 '그치다', '끝나다'는 뜻이다. '矣'는 어떤 일이 결과로 귀착되는 것을 나타내는 허사(虛詞)인데, 여기서는 완료와 감탄의 의미가 복합하여 쓰였다.

19) 室中(실중) : 집안.

20) 更無人(갱무인) : '更'은 부사로 사용되어 '더 이상 사람이 없다.'는 뜻이다. 여기서 '人'은 사내를 가리킨다.

21) 惟有(유유) : '오직 ~가 있을 뿐이다'라는 뜻이다.

22) 乳下孫(유하손) : '젖 아래 손자', 곧 '젖먹이 손자'를 가리킨다.

23) 有孫母未去(유손모미거) : 손자가 있어서 어미가 아직 개가를 하지 않았다. '未去'는 '아직 가지 않았다'는 뜻으로서, 여기서는 애기엄마가 아직 개가하지 않았다는 뜻이다.

24) 完裙(완군) : 온전한 치마.

25) 老嫗(로구) : 노파. 늙은 할멈. 여기서는 노부(老婦)의 자칭(自稱)이다.

26) 雖衰(수쇠) : '비록 쇠약할지라도'라는 뜻이다.

27) 急應(급응) : 급히 응하다.

28) 河陽役(하양역) : 하양의 전투, 또는 하양의 부역. '河陽'은 지명으로서 지금의 하남성(河南省) 맹현(孟縣)에 해당한다. 건원(乾元) 2년(759년) 업성(鄴城)에서 패한 관군들이 곽자의(郭子儀)를 중심으로 이곳에서 약 2년가량 항전하면서 사수하였다.

29) 猶得(유득) : '아직은 ~할 수 있다'는 뜻이다. '猶'는 '그래도', '아직'의 뜻이고, '得'은 곧잘 '능(能)'과 같은 뜻으로 쓰인다.

30) 備晨炊(비신취) : 새벽 취사를 준비하다.

31) 如聞(여문) : '~이 들리는 듯하다'의 뜻이다.

32) 泣幽咽(읍유열) : 흐느껴 울다. '咽'은 '인'으로 읽으면 '목구멍'이란 뜻이고, '열'로 읽으면 '목이 메이다'는 뜻인데, 여기서는 후자의 뜻으로 쓰였다. '幽咽' 이란 말은 남아 있는 며느리가 두보가 들을 수 없게 소리죽여 울고 있었음을 암시한다.

33) 天明(천명) : '하늘이 밝아지다', 곧 '날이 새다'는 뜻이다.

34) 登前途(등전도) : 앞길에 오르다. 길을 떠나다.

35) 獨與老翁別(독여노옹별) : '獨'은 '오직', '단지'라는 뜻이다. '오직 늙은 할아버지와 헤어졌다.'는 것은 어젯밤에 할머니가 징용에 나갔다는 것을 암시한다.

해설

이 시는 당시의 사회상을 반영한 작품으로 5언고시이다. 석호(石壕)는 고을 이름으로 지금의 하남성(河南省) 섬현(陝縣) 동쪽에 있다. 이 시는 두보의 사회시로 유명한 삼리삼별(三吏三別) 중 하나이다.

당 숙종 건원 2년 봄, 곽자의 등 아홉 절도사가 거느리는 60만 관군은 업성(鄴城)에서 안경서(安慶緖)에게 포위되었으며, 지휘관의 무능함으로 인해 사사명(史思明)의 지원을 받은 반군에게 전패하였다. 당 왕조는 병력을 보충하기 위하여 낙양 서쪽의 동관(潼關) 일대에 살고 있는 젊은 청년들을 상세로 싱발하였으니, 백성들의 고통은 말로 형언할 수 없었다. 이러한 상황에서 두보는 낙양에서 화주(華州)로 돌아가는 노중에 자신 직접 보고 들은 것을 시로 지었으니, 〈석호리(石壕吏)〉, 〈동관리(潼關吏)〉, 〈신안리(新安吏)〉의 '삼리(三吏)'와 〈신혼별(新婚別)〉, 〈수로별(垂老別)〉, 〈무가별(無家別)〉의 '삼별(三別)'이 그것이다. 〈석호리〉는 '삼리' 가운데서도 가장 뛰어난 작품이다.

이 시의 전체적인 분위기는 둘째 구 '관리가 있어 한밤에 사람을 잡아가다(夜捉人)'에서 비롯된다. '夜'자가 암시하는 뜻은 매우 풍부한데, 첫째로 관리들이 '사람을 잡으러(捉人)' 올 때 항상 발생하는 상황, 가령 숨거나 반항하는 모습과 붙잡히게 되면 어찌할 방법이 없음을 나타낼 수도 있고; 둘째는 관리들이 사람을 잡아가는 수단이 혹독하여서, 백성들이 모두 잠든 깊은 밤에 갑자기 쳐들어옴을 나타낼 수도 있다. 시인은 '저녁 무렵(暮)'에 석호촌에 투숙하였는데, '저녁 무렵'부터 '밤(夜)'까지는 몇 시간이 지났으므로 관리들이 들이닥쳤을 때는 당연히 깊은 잠에 빠져 있을 시간이다. 따라서 그 아래 묘사한 사건들의 발전은 그가 직접 참여한 것이라기보다는 문을 사이에 두고 흘러들은 내용이다. 특히 '할아버지는 흙담 넘어 달아나고, 할머니가 문을 나서 관리를 응접한다.'라는 두 구는 백성들이 오랜 기간 동안 많은 고통을 받아 왔으며, 밤과 낮을 가리지 않고 공포와 불안에 떨고 있음을 표현한 것이다. 남자가 있는 집은 설사 깊은 밤이 되었다 하더라도 여전히 좌불안석의 상태가 지속되며, 문 밖에서 소리만 들려와도 관리가 또 사람을 잡으러 왔음을 알고, 남자는 재빨리 흙담 넘어 도망치고, 늙은 할머니라도 문을 열고 관리를 대한다는 것이다. 이 네 구절만 보더라도, 두보가 안사의 난으로 인한 민중의 고통과 전쟁으로 인한 가정의 파탄을 매우 사실감 있게 그려냈으며, 얼마나 함축적인 표현상 성공을 거두었는지를 알 수 있다.

마지막 단락은 비록 네 구절 밖에 안 되지만 앞부분과 이어져서, 한 가정의 파탄의 예고와 결과, 그리고 이것을 모두 보고 들은 작자의 심정이 토로되어 있다. "밤이 깊어가며 말하는 소리가 끊긴 것 같았다(夜久語聲絶)"라는 말은 할멈의 하소연과 관리의 협박이 오랜 시간 계속되다가 마침내는 할머니가 할아버지를 대신하여 전장으로 따라가게 되었음을 반영하고 있다. "몰래 흐느껴 우는 소리가 들린 듯 하였네(如聞泣幽咽)"라는 말은 전쟁터에서 남편이 죽고 관리에게 시어머니마저 징발당한 며느리가 깊은 밤에 혼자서 흐느끼고 있음을 묘사한 것이기도 하고, 동시에 시인이 이 촌가의 슬픔에 젖어서 밤새도록 잠을 이루지 못할 정도의 처절한 상태에 놓여 있었음을 나타내기도 한다. 맨 마지막 두 구절은 작품 전체를 마무리하는 역할을 하고 있는데, 여기에는 이제 그 집을 떠나는 시인의 끝없는 감정을 잘 담고 있다. 시인이 어제 저녁에 이 집에 찾아왔을 때는 영감과 할멈이 함께 맞아 주었는데, 하룻밤 사이에 할멈은 전쟁터로 끌려가고, 어제 밤에 담을 넘어 도망갔다 돌아온 할아버지와만 작별을 고하게 되었으니, 시인의 참담한 마음이란 이루 말할 수 없을 것이다.

이 시는 전편의 거의 모든 구절에서 한 사건을 객관적으로 서술하고 있을 뿐 자신의 느낌을 묘사하고 있지는 않지만, 시인은 오히려 이러한 서술적 단어들을 가지고 자신의 감정을 여실히 드러내며, 독자들에게 더욱 선명하고도 강한 메시지를 전달하고 있다. 시인은 자질구레한 묘사보다는 대화식 표현방법을 이용하여 시를 전개하고 있다. 이를테면 할머니의 호소를 집중적으로 묘사하고, 관리의 호통은 별로 언급하지 않으면서도, 할머니의 하소연 내용과 사건의 결말 속에서 관리의 잔혹함과 흉포함을 암시적으로 나타내고 있다. 첫머리에서는 자신이 그 촌가에 투숙하게 된 것을 간략히 한 구절만으로 표현하고는 곧 바로 "한 밤중에 관리가 사람을 잡는다"는 상황으로 들어갔으며, 또 '할아버지는 흙담을 넘어 도망간다.'는 것만 묘사했을 뿐 그가 언제 돌아왔는지에 대해서는 말하지 않았던 것이나, '몰래 흐느껴 우는 소리가 들리는 것 같았다.'고만 서술했지 흐느껴 우는 이가 누구인지는 밝히지 않았으며, '관리가 밤새 돌아가는 대로 따라가길 청한다.'고 하는 할머니의 말만 서술했지 할머니가 정말로 관리에게 붙잡혀 갔는지에 대해서는 묘사하지 않았다. 그러나 작품 전체를 마무리 짓는 마지막 구, '단지 할아버지와만 이별했다.'라는 구절에서 독자들은 비로소 할머니는 잡혀갔고, 소리 내어 통곡도 못하고 흐느껴 울기만 했던 이는 그 집의 며느리요, 도망갔던 할아버지는 날이 샐 무렵에야 돌아왔음을 알게 된다.

진란을 겪지 않았다는 것은 얼마나 다행한 일인가? 전쟁은 남녀노소를 불문하고 모두를 불행하게 만든다. 전쟁을 일으켜 승리의 이익을 얻을 단 한 사람을 제외한다면, 그 어느 누구도 전쟁을 원하지 않는다.

이스라엘과 팔레스타인 간에는 끊임없는 충돌이 계속되고 있다. 총과 장갑차로 무장한 이스라엘 군대를 향해 돌팔매질하는 팔레스타인 젊은이들을 보면 그저 안타깝고 애절하기만 하다. 저들의 행동은 나라와 종교적 신념 때문이라고는 하나, 그래도 안타깝기만 하다.

이란에서는 자살폭탄으로 미군을 공격하는 뉴스가 하루를 멀다 않고 전해 온다. 그들의 자살특공대에는 아직 꽃피워보지 못한 어린 여고생도 있다 한다. 다 민족과 국가를 위해서란다.

그곳에는 또 자국의 이익 때문에 미국의 요구에 따라 군대를 파병한 여러 국가가 있다. 그 국가의 국민들은 이유도 모른 채 그들의 인질로 잡혀 참수라는 가혹한 처형을 당하고 있다. 참수를 가하는 저들은 조국의 독립을 쟁취하기 위한 종교적 이념을 내세우고, 자국민이 참수를 당하도록 그냥 내 버려두는 국가는 테러에 굴복하지 않겠다는 반테러리즘을 내걸고 있다. 저들의 이념 싸움 때문에 애꿎은 생명만 자꾸 사라져 간다.

1950년 6월 25일은 한반도가 피바다로 변한 날이었다. 민족해방이라는 가짜 귀신을 내건 한 미치광이 때문에 수많은 동족이 쓰러져 갔다. 그저 애절하기만 하다. 1980년 5월 18일 광주에서는 수많은 젊음이 쓰러졌었다. 어디 젊음뿐이었던가? 어린이도 노인들도 쓰러졌었다. 그때는 민주주의라는 이념 때문이었다.

전쟁과 난리로 인해 육신과 영혼이 덧없이 소멸된 이가 어디 이뿐이겠는가? 조국은 무엇이고, 통일은 무엇이며, 종교는 무엇이며 또 민주주의란 무엇인가? 그들이 도대체 무엇이관데, 이리도 고귀한 생명들이 저리도 안타깝게 사라져 가야 한단 말인가?

누군가 말하였다. 이 세상의 모든 이데올로기는 허위의식이라고. 내가 믿고 신봉하며, 그래서 위하여 목숨까지도 던지는 그 조국과 민족과 종교와 이념들은 어쩌면 모두가 허위의식이라고. 도대체가 이 세상에 우리의 생명보다 가치 있는 것이 무엇이란 말인가?

역사는 반복한다. 지난날의 살육이 이제는 더 이상 반복되지 않으리라고 믿는 자가 있다면, 그는 참 순진한 이다. 두보가 살던 시대에 전란이 있었듯, 그래서 자식들이 죽고, 할머니가 할아버지를 대신하여 밤새도록 전쟁터로 향해야 했듯, 지금도 앞으로도 그런 일은 계속 일어날 것이다. 다만 내가 이 세상에서 살아 있을 동안만은 그런 허위의식 때문에 전란이 일어나지 않기를 바랄 뿐이다.

夢李白(其一) 몽이백(기일)

死別已呑聲	사별이탄성
生別常惻惻	생별상측측
江南瘴癘地	강남장려지
逐客無消息	축객무소식
故人入我夢	고인입아몽
明我長相憶	명아장상억
恐非平生魂	공비평생혼
路遠不可測	노원불가측
魂來楓林青	혼래풍림청
魂返關塞黑	혼반관새흑
君今在羅網	군금재나망
何以有羽翼	하이유우익
落月滿屋梁	낙월만옥량
猶疑見顏色	유의견안색
水深波浪闊	수심파랑활
無使蛟龍得	무사교룡득

이백을 꿈에 보고(첫째)

사별이라 여겨서 이미 울음소리 삼켰지만
생이별이라 하여도 항상 슬퍼하리.
강남은 풍토병 많은 땅인데
쫓겨 간 그대는 소식도 없어라
옛 친구 문득 내 꿈속으로 들어왔으니.
내가 오랫동안 보고 싶어 했음 알고 있네.
평소의 혼 아닐까 두렵지만
길이 너무 멀어 헤아리기 어렵네.
그대 혼 올 때에 단풍 숲 푸르렀는데
돌아갈 때 관문 요새 검게 보인다.
그대 지금 그물 속에 있을 터인데
어떻게 날개를 갖게 되었나.
저무는 달빛 들보에 가득하니
오히려 그대의 얼굴 보는 듯하네.
돌아갈 때 물은 깊고 파도 높으니
교룡에 잡히지 않도록 하시게.

주석

1) 呑聲(탄성) : 소리를 삼키다.

2) 惻惻(측측) : 슬퍼하는 모양을 말한다.

3) 瘴癘(장려) : 아열대의 습지대에서 발생하는 말라리아 따위의 전염병이다.

4) 逐客(축객) : 쫓겨난 나그네. 이백을 가리킨다. 건원(乾元) 원년(758년)에 지금의 귀주성(貴州省) 정안(正安) 서북에 해당하는 야랑(夜郎)으로 유배된다.

5) 羅網(나망) : 그물. 올가미. 두보가 이 시를 쓸 때 이백은 이미 방면되었으나, 두보는 그 사실을 몰랐기 때문에 그가 '그물(羅網)' 속에 있다고 표현한 것이다.

6) 關塞(관새) : 변경의 관소(關所)와 요새(要塞).

7) 無使(무사) : '無'는 '勿'과 같이 쓰여서 '~하도록 하지 마라'는 뜻이다.

8) 蛟龍(교룡) : 교룡. 9구의 "魂來楓林青"과 함께 굴원(屈原)과 관련된 전고를 사용하고 있다. 9구 '魂來楓林青'은 ≪초사(楚辭)·초혼(招魂)≫에서 굴원의 혼을 부르는 말을 응용한 것이다. 여기서 교룡은 양(梁) 오균(吳均)의 ≪속제해기(續齊諧記)≫에 보이는 전고를 활용하였다. 동한(東漢) 초에 어떤 사람이 장사(長沙)에서 자칭 굴원이라고 하는 사람을 반났는데, 그 사람이 말하기를 "나는 항상 내 제사를 아주 성대히 지내는 것을 보고 있습니다. 그러나 교룡 때문에 고생하고 있답니다(吾常見祭甚盛, 然爲蛟龍所苦.)"고 하였다 한다. 시에서 교룡에게 잡히지 말라고 한 말은 이 전고에서 비롯되었다.

해설

두보가 이백을 만난 것은 천보 3년(744년) 낙양에서였다. 그 뒤로 서로 직접 만난 적은 없지만, 두보는 이때 이백을 매우 사모했었다. 이백은 생전에 이미 시명(詩名)을 날린 시선(詩仙)이지만, 두보는 사후에야 알려져 시성(詩聖)이란 칭호를 듣는다. 그래서 이백이 두보를 언급한 시는 〈장난삼아 두보에게 주다(喜贈杜甫)〉* 한 수뿐이지만, 두보가 이백을 생각하는 시는 이 시를 포함하여 10여수나 된다. 두보가 이백을 보고 싶어 하는 마음은 이 시에도 그대로 표현되어 있다.

이백은 영왕(永王) 이린(李璘)의 반역죄에 연좌되어서 지덕(至德) 2년(757년) 심양(潯陽)에 투옥되어 있다가, 건원(乾元) 원년(758년)에 야랑(夜郎)으로 유배되는데, 이듬해(759년) 봄에 중도에 방면된다. 두보는 이때 화주(華州) 일대의 대 기근을 만나 벼슬을 그만두고, 식량을 구하러 가족과 함께 감숙성(甘肅省) 진주(秦州)에 가 있었으므로, 이백이 이때 이미 방면된 사실을 모르고 걱정하는 마음으로 이 시를 지었다. 전통사회에서의 중국인의 사고에는 어떤 사람의 꿈을 꾼다는 것은 꿈속의 사람이 꿈을 꾼 사람을 보고 싶어 찾아온 것이라는 생각이 있다. 우리와는 반대의 사고이다. 여기서 두보가 이백을 꿈꾼 것을 '친구가 내 꿈속으로 들어왔다'고 한 것은 바로 이러한 사고의 반영이다. 시의 전반적인 표현과 내용으로 보아서, 꿈을 꾸고 난 뒤의 두보는 이백이 이미 이 세상의 사람이 아닐 것으로 추정하고 있다. 두보가 이 시에서 굴원의 고사를 인용한 것은 이백 운명의 비극적인 색채를 드러냄과 동시에 그가 이백을 굴원에 비견할 정도로 높이 평가하고 있음을 표시한 것이다.

* 〈장난삼아 두보에게 주다(喜贈杜甫)〉 : 이 시는 〈반과산에서 두보를 만나다(飯顆山頭逢杜甫)〉라는 제목으로 되어 있기도 하다. 두보 사후 백여 년이 지난 당말(唐末) 희종(僖宗) 때 사람 맹계(孟棨)가 당대(唐代) 시인들의 일시(逸詩)를 모은 ≪본사시(本事詩)≫에는 시제도 없이 이 시가 적혀 있다.

飯顆山頭逢杜甫 반과산 기슭에서 두보를 만났는데
頭戴笠子日卓午 머리에는 삿갓 썼고 해는 높이 정오였다.
借問別來太瘦生 실례하여 묻노니, 헤어진 뒤 어찌 그리 말랐는가?
總爲從前作詩苦 모두가 이전에 시 짓느라 고생했기 때문이라네.

맹계보다 조금 뒤에 왕정보(王定保 : 870~954년)라는 사람 역시 당대 문인들의 일화를 모은 ≪당척언(唐摭言)≫(15권)이라는 책을 썼는데, 거기에는 첫 구가 "장안 언덕 앞에서 두보를 만나다(長安坡前逢杜甫)"로 되어 있고, 나머지는 같다. 이 시를 보아 두보는 시를 지을 때 시어의 단련과 시구의 표현에 매우 고심했음을 알 수 있다.

夢李白(其二) 몽이백(기이)

浮雲終日行	부운종일행
遊子久不至	유자구부지
三夜頻夢君	삼야빈몽군
情親見君意	정친견군의
告歸常局促	고귀상국촉
苦道來不易	고도래불이
江湖多風波	강호다풍파
舟楫恐失墜	주접공실추
出門搔白首	출문소백수
若負平生志	약부평생지
冠蓋滿京華	관개만경화
斯人獨憔悴	사인독초췌
孰云網恢恢	숙운망회회
將老身反累	장로신반루
千秋萬歲名	천추만세명
寂寞身後事	적막신후사

이백을 꿈에 보고(둘째)

뜬구름 종일토록 떠다녀도
나그네는 오래도록 안 오네.
사흘 밤 자주 그대를 꿈꾸었으니
정 깊은 그대 마음을 내 알겠네.
꿈에서 돌아갈 땐 늘 서두르는데,
오는 길이 쉽지 않음 힘들게 말하네.
돌아가는 강호에는 풍파 많으니
배와 노 잃을까 걱정이라 하네.
문을 나설 때 흰머리 긁적이는데
평소의 기개를 저버린 듯하네.
출세한 이들 장안에 가득한데
어찌하여 이 사람만 홀로이 초췌한지
하늘의 그물 성글어도 빠뜨리지 않는다 하더니만,
늘그막에 몸이 도리어 재앙에 걸렸네.
아무리 천추만세 이름을 남긴대도
몸이 죽은 후엔 적막하기 그지없겠네.

주석

1) 頻(빈) : '자주'라는 뜻이다.
2) 局促(국촉) : 바삐 서두르는 모습을 말한다.
3) 江湖(강호) : 강호. 세상.
4) 舟楫(주즙) : 배와 노. 배 전체를 말한다.
5) 冠蓋(관개) : 관리의 관과 수레. 직위가 높은 관리를 가리킨다.
6) 搔(손) : 손으로 긁다.

7) 京華(경화) : 경사(京師)의 화려함을 말한다. 장안을 가리킨다.

8) 負(부) : 저버리다. 어긋나다.

9) 憔悴(초췌) : 초췌하다. 불우한 상태에 있음을 암시하는 것으로 쓰였다.

10) 網恢恢(망회회) : '망(網)'은 '그물'이고 '회회(恢恢)'는 '넓고 넓다'는 뜻이다. 이 말은 ≪老子≫에 보이는 "하늘의 그물은 넓고 넓어서, 엉성하긴 하지만, 죄인을 놓치지는 않는다(天網恢恢, 疏而不失)"에서 나왔다. 이백은 죄가 없으면서도 화를 입었다는 뜻이다.

11) 累(누) : 밧줄. 밧줄에 묶이다.

해설

두보는 천보(天寶) 3년(744년), 때마침 장안의 궁정에서 추방되어 산동으로 향해 가고 있던 이백과 낙양에서 만났다. 이백의 천재적인 풍격을 사모하던 두보는 이백과 함께 지금의 하남성에 해당하는 양송(梁宋) 지방으로 유람을 떠났다. 여기서 이백 외에 시인 고적(高適), 잠참(岑參) 등과도 알게 되어 함께 술을 마시며 시를 지었다. 그해 겨울 이백과 헤어진 두보는 강남(江南)으로 향했고 그 후 두 사람은 다시 만나지는 못했다. 그러나 두보는 오랫동안 이백을 사모해서 종종 그를 꿈속에서 만나는 일도 있었는데 사흘 밤이나 계속해서 이백을 만나는 꿈을 꾼 후 지은 것이 바로 이 〈몽이백(夢李白)〉 2수(二首)이다. 이 시는 두 번째 시이다.

1~4구까지는 오랫동안 볼 수 없었던 이백을 꿈에 세 번이나 보게 되었다는 것을 말하고 있다. 이백이 자신에 대한 친근한 마음으로 세 번이나 자신의 꿈속으로 찾아왔다고 말하고 있다. 5~10구까지는 이백이 꿈속에서 돌아가는 모습과 그의 말을 인용한 것이다. 두보의 짧은 이 묘사를 통하여서 이백의 서두르는 모습과 힘들어 하는 목소리와, 그리고 의기소침한 뒷모습 등을 모두 생생하게 연상할 수 있다. 11~16구는 이백이 억울하게 죄도 없이 귀양 간다고 묘사하고 있다. 천추에 드러날

명성이지만, 죽고 나면 그가 알 수도 없을 것이니 무슨 소용인가 하고 한탄하고 있다.

첫 수에서는 사별로 시작하였다가 둘째 수에서는 죽은 뒤의 일(身後事)까지 언급하여, 수미(首尾)가 완정한 구조를 이루고 있다. 그래서 두 시는 곳곳에서 서로 호응관계를 이루고 있다. “쫓겨 간 그대는 소식도 없다(逐客無消息)”와 “나그네는 오래도록 오지 않는다(遊子久不至)”, “내가 오랫동안 보고 싶어 했음 알고 있네(明我長相憶)”와 “정 깊은 그대 마음을 난 알겠네(情親見君意)”, “그대 지금 그물 속에 있을 것이다(君今在羅網)”와 “누가 말했나, 그물은 성글어도 빠뜨리지 않는다(孰云網恢恢)”, “물은 깊고 파도 높으니, 교룡에 잡히지 않도록 하시게(水深波浪, 無使蛟龍得)”와 “돌아가는 강호에는 풍파 많으니, 배와 노 잃을까 걱정하네(江湖多風波, 舟楫恐失墜)” 등등이 그것이다. 또 첫 수는 처음 꾼 꿈을 이야기하면서 꿈꾼 내용이 사실인지 아닌지 다소 환상적인 분위기인 반면에, 둘째 수는 자주 꾼 꿈의 내용을 이야기하면서 현실과 다를 바 없이 매우 핍진하게 묘사하였다. 두 수로 이뤄진 〈夢李白〉 시는 이렇게 서로 호응하면서 긴밀하게 결합된 구조를 이루고 있어서, 예술적으로 하나이 완정한 시작품을 이루었다고 할 수 있다.

江村 강촌

淸江一曲抱村流	청강일곡포촌류
長夏江村事事幽	장하강촌사사유
自去自來梁上燕	자거자래량상연
相親相近水中鷗	상친상근수중구
老妻畫紙爲碁局	노처획지위기국
稚子敲針作釣鉤	치자고침작조구
多病所須唯藥物	다병소수유약물
微軀此外更何求	미구차외갱하구

강가의 마을

맑은 강 한 구비가 마을을 안고 흐르니
긴 여름 강마을엔 일마다 모두 그윽하다.
제 멋대로 왔다 제 멋대로 가는 것은 들보 위의 제비요
서로 친하고 서로 가까이 하는 것은 물 가운데 갈매기라.
늙은 아내는 종이에다 줄을 그어 바둑판을 만들고
어린 자식은 바늘 두들겨 낚시 바늘 만드네.
병이 많다 보니 필요한 것이라곤 오직 약물뿐인데
성치않은 몸이 이밖에 다시 뭣을 바라랴?

주석

1) 江村(강촌) : 강가의 마을. 두보는 성도(成都) 서쪽 금강(錦江) 곁에 초당을 짓고 짧은 시간 동안이나마 편안한 생활을 하였다. 이곳은 성도 밖 벽계방(碧溪坊) 백화담(百花潭)의 북쪽이요, 완화계(浣花溪)와 만리교(萬里橋)의 서쪽에 자리했다.
2) 淸江(청강) : 맑은 강. '淸江'은 완화계의 별명이기도 하다.
3) 事事幽(사사유) : 매사가 고요하다. 모든 일이 조용하다.
4) 梁上燕(양상연) : 들보 위의 제비. 들보 위에 제비가 집을 지었음을 말한다.
5) 水中鷗(수중구) : 강 가운데 갈매기.
6) 畵紙(획지) : 종이에 줄을 긋다. '畵'는 음이 두 개인데여기선 '劃'과 같은 뜻으로 쓰여서 '획'으로 읽어야 한다.
7) 碁局(기국) : 바둑판. '碁'는 '棋(기)'와 동자(同字)로서 '바둑'이란 뜻이고, '局'은 '판'이란 뜻이다.
8) 稚子(치자) : 어린 아이. '稚'는 원래 '어린 벼', '어리다'는 뜻이다.
9) 敲針(고침) : 바늘을 두드리다. '敲'는 '두드리다'는 뜻이고, '針'은 '바늘'이라는 뜻이다.
10) 釣鉤(조구) : 낚시 바늘. '釣'는 '낚시', 또는 '낚시하다'는 뜻이고, '鉤'는 '갈고랑이', 또는 '고리'를 뜻한다.
11) 須(수) : 여러 가지 뜻이 있으나, 여기서는 '바라다', '원하다'는 뜻이다.
12) 唯(유) : '오직'이라는 뜻이다.
13) 微軀(미구) : 미천한 몸. '微'는 '미천하다', '보잘 것 없다'는 뜻이고, '軀'는 '몸'을 뜻한다.
14) 更(갱) : 부사로 쓰이면 '갱'으로 읽어서 '다시', '새로이'라는 뜻이고, 동사로 쓰이면 '경'으로 읽어 '고치다', '바꾸다', '번갈다'는 뜻으로 쓰인다.

해설

건원(乾元) 2년 10월에 진주(秦州)를 떠나서 동곡(同谷)을 거쳐 12월에 성도(成都)에 도착한 두보 일가는 성도의 서쪽 교외에 위치한 완화계(浣花溪)의 초당사(草堂寺)에 묵었다. 초당사는 남조 송의 효무제 때 지어진 꽤 규모가 큰 절이었다. 그는 이 절에 묵으면서 이듬해 봄에 두제(杜濟)를 비롯한 여러 사람들의 도움을 받아 자기 집을 지었다. 그는 성 밖 서쪽 7리, 초당사에서 3리 정도 떨어진 곳에 있는 200년 묵었다는 녹나무(枏樹 : 남수) 아래 황무지를 물색하여 2~3개월에 걸쳐 초가집 한 채를 지었다. 이 집의 동쪽에는 완화계와 만리교(萬里橋)가, 남쪽에는 벽계방(碧溪坊) 백화담(百花潭)이 있었다. 두보는 친구들에게서 복숭아나무, 오리나무, 실내나무(綿竹) 등을 얻어 이 집에 심고, 이 집을 초당(草堂)이라고 불렀다. 또 이 때 두보가 살던 성도의 이웃 고을인 팽주(彭州)의 군수격인 자사(刺史)로는 두보와 친한 고적(高適)이 부임해 있었다. 두보로서는 이때가 비록 짧은 시간이긴 하지만, 생활상에서 한숨을 돌릴 수 있던 때였다.

1, 2구는 먼저 맑은 강 한 구비가 강가의 마을을 끼고 도는 그림 같은 모습을 읊었다. 그리고 3~6구는 둘째 구 말미에서 말한 "사사유(事事幽)", 곧 "일마다 모두 그윽한" 모습의 핵심을 그려내었다. 들보 위에서는 제비들이 들락날락 날고 있으며, 강물에서는 갈매기들이 서로 다정하게 짝지어 놀고 있다. 이런 때 이런 곳에서, 늙은 부인은 하도 심심해서 종이에 줄을 그어 바둑판을 만들고, 어린 아이들은 어미의 바늘을 두들겨 꼬부려서 낚시 바늘 만든다.

마지막 두 구는 두보의 무욕(無慾)과 자족심(自足心)을 읽을 수 있는 대목이다. 다병한 몸인지라 약물이 필요할 뿐, 그 외에는 아무 것도 바라는 것이 없다는 그 경지가 부럽기만 하다.

판본에 따라서는 일곱째 구는 "다만 친구가 있어 녹봉으로 제공되는 쌀이 있으니(但有故人供祿米)"로 되어 있는 것도 있다. "병이 많다 보니 필요한 것이라곤 오직 약물뿐이니, 보잘 것 없는 몸이 이밖에 다시 뭣을 바라랴?"가 좋은지, 아니면 "다만 친구가 있어 녹봉으로 제공되는 쌀이 있으니, 보잘 것 없는 몸이 이밖에 다시 뭣을 바라랴?"가 좋은지는 독자들이 판단할 일이다. 다만 그 어느 쪽이 되었던, 역시 두보라는 찬탄이 나온다.

상원(上元) 2년(761년) 12월 두보의 오랜 친구인 엄무(嚴武)가 성도윤(成都尹) 겸 검남절도사(劍南節度使)로 임명받는다. 성도윤은 지금의 시장격에 해당하고 검남절도사는 도지사 정도의 직위에 해당한다. 두보로서는 반갑기 그지없는 일이었다. 거기에다가 엄무가 도착하기 전 한달 동안에는 친구 고적(高適)이 그 직무를 대행하고 있었으므로, 두보는 오랜 친구인 고적과 엄무를 차례로 만나는 즐거움을 누릴 수 있었다.

그러나 그것도 잠시의 순간이었다. 762년 4월에 현종과 숙종이 차례로 서거하고, 대종(代宗)이 즉위한 7월에 조정에서는 엄무를 중앙으로 불러들였다. 엄무가 떠난 뒤 보응(寶應) 원년(762년) 7월, 성도에서는 성도소윤(成都小尹) 겸 검남병마사(劍南兵馬使) 서지도(徐知道)가 성도윤을 참칭하고 반란을 일으켰다. 두보는 면주(綿州)의 봉제역(奉齊驛)까지 엄무를 전송 나갔다가 반란군에 의해 길이 막혀 성도로 돌아올 수 없었다. 두보는 가족을 성도에 남겨 둔 채 면주를 떠나 동천절도사(東川節度使)의 소재지인 재주(梓州)로 가서 난을 피했다. 완화계에서 약 3년간 평온하게 정착하였던 두보의 생활에 다시 혼란과 방랑의 그림자가 다가온 것이다.

너무나 평화롭다. 그냥 시간이 멈춰버렸으면 좋겠다는 생각뿐이다. 〈강촌〉과 함께 초당에서의 두보의 평화로운 삶을 묘사한 시로 〈진정(進艇)〉이란 시를 한 수 더 들 수 있다.

南京久客耕南畝 남쪽 밭 경작하며 성도에서 나그네 된 지 오래 되었고
北望傷神坐北窗 북쪽 창에 앉아 고향을 바라보며 마음 아파하네.
晝引老妻乘小艇 낮이면 늙은 마누라 이끌고 작은 배를 타고
晴看稚子沐淸江 날 개이면 어린 아이들 맑은 물에서 목욕하는 것 본다.
俱飛蛺蝶元相逐 짝지어 나는 호랑나비는 원래부터 서로 뒤쫓았고

幷蔕芙蓉本自雙 꽃받침 나란히 한 연꽃도 본래부터 짝짝이라.
茗飮蔗漿携所有 집에 있는 차와 사탕수수 가지고 나와
瓷罌無謝玉爲缸 옹기에 담아 배에 오르니 왕공귀족에 뒤질 바 없네.

'進艇'은 '배를 띄우다'는 뜻이다. 시 제목을 우리말로 옮기면 '뱃놀이' 정도가 되겠다. 마지막 구에서 "玉爲缸"은 "옥으로 만든 항아리"라는 뜻인데, 왕공귀족(王公貴族)들의 생활을 암시한 말이다.

〈진정〉 시를 읽고 나면 〈강촌〉 시에 담긴 두보의 마음이 더욱 선명히 다가온다. "제 멋대로 왔다가 제 멋대로 가는 들보 위의 제비"도, "서로 친하고 서로 가까이 하는 물 가운데 갈매기"도 결국은 암수가 짝을 이루어 서로 희롱하며 노니는 모습이었나. 두보가 이상으로 여겼던 우주자연의 모습이란 이처럼 암수가 제 짝을 찾아 희롱하며 사는 것이었다. 그의 눈에는, 짝지어 나는 나비는 태초부터 저렇게 나는 것이고, 꽃받침 나란히 한 연꽃도 태초부터 짝을 지어 피는 것이라 보였던 것이다. 그러니 인간도 제 짝(가족)과 함께 있을 때가 가장 본래의 모습을 회복한 것이라 할 수 있다. 마누라는 종이에 줄을 그어 바둑판 만들고, 애들은 바늘 두들기어 낚시 고리 만드는 그런 모습, 시간이 나면 특별한 준비 없이 기왕에 집에 있는 간단한 다과를 준비하여 마누라와 함께 뱃놀이 하고, 날 개이면 애들이 맑은 물에서 벌거벗고 목욕하는 광경을 바라보며 살아 갈 수 있는 바로 그런 생활이 두보가 생각한 최상의 삶이요 이상적 삶이었음을 알 수 있다.

두보는 오래 동안 가족과 떨어져 지낸 경험이 있다. 가족과 떨어져 지내면서 겪는 외로움은 어쩌면 인간의 가장 근원적인 외로움일 것인데, 그는 이러한 외로움을 너무나 아프게 겪어 왔었다. 그가 시에서 묘사한 가족에 대한 사랑과 애착이 이면에는, 그가 시를 통해 표현하지 않았던 저간의 외로움과 고통이 배경이 되고 있음을 알아야 한다. 가족과 헤어져 외로워 보지 않았던 사람이라면 어쩌면 이 시에 담긴 두보의 마음을 진정으로 이해할 수 없을 지도 모르겠다.

두보의 초당생활처럼 평화롭게 살기는 애초에 그른 인생이다. 그렇게 평화롭게 살려면 우선 삶이 가난해지더라도 그것을 즐길 줄 알아야 하고, 아니면 하다못해 농사라도 짓는 자급자족형 경제생활이어야 한다. 남편도 마누라도 직장생활하지 말고, 자식들은 학교에도 보내지 말고 무식하게 만들어야 한다. 그리고 우리끼리만 재미있게 강가에서 배타고 목욕하며 살거나, 제비나 갈매기만 보고, 나비와 연꽃만 보고서도 외롭거나 심심해하질 않아야 한다. 그러나 이건 아무리 생각해도 불가능한 일이다. 지금 당장 TV 하나만 없애보아라, 온 세계에서 폭동이 일어날 것이다.

두보의 초당생활이 우리네 인생에 잠시라도 있었으면 좋겠지만, 아무래도 구두선(口頭禪)으로 그쳐야겠다. 평화로운 가족생활을 누리기엔 이 세상이 태초의 모습으로부터 너무 많이 변해버렸다.

絕句 절구

江碧鳥逾白　　강벽조유백
山靑花欲然　　산청화연란
今春看又過　　금춘간우과
何日是歸年　　하일시귀년

절구

강이 파라니 물새 더욱 하얗고
산이 푸르니 꽃은 불타듯하다.
이번 봄도 보는 중에 또 지나가니
어느 때가 돌아갈 해인지.

주석

1) 江(강) : 사천성(四川省) 성도(成都)에 있는 강으로 장강(長江)의 지류인 금강(錦江)이다.
2) 逾(유) : '더욱'이라는 뜻이다.
3) 欲然(욕연) : 불타는 듯하다. '然'은 '연(燃)'과 같다.

해설

이 시는 두보가 촉(蜀)에 들어와 지은 시로, 객지에서 생활하는 느낌을 서술하였다. 원래는 두 수의 연작시(連作詩)인데, 여기서 인용한 작품은 두 번째 작품이다.

1, 2구는 잘 그린 한 폭의 풍경화 같다. 눈 가까이 보이는 강에는 파란 물결이 넘실거리고, 하얀 날개를 드러낸 물새가 강 표면을 스치듯 날아간다. 멀리 보이는 산은 온 산이 푸르러서 그 푸르름이 뚝뚝 떨어질 듯한데, 산을 가득채운 붉은 꽃들은 마치 불이 타오르듯 화려하다. 파란 강물로써 물새의 하얀 날개를 돋보이게 하니, 파란색과 흰색이 서로의 빛깔을 비치게 하고, 산의 푸름으로 꽃의 붉음을 돋보이게 하니, 푸른색과 붉은색이 서로 아름다움을 다툰다. 첫 구의 "逾" 자는 강물의 파란색을 빌려서 물새의 하얀색을 남김없이 드러나게 하는 효과를 거두었고, 둘째 구의 "欲" 자는 꽃을 의인화하여서 그 꽃들에게 한들한들 흔들리는 듯한 자태를 부여하였다. 강과 산, 그리고 꽃과 새, 이 네 가지 경물에 그들에게만 고유의 선명한 색깔을 부여하였으니, 시를 읽는 사람의 눈과 마음이 즐거울 수밖에 없다.

그런데 시인의 뜻은 여기에 있는 게 아니다. 바로 이어서, 필세가 갑자기 바뀌더니, 시인은 강개하며 "금년 봄도 보는 중에 또 지나가니, 어느 날이 고향에 돌아갈 해인가!(今春看又過, 何日是歸年.)"하며 한바탕 크게 탄식한다. 여기서 "보는 중에 또 지나간다(看又過)"는 말에서 이 시가 지어진 시기가 늦은 봄과 초여름 사이였다는 것을 알 수 있다. 초여름으로 들어가기 직전 늦봄의 경치라 하여, 그 경물이 어찌 아름답게 보이지 않겠는가마는, 세월은 흘러가는데 고향으로 돌아갈 날을 기약할 수 없는 시인에게는 안타깝게도, 춘경을 완상할 마음을 일으키게 하기는커녕, 오히려 객지를 유전(流轉)하는 서글픈 감상(感傷)만 일으키게 한다. 필세의 대단한 전환이 아닐 수 없다.

이 시의 특징은 바로 즐거운 경치로써 시인의 슬픔을 묘사한 것이다. 시인은 봄경치의 아름다움을 극대화 하여서, 그것을 고향으로 돌아가고픈 시인의 간절한 마음과 대비시키는 방법으로 예술적 효과를 크게 제고하였다. 고요함을 묘사하기 위하여 소리(有聲)를 언급하고, 어두움을 부각시키기 위하여 밝은 빛을 등장시키듯이, 슬픔을 드러내기 위하여 즐거움을 먼저 묘사한 것이다. 역시 대시인의 필법이라 할만하다.

旅夜書懷 여야서회

細草微風岸	세초미풍안
危檣獨夜舟	위장독야주
星垂平野闊	성수평야활
月湧大江流	월용대강류
名豈文章著	명기문장저
官因老病休	관인노병휴
飄飄何所似	표표하소사
天地一沙鷗	천지일사구

여행하는 밤에 느낌을 쓰다.

가는 풀에 미풍이 이는 둔덕,
높은 돛대로 외로운 밤배.
별이 드리워 벌판은 광활하고,
달이 솟아도 장강은 흘러간다.
이름이 어찌 문장으로 드러났겠는가,
벼슬은 늙고 병들어서 그만두었다.
정처 없이 떠도는 모습 무엇과 같은가?
천지간에 홀로 나는 한 마리 갈매기려니.

주석

1) 書懷(서회) : '감회를 적다'라는 뜻이다.

2) 危檣(위장) : '높이 솟은 돛대'를 말한다.

3) 星垂(성수) : '별이 드리우다'라는 뜻이다.

4) 月湧(월용) : 달이 솟아오르다. 장강에 잠긴 달그림자가 물결 따라 출렁이는 모습을 말한다.

5) 大江(대강) : 장강(長江)을 가리킨다.

6) 官因老病休(관인노병휴) : 벼슬은 늙고 병들어서 그만두었다. 광덕(廣德) 2년(764년) 6월, 사천절도사(四川節度史) 엄무(嚴武)는 두보를 절도참모(節度參謀) 검교공부원외랑(檢校工部員外郞)으로 조정에 주청하였지만, 두보는 이듬해인 영태(永泰) 원년(765년) 3월 병을 이유로 관직을 떠났다. '因'은 판본에 따라 '應'이라 한 곳도 있다.

7) 飄飄(표표) : 이리저리 정처 없이 떠도는 모습을 말한다.

8) 何所似(하소사) : '무엇을 닮았는가?'라는 뜻이다.

9) 沙鷗(사구) : 갈매기.

해설

두보는 대종(大宗) 영진(永秦) 원년(765년)에 가족을 거느리고 성도(成都)의 초당(草堂)을 떠나, 배를 타고 동쪽으로 민강(岷江), 장강(長江)을 유랑하면서, 가주(嘉州), 융주(戎州), 유주(渝州), 충주(忠州)를 지나 운안(雲安)까지 왔다. 이 시는 아마도 그가 배를 타고 유주, 충주 일대를 지날 때 쓴 것일 것이다.

시의 전반은 "여행 중인 밤(旅夜)"의 정경을 묘사하였다. 1, 2구는 근경을 묘사했다. 산들바람이 불어 강 언덕 위의 가는 풀잎을 흔들고, 높은 돛대를 우뚝 세운 작은 배는 달밤에 외로이 머물고 있다. 당시 두보가 성도를 떠난 것은 어쩔 수 없는 상황이었다. 이해 정월에는, 그가 절도사참모(節度使參謀) 직무를 그만뒀고, 4월에는, 성도에서 몸을 의지한 좋은 친구 엄무(嚴武)가 죽었기 때문이다. 이렇게 쓸쓸하고 홀로되어 의지할 곳 없는 처지에 놓이자, 촉(蜀)을 떠나 동쪽으로 내려가기로 결심했다. 그래서 이 시는 하릴 없이 공허하게 경물만을 묘사한 것이 아니라, 경물에 감정을 기탁했다. 두보는 이러한 경물묘사를 통하여서 강 언덕의 가는 풀잎과 강 위의 외로운 배처럼 보잘 것 없고 쓸쓸한 자신의 정황과 느낌을 펼쳐내었다. 3, 4구는 "광활한 평야위로 별이 드리워 있고, 동으로 흐르는 장강위로 달이 용솟고 있는" 그러한 원경을 묘사했다. 이 두 구는 웅장하고 광대한 풍경을 짧은 몇 글자로 다 묘사히였디고 하여 이백의 〈도형문송별(渡荊門送別)〉시의 "산은 평야를 따라 끝이 나고, 강은 대지로 들어가며 흐른다(山隨平野盡, 江入大荒流.)"는 구와 함께 역대로 수많은 사람에게 징상 받아왔다. 사람들에 따라서는 이 시에 기탁된 두보의 뜻을 서로 달리 해석하기도 하지만, 분명한 것은 이 시는 시인이 만년에 정처 없이 떠돌아다니는 가운데 겪는 외롭고 애달픈 심정을 기탁한 것이라는 점이다. 실제로 시인이 광활한 평야와 웅대한 장강과 찬란한 별을 묘사한 것은 바로 그의 의지할 데 없는 외로운 모습과 고통스러워도 호소할 곳 없는 비참한 심정을 드러내기 위한 것이었다. 이렇게 즐거운 경물로써 슬픈 마음을 묘사하는 수법은 중국 고전작품 중에 자주 사용된다. 이를테면, ≪시경(詩經) · 소아(小雅) · 채미(采薇)≫의 "지난날 내가 떠날 때에 버드나무는 한들거렸네(昔我往矣, 楊柳依依.)"처럼 봄날의 밝고 아름다운 경물을 이용하여서 거꾸로 출정하는 병사의 암담하고 비통한 심정을 드러낸 것이 그것이다.

시의 후반은 "느낌을 쓴(書懷)" 것이다. 5, 6구에서는 "명성이 약간 있긴 하지만, 그것이 어찌 나의 문장이 좋았기 때문인가? 벼슬도 했지만, 늙고 병이 많아서 물러났다."고 말하고 있다. 이것은 반어(反語)적 표현으로서 그 뜻이 매우 함축적이다. 시인은 원래 원대한 정치 포부를 가지고 있었지만, 오랫동안 억눌려 있다 보니 그것을 펼쳐볼 수 없었고, 이로 인해 그의 명성은 문장에 의해 드러나게 되었다. 관리가 되어 뜻을 펼쳐보려던 그로서는 이것은 그가 실제로 소망하던 것이 아니었다. 두보는 이때 분명히 이미 늙고 병이 있었다. 그러나 그가 관직을 그만둔 것은 늙고 병들어서가 아니라, 정치적인 배척 때문이었다. 이 두 구는 시인의 마음속 불평(不平)을 드러낸 것으로서, 바로 정치적 좌절이 그가 평생 표박(漂泊)하고 고적하게 지내게 된 원인이라는 것을 보여주고 있다.

마지막 7, 8구에서는 자신의 지금의 모습에 대하여 자문자답하고 있다. 먼저 "정처 없이 떠도는 내 모습 그 무엇과 같은가?"하고 자문(自問)한 뒤에 바로 이어서 "천지간에 홀로 나는 한 마리 갈매기 같다."고 자답(自答)하였다. 시인은 눈앞의 경물로 자신을 비유하여 자신의 슬픈 마음을 펼쳐 내었다. 강물과 하늘은 광활한데, 한 마리 물새가 떠돌아다닌다. 사람도 물새처럼 여기저기 강호를 옮겨 다닌다.

7, 8구는 경물을 빌려 감정을 서술 한 것으로서, 의지할 곳 없이 떠돌아다니는 시인의 마음속 감상을 매우 적절하게 표현한 말이다.

왕부지(王夫之)는 ≪강재시화(姜齋詩話)≫에서 "정과 경은 비록 정은 마음에 있고 경은 외물에 있다는 구분이 있을지라도, 경이 정을 낳고, 정이 또한 경을 낳으니, 서로 그 집에 거한다(情景雖有在心在物之分, 而景生情, 情生景,……互藏其宅.)"고 하였다. '정경이 서로 그 집에 거한다.'는 것은, 즉 경(景)에 정(情)을 거하게 하고, 정(情)에 경(景)을 거하게 한다는 것이다. 두보의 시 ≪旅夜書懷≫는 중국고전시가 중에 정경(情景)이 상생(相生)하고, 서로 그 집을 겸하는 대표적인 실례의 하나라 할 수 있다.

登岳陽樓 등악양루

昔聞洞庭水	석문동정수
今上岳陽樓	금상악양루
吳楚東南坼	오초동남탁
乾坤日夜浮	건곤일야부
親朋無一字	친붕무일자
老病有孤舟	노병유고주
戎馬關山北	융마관산북
憑軒涕泗流	빙헌체사류

악양루에 올라

예전에 동정호를 들었지만,
오늘에야 악양루에 올랐다.
오와 초는 동남으로 터져 있고,
하늘과 땅은 밤낮으로 떠있다.
친척과 친구에겐 한 자 소식도 없고,
늙고 병든 몸엔 외로운 배만 있다.
전쟁이 관산 북쪽에서 계속 되려니,
난간에 기대어 눈물을 흘린다.

주석

1) 岳陽樓(악양루) : 파릉현(巴陵縣) 서문(西門) 곁, 곧 지금의 호남성(湖南省) 악양현(岳陽縣) 서쪽에 있는 누각으로 동정호(洞庭湖)를 굽어보고 있으며, 경색(景色)이 뛰어나다. 당 개원(開元) 4년에 악주자사(岳州刺史) 장열(張說)이 세웠다.

2) 吳楚東南坼(오초동남탁) : '吳楚'는 춘추전국시대의 나라 이름이다. 동정호의 동쪽이 오나라 영역이었고, 남쪽은 초나라 영역이었다. 동정호가 오와 초에 해당하던 땅을 동쪽과 남쪽에서 갈라놓았다는 뜻이다. '坼'은 '터지다', '갈라지다'의 뜻이다.

3) 乾坤日夜浮(건곤일야부) : 동정호가 광활하여 천지가 밤낮으로 거기에서 부동하는 것 같다는 뜻이다. '乾坤'은 '천지'라는 뜻이다.

4) 戎馬(융마) : 군마. 전쟁이 아직 끝나지 않았음을 상징한다. 두보가 이 시를 지은 대력(大曆) 3년(768년)에는 곽자의(郭子儀) 장군이 지금의 섬서성(陝西省) 건현(乾縣)에 해당하는 봉천(奉天)에서 5만의 군대를 이끌고 토번의 침범에 대비하고 있었다.

5) 憑軒(빙헌) : '憑'은 '기대다'는 뜻이고, '軒'은 '처마', '수레', '난간' 등의 뜻이 있는데, 여기서는 '난간'이란 뜻으로 쓰였다.

6) 涕泗(체사) : 눈물. '涕'는 눈에서 나오는 눈물, '泗'는 코에서 나오는 콧물을 말한다.

해설

이 시는 대력(大曆) 3年(768년) 늦겨울에 지은 것이다. 이 해는 시인의 나이가 57세인 때로, 그가 세상을 하직하기 2년 전이다. 이 시는 의경(意境)이 매우 넓고 웅장한데, 특히 3, 4구는 천고의 절창(絶唱)으로 평가된다.

1, 2구에서는 "예전에 동정호를 들었지만, 오늘에야 악양루에 오른다(昔聞洞庭水, 今上岳陽樓.)"고 한 말에 담긴 정서를 살펴볼 필요가 있다. 이 두 구는 표면상으로 보기에는, 시인이 몇 년 전에 다른 사람이 동정호의 명승에 대해 말하는 것을 듣기만 하다가, 오늘날 뜻밖에 악양루에 올라서 호수와 푸른 산이 어우러진 아름다운 경치를 직접 볼 수 있다는 뜻이다. 그래서 청(淸)의 구조오(仇兆鰲)는 ≪두시상주(杜詩詳注)≫에서 "昔聞"과 "今上"은 "(악양루에) 처음 오르는 것을 기뻐한 것이다(喜初登也)"고 하였다. 그러나 이 구절은 두보가 높은 곳에 올라서 아름다운 경치를 감상하는 그런 기쁨을 노래한 것이 아니다. 만약 즐거움의 감정이라면, 결구에서 "난간에 기대어 눈물을 흘린다(憑軒涕泗流)"와 같이 슬픔으로 끝을 맺을 수가 없다. 첫 두 구에는, 재능을 품고서도 때를 만나지 못했다고 생각하는 회재불우(懷才不遇)의 느낌과 만년의 표박하는 삶이 가져주는 외로움과 고단함, 그리고 오래 전에 이미 듣고서도 이제야 오르게 되었다는 회환의 감정 등이 복합적으로 결합된 우울한 정서라고 보아야 한다.

3, 4구에서 "오와 초는 동남으로 터졌고, 하늘과 땅은 밤낮으로 떠 있다(吳楚東南坼, 乾坤日夜浮.)"는 것은 끝없이 광활한 동정호가 지난날 오와 초에 해당하는 땅을 동쪽과 남쪽에서 갈라놓았다는 말이고, 일월성신은 그 모두가 전부 호수 위에 둥둥 떠 있는 것과 같다는 것이다. 단지 10개의 글자만 가지고, 광대무변(廣大無邊)한 동정호의 웅장한 이미지를 핍진하게 묘사하여 내었다. 악양루에서 바라본 동정호를 묘사한 대련(對聯) 가운데 이 3, 4구가 가장 절창(絶唱)이다. 이외에도 동정호를 묘사한 대련으로는 "물과 하늘이 한 색이요, 바람과 달은 끝이 없다(水天一色, 風月無邊.)", "두보의 건곤은 지금 보는 그대로요, 범공의 근심은 옛 사람의 마음이다(老杜乾坤今日眼, 范公憂樂古人心.)", "동남의 구름기운 형산으로 가고, 밤낮의 강물 소리 동정호로 내려간다(東南雲氣來衡岳, 日夜江聲下洞庭.)" 등이 있는데 모두 상상품(上上品)에 속한다.

5, 6구에서는 만년의 표박생활을 묘사하였다. 두보는 만년에 이미 "서남쪽 천지

간을 모두 떠돌아 다녔지만(漂泊西南天地間)", 그러나 여전히 정착할 곳이 한 곳도 없어서, "배를 집으로 삼을(以舟爲家)" 수밖에 없었다. 그래서 "친척과 친구에겐 한 자 소식도 없고, 늙고 병든 몸엔 외로운 배만 있다(親朋無一字, 老病有孤舟.)" 고 말하였다.

5, 6구에는 의지할 데 없이 떠돌아다니는 생활 가운데서도 여전히 나라와 시국을 걱정하는 마음을 묘사하였다. 두보는 당시의 정치 생활에서 불우하였고, 뜻을 이루지 못하였으나, 그의 포부를 포기하지는 않았다. 그러나 이제 아무 것도 이룬 것이 없다고 생각하니 지난날의 포부는 이제 모두 물거품이 되었음을 느끼게 된다.

그래서 7, 8구에서 마침내 "전쟁이 관산 북쪽에서 계속 되려 하니, 난간에 기대어 눈물을 흘린다(戎馬關山北, 憑軒涕泗流)"고 하였다. 눈으로 만 리 관산을 바라보고 있자니, 천하는 아직도 곳곳이 동요하여 어수선하다. 시인은 난간에 기대어 서서, 북으로 장안을 바라보니, 자기도 모르게 눈물이 줄줄 흐르니, 소리 내어 통곡한다.

청초(淸初) 황생(黃生)은 이 시를 논의한 적이 있는데 그 내용은 대략 다음과 같다. : "이 시의 앞 4구는 풍경을 묘사였는데, 매우 장엄하고 광대하게 묘사하였고, 5, 6구는 자신의 신세를 서술하였는데, 매우 처량하고 적막하게 묘사하였다. 시의 의경이 광활함에서 편협함으로 변하면서, 갑자기 큰 전변(轉變)이 일어났다. 이렇다 보니 7, 8구를 안배하기가 매우 어렵게 되었다. 그런데 생각지도 못하게, 시인은 필력을 다시 전환하여 '戎馬關山北'이란 5자를 써냈다. 이와 같은 기개는 3, 4구 두 구와 함께 자연계의 웅대한 기상을 묘사해 내어서, 아래와 위가 서로를 두드러지게 하며 어울리게 되었다. 이런 창조적 천재는 당연히 후인을 압도하여, 이후로 어느 누구도 다시는 악양루를 묘사하는 시를 감히 쓸 수 없었다." 황생의 이 말은 작시방법에서 두보의 시를 논한 것인데, 그는 두시의 의경을 그의 일종일수(一縱一收)하는 시필(詩筆)의 산물로 여기었고, 의경의 구조는 창작수법의 변환에서 온다고 말하고 있다. 이에 반하여 부경생(傅庚生)은 ≪당시감상사전(唐詩鑑賞辭典)≫에서 다음과 같이 말하고 있다. : "이 시는 그 의경(意境)이 넓고 웅혼한 것으로 사람에게 칭상되어 왔는데, 이 의경은 시인의 포부와 시인의 생활에서 비롯된 것이며, 또 그 당시 시대적 배경도 일정 부분 작용하였으리라 생각된다. 황생의 말은 근원을 따지는 말이 아니다. 시의 의경이란 시인의 생활과 사상이 응결되어서 이루어지는 것이지, 형식상의 조건을 기초로 이뤄지는 것이 아니다. 옛 사람들이 시의 창작을 논할 때 생활의 실천이라는 점에서 살펴보지 않으니, 당연히 원인과 결과를 뒤바꾸게 되었다." 두보가 그의 시에 구현한 웅혼한 의경이 황생의 말처럼 필법의 전변으로 이룰 수 있는지, 아니면 그를 비판한 부경생의 말처럼 시인의 생활실천에서 구현될 수 있는지는 실제 창작을 통해서 확인해 볼 일이다. 분명한 것은, "만 권의 책을 독파하고 나니, 쓰는 글마다 신이 깃든 것 같더라(讀書破萬卷, 下筆如有神.)"고 한 두보의 말처럼 그러한 웅혼한 의경은 많은 독서가 있은 연후에나 가능하리라 생각된다.

岑參
(잠참 : 약717~약770年)

잠참은 현종(玄宗) 개원(開元) 5년(717년) 하남(河南) 선주(仙州 : 지금의 하남 허창許昌 부근)에서 출생하였다. 그의 증조부와 백조부(伯祖父) 및 백부는 일찍이 재상을 지냈고, 조부는 대중대부(大中大夫)의 직을, 그리고 부친은 선주와 진주(晉州)에서 자사(刺史) 직을 두 번이나 역임하였던 명문 관료 집안이었다. 그러나 그는 부친이 세상을 떠나고 부터는 생활고에 시달려야 했다. 그의 전기는 ≪신·구당서(新·舊唐書)≫에도 보이지 않아 그의 생애에 관하여 자세히 고찰하기는 어려우나, 5세 때 글을 읽기 시작하여 9세에 이르러 글 짓는 법을 배우며 학문의 기초를 닦아 나갔다. 15세 때인 개원 19년에는 등봉현(登封縣) 숭산(嵩山) 아래의 초당(草堂)으로 이주하여 그의 형들과 함께 공명을 세워 몰락한 가문을 일으키겠다는 뜻을 두고 학문 연마에 더욱 매진하였다.

잠참은 5년간 숭산에 머물다가 20세가 되는 개원 24년(736년)부터 약 10년간은 벼슬을 구하고자 시도하게 된다. 그 당시의 권세가나 명망가들과의 교류를 위해 낙양과 장안을 드나들기도 한다. 잠참의 〈감구부서(感舊賦序)〉의 기록을 보면 그는 벼슬길을 오르기 위해 자신의 학식과 뜻을 담아 황제에서 상서를 하였으나, 뜻을 펼치지는 못하였다고 한다. 그 후 그는 아예 장안으로 이사하여 본격적으로 시인과 문사들과 광범위한 교류를 하게 된다. 그 때 변새시로 이름을 날렸던 왕창령(王昌齡), 왕지환(王之渙), 고적(高適) 등을 만나게 되고, 그들의 영향으로 잠참은 변방 지역을 동경하고 장차 유명한 변새시인으로 이름을 떨치게 된다.

잠참은 10년간 장안에 머물면서 중간에 두 번의 유람을 한다. 한 번은 천보 2년(743년) 황하를 건너고, 영락(永樂), 강주(絳州), 평양(平陽)을 지나 진주의 옛 집을 방문하고 다시 장안으로 돌아온다. 두 번째는 그 이듬해에 이루어지는데, 하삭(河朔) 일대를 1년간 두루 다니다 고도인 업성(鄴城), 한단(邯鄲) 일대를 유람하고 그 이듬해에 돌아온다. 두 번의 유람을 통해 잠참은 풍부한 견식과 넓은 시야를 얻게 되고, 또한 시가(詩歌) 풍격에도 '비장(悲壯)'한 색채를 가미하게 되어, 점차 시명(詩名)이 알려지기 시작한다.

천보 5년 30세 되는 해에 진사 시험에 합격하여 우내솔부병조참군(右內率府兵曹參軍)이라는 벼슬을 받으며 관직생활을 시작한다. 그는 자신의 포부를 펼칠 기회를 마련하기 위해 안서(安西)와 북정(北庭) 지방의 절도판관(節度判官)을 시작으로 무려 7년간 막료(幕僚)로서 두 차례 변경 생활에 몸담는다. 그는 과감하고도 추진력 있게 정치인으로서의 실력을 발휘하였는데 때로는 인재의 등용을 가로막고 있는 권문귀족(權門貴族)을 규탄하기도 하고, 때로는 지방군관(地方軍官)의 죄행(罪行)을 폭로하기도 하면서 강경한 자세로 일관하였다.

고병(高棅)은 ≪당시품휘(唐詩品彙)≫에서 〈등자은탑시(登慈恩塔詩)〉를 평하여 "웅혼하고 비장하여 백대에 뛰어나다(雄渾悲壯, 凌跨百代)"고 극구 찬미하였으며, 심덕잠(沈德潛)은 ≪당시별재(唐詩別裁)≫에서 고적의 시와 함께 "격함과 장엄함을 불러일으키는 시(起激壯之音)"라고 평하였는데, 이들은 모두 잠참의 시가 비장(悲壯)한 풍격을 갖추고 있는 것에 대하여 높은 평가를 내린 것이다.

당대 변새시(邊塞詩)로 이름을 떨쳤던 시인 중 잠참과 고적은 직접 종군하여 대량의 변새시를 남겼는데, 고적은 60여 수, 잠참은 70여 수의 변새시가 있어 이 두 사람을 병칭하여 '고잠(高岑)'이라고 하였다. ≪잠가주시집(岑嘉州詩集)≫에 실려 있는 잠참의 작품은 근체시와 고체시 400여 수임을 감안 한다면 그의 변새시는 큰 비중을 차지하고 있다.

그의 행적을 알아 볼 수 있는 기록으로는 그의 집안 가승(家乘)과 30세 이전의 경력을 서술한 자신의 작품 〈감구부(感舊賦)〉 및 대강의 중요활동을 개관할 수 있는 두확(杜確)의 〈잠참시집서(岑參詩集序)〉가 있을 뿐이다. 그리고 대종 대력 4년 53세로 세상을 마감한다.

行軍九日思長安故園 행군구일사장안고원

强欲登高去	강욕등고거
無人送酒來	무인송주래
遙憐故園菊	요련고원국
應傍戰場開	응방전장개

병영에서 중양절을 맞아 장안 고향동산을 그리며

억지로 높은 곳에 오르려 하나
술 보내오는 사람 아무도 없네.
멀리 고향 동산 국화가 가엽기만 한데
틀림없이 전장 곁에 피어 있으리니.

주석

1) 九日(구일) : 음력 9월 9일. 곧 중양절(重陽節)을 말한다.
2) 强欲(강욕) : '억지로 바라다', '억지로 하려고 하다'라는 뜻이다.
3) 登高(등고) : '높은 곳에 오르다'라는 뜻이다.

해설

시인은 전쟁이 아직 다하지 않은 때에 군중(軍中)에 머물고 있던 처지라 명절이 돌아오자 당연히 고향생각을 한 것이다. 중양절(重陽節)인지라 억지로라도 산에 올라가보려 하였으나, 술을 가져와 함께 등고할 벗조차 없는 곳이다. 고향 장안(長安)은 아직도 전쟁의 불길에 휩싸여 있다. 그 난리 통에도 고향 땅에서는 국화가 피고 있으리라 생각하니 그리움과 슬픔이 함께 깊어간다.

이 시의 원주(原注)에 "이때는 아직 장안을 수복하지 못하였다(時未收長安)"라고 하였다. 천보(天寶) 14년(755년) 안록산(安祿山)이 병란을 일으키고, 이듬해 장안을 함락한다. 지덕(至德) 2년(757년) 2월 숙종(肅宗)은 팽원(彭原)에서 봉상(鳳翔)으로 행군하였는데, 잠참은 이때 숙종을 수행하였다. 9월에 당(唐)의 군대가 장안을 수복하였으니, 이 시는 아마도 이해 중양절 봉상에서 지어졌을 것이다. 잠참은 원래 남양(南陽) 사람이나, 장안에서 오래 살았기때문에 그래서 장안을 '고향(故園)'이라고 불렀다.

당시 가운데 중양절을 노래한 시들이 적지 않다. 여타의 대부분 시들이 명절 때에 고향을 그리워하는 마음만 묘사한 것과는 달리, 잠참의 이 시는 혼란스러운 시국과 전쟁 가운데 있는 백성의 삶을 걱정한 것이 특징이다. 겉으로는 아주 소박하고 평이하게 보이지만, 자세히 음미해 보면 시상이 정교하고 정운(情韻)이 넘쳐서, 읽고 난 뒤에 여운이 오래 남게 만드는 가작(佳作)이라 할 수 있다.

첫 구절의 "登高" 두 글자는 제목에서의 "九日"과 꼭 들어맞다. 전통중국에서 홀수는 양수(陽數)이고, 짝수는 음수(陰數)이다. 양수 가운데 가장 큰 수가 '9'인데 9월 9일은 '9'자가 중복되었으니 '중양절(重陽節)'이라 한다. 오늘날에는 절기로 기억하는 사람도 거의 없지만, 중국의 전통사회에는 중양절이 아주 큰 명절이었다. 이날은 천지간에 양기(陽氣)가 넘쳐나는 날이라 많은 재액이 있다고 여겨, 재액을 피하는 풍속이 있었다. 왕유(王維)의 〈중양절에 산동의 형제를 생각하다(九月九日憶山東兄弟)〉는 시에서도 확인할 수 있지만, 중양절이 되면 온 가족이 높은 곳에 올라가 국화주를 마시고, 산수유 가지를 꺾어 머리에 꽂는 풍속이 있었다. 첫머리의 "强(억지로)"자는 혼란스런 전쟁 중에서도 중양절의 풍속을 따르고자 하는 시인의 서글픈 마음을 표현한 것이다.

두 번째 구절은 도연명의 전고(典故)를 응용하였다. ≪남사(南史)·은일전(隱逸

傳)≫에 따르면 "도연명이 어느 한번 중양절을 지내려고 하는데 마실 술이 없어서 집 주변의 국화꽃들 속에 홀로 오랫동안 울적하게 앉아 있었다. 후에 마침 왕홍(王弘)이 술을 가져와서야 비로소 취하도록 마시고 귀가하였다."고 한다. 여기에는 그러한 뜻을 거꾸로 사용하였다. 즉 자신은 억지로라도 풍습에 따라 높은 곳에 올라가 술을 마시고 싶지만, 혼란스런 전쟁 중이라 왕홍처럼 술을 가져와서 흥을 돋아줄 사람이 하나도 없다는 것이다. 이 구절은 앞 구절과의 맞물림이 자연스럽고 말을 하듯 명료하여서, 읽는 사람으로 하여금 전고를 응용하였다는 느낌을 받지 못하게 하니 전인들이 전고사용의 최고경지로 제기한 바, "전고사용을 사람이 깨닫지 못하도록 마치 가슴에서 나온 말처럼 하는(用事不使人覺, 若胸臆語.)" 경지에 이르렀다고 할 수 있다.

세 번째 구절에서의 첫 자 "요(遙)"는 자신이 고향과 멀리 떨어졌다는 사실을 말한 것일 뿐만 아니라, 고향에 대한 그리움의 절실함을 드러낸 것이다. 시인은 고향에 대한 그리움을 묘사하면서 평범하게 대충대충 적고 있지 않다. 그는 자신이 고향 장안의 국화를 그리워하고 사랑하고 있다는 것을 특별히 강조하였다. 세 번째 구는 "고향의 국화(故園菊)" 하나로써 전체 장안을 대신하게 하여 이미지가 분명하고 구체적이다. 게다가 이 구는 중양절의 풍속인 등고하여 술을 마신다는 1, 2구의 서술을 자연스럽게 이어받으면서, 앞에서 언급한 도연명 고사의 연상결과이기도 하면서, 시제(詩題)에서 언급한 "九日"과 "長安故園"이란 말에도 딱 부합하고 있다. 3구는 여기까지만 보면 그래도 아주 평범한 편이다. 평범하다 못해 진부하기까지 하다. 그런데도 이렇게 쓴 이유는 마지막 넷째 구가 등장하도록 압박을 가하기 위해서이다.

원래 고향의 국화와 관련하여서 상상할 수 있는 것은 여러 가지일 터인데도, 시인은 다른 것은 묘사하지 않고 단지 "틀림없이 전장 곁에 피었을 것이다(應傍戰場開)"라고만 쓰고 있다. 넷째 구의 이러한 상상은 시제에서 언급한 "行軍"이란 말과도 부합되어, 안록산의 난과 장안성의 함락이라는 두 가지 시대적 주제를 자연스럽게 묶어 준다. 그 묘사가 너무나 자연스럽고 새로워서, 이 구절을 읽다보면, "장안성에는 전쟁의 불길이 흩날리고, 거리에는 피를 흘리며 죽은 사람들로 가득한데, 그 가운데 무너져 내린 어느 담 벽 사이로 한 무더기 국화꽃만이 외롭게 피어 있는" 그런 장면을 연상시킨다. '그림이든 사진이든, 영화든, 그 어떠한 예술작품과 과학 장비도 시만큼 사람의 상상력을 자극시킬 수는 없다.'고 하는데, 바로 이 시의 4구와 같은 묘사를 가리켜 하는 말이라 여겨진다. 이 넷째 구는 이제 단순히 국화꽃을 안타까이 여기고 고향을 그리워하는 그런 차원을 넘어서서, 전란을 겪고 있는 백성들의 고통에 대한 근심과 미구에 다가올 평화에 대한 기대를 함축하고 있다. 비록 묘사는 수수하고 밋밋하게 보일지라도, 몇 번 읽다 보면 시에 담긴 시인의 주제의식과 예술적 경계가 어느 순간 일시에 눈앞에 전개되는 매우 뛰어난 작품이라 할 수 있다.

韋應物
(위응물 : 약737~약790年)

위응물은 현종(玄宗) 개원(開元) 25년(737년)에 출생한 것으로 짐작된다. 그가 출생하던 해는 맹호연(孟浩然)이 47세, 왕유(王維)와 이백(李白)이 37세, 두보(杜甫)가 26세, 그리고 잠참(岑參)이 23세였으니, 그야말로 당대시단에 뭇 별들이 찬란한 빛을 발하던 황금시기라 하겠다.

집안이 명문세가였던 위응물은 15세에 음보(蔭補)로 현종의 숙위(宿衛)가 되어 항상 현종의 측근에서 그를 모셨으며, 매년 봄과 여름에 현종이 여산(驪山)의 화청궁(華淸宮)으로 목욕하러 가면 그의 행차를 수행하여 따라가곤 하였다. 이때의 위응물은, 아직 나이가 어린 탓도 있었겠지만, 황제의 측근이라는 신분을 믿고서 방자하고 무뢰하기가 그지없었다.

위응물은 부인을 그리워하며 지은 19수의 도망시(悼亡詩) 가운데 〈상서(傷逝)〉의 내용으로 보아 결혼한 시기는 대략 그의 나이가 21세가 되는 숙종(肅宗) 지덕(至德) 2년(757년)에서 27세 사이일 것으로 추정할 수 있다. 그리고 22세 되는 해에 숙위의 신분으로 태학에 입학한다. 그는 이때만 하여도 여전히 혈기방장하며, 오만한 젊은이였다.

위응물은 약 27세 되던 해에 하남승(河南丞)으로 부임하나 2년 몇 달 만에 사직을 한다. 그만두게 된 직접적인 계기는 기병을 매질한 일로 하남윤(河南尹)에게 쟁

송당한 사건 때문이었던 듯하다. 그의 말처럼 "항상 졸박함과 강직함을 지키고자(拙直余恒守)" 하였던 성품으로는 사직만이 어쩌면 당연한 귀결이었을 것이다. 관직을 그만둔 위응물은 낙양성 동쪽에 있던 동덕정사(同德精寺)에서 몇 년간 요양하며 지낸다. 이후 약 38세가 되는 대종(代宗) 대력(大曆) 9년(774년) 겨울까지는 특별한 행적을 보이지 않고 있다가 장안으로 가서 경조부(京兆部)의 공조(功曹)로 임명받는다. 위응물 나이 약 40세 되는 해에 부인이 죽는다. 그는 부인이 죽은 뒤로 모두 19수의 도망시(悼亡詩)를 썼다.

위응물은 약 42세에 경조공조의 신분으로 고릉(高陵)현의 현령을 겸임하게 된다. 그리고 이듬해에 호현(鄠縣)의 현령이 되고 다시 6월에 역양현(櫟陽縣) 현령으로 전보발령을 받지만 위응물은 병을 핑계대고 부임을 사절했다. 이후 그의 나이 약 45세 되는 덕종(德宗) 건중(建中) 2년(781년)에 상서비부원외랑(尙書比部員外郎)으로 제수 받고 장안으로 간다. 그리고 저주자사(滁州刺史)로 갔다가 그만두고 남암사(南巖寺)에 거하며 이듬해 가을 강주자사(江州刺史)에 제수 받을 때까지 이곳에 머물렀다.

위응물은 약 51세가 되는 정원(貞元) 3年(787년)에 좌사랑중(左司郎中)으로 부름 받고, 그리고 다시 이듬해 늦가을 무렵에 소주자사(蘇州刺史)로 나간다. 정원 5年 저작랑(著作郎) 고황(顧況)이 소주를 방문한 일이 있었는데, 그는 원래 소주가 고향이며 시를 잘하였고 해학을 좋아하였다고 한다. 고황은 이비(李泌)가 죽었을 때 곡은 하지 않고 오히려 농언을 하다가 감찰관에 의해 탄핵당하여 요주사호(饒州司戶)로 폄적 당하는데, 폄적되어 가는 길에 소주를 찾은 것이었다. 위응물은 이때 군재(郡齋)에서 고황을 비롯한 여러 문사들을 초청하여 한바탕 잔치를 베푼 일이 있는데, 이때 소주에서 객거하고 있던 맹교(孟郊) 역시 이 자리에 참석하였다.

위응물은 정원 6年(790년)에 소주자사를 그만두지만 고향으로 돌아가지 않고 소주 서남쪽에 있는 영정정사(永定精寺)에 우거한다. 이후 그는 눈이 어두워지면서 시를 짓는 일을 점점 그만두게 된다. 이후 약 5년이 지난 그의 나이 약 59세인 정원 11年(795년) 이후의 행적은 전혀 알 수가 없다. 아마도 59세가 지난 몇 년 뒤에는 사망했을 것으로 추측된다.

현존하는 그의 시는 550여 수가 되는데, 그보다도 18년 연상인 유장경(劉長卿)의 시풍과 비슷하며, 이전의 왕유(王維), 맹호연(孟浩然)과도 비슷한 시풍을 간직하고 있다. 대체로 그의 시는 고결(高潔)하고 담백(淡白)하다는 평가를 받지만, 악부시, 고시의 형식을 빌려 백성의 애환을 그리거나 귀족들의 향락을 풍자한 시들도 많으며, 한적한 은사의 심정을 담담하고 산뜻한 필치로 묘사한 산수시와 전원시도 적지 않다.

滁州西澗 저주서간

獨憐幽草澗邊生　독련유초간변생
上有黃鸝深樹鳴　상유황리심수명
春潮帶雨晩來急　춘조대우만래급
野渡無人舟自横　야도무인주자횡

저주의 서쪽 계곡물

나 홀로 즐기노라, 그윽한 풀 개울가에 자라고,
그 위론 꾀꼬리가 무성한 나무에서 울고 있는 모습.
봄날의 조수가 비를 거느리고 저녁 이후로 시냇물 급해지고,
들판의 나루터엔 인적 없이 배만 혼자 가로 놓여 있네.

주석

1) 滁州(저주) : 지금의 안휘성(安徽省) 저현(滁縣)이다.
2) 西澗(서간) : '서쪽 시내'라는 뜻이다. '澗'은 '계곡물'을 의미한다.
3) 獨憐(독련) : '홀로 좋아하다'는 뜻이다. '憐'에는 '가련하다', '동정하다'는 뜻과 '사랑하다', '좋아하다'는 두 가지 뜻이 있는데, 여기서는 후자의 의미로 쓰였다.
4) 幽草(유초) : '인적이 드문 깊은 산중의 풀'을 말한다.
5) 澗邊(간변) : 계곡의 물가.
6) 黃鸝(황리) : 황앵(黃鶯)의 별칭으로 꾀꼬리를 가리킨다.

7) 深樹(심수) : 가지와 잎이 무성한 나무.

8) 春潮(춘조) : 봄날의 조수. 이 시에서는 계곡물이 봄날의 조수로 인해 크게 불어났음을 암시한다.

9) 晩來急(만래급) : 저녁 이후로 물살이 급해지다. '來'는 '~이래로', '晩來'는 '저녁 무렵 이후로'의 뜻이다.

10) 野渡(야도) : 들 나루터. 교외의 나루터. '渡'는 '나루터'라는 뜻이다.

11) 舟自橫(주자횡) : 배만 홀로 가로 놓여 있다. '自'는 '혼자'라는 뜻으로 쓰였다.

해설

이 시는 사경시(寫景詩)이다. 덕종(德宗) 건중(建中) 2年(781년), 시인이 저주자사(滁州刺史)로 부임했을 때 쓴 것이다. 서간(西澗)은 저현성(滁縣城)의 서쪽에 있는 곡천(谷川)을 지칭하며, 속칭(俗稱) 상마하(上馬河)라 한다.

시인은 이 시를 통해 저주의 서간을 노닐면서 감상한 봄날의 자연경물들과, 저녁이 되면서 조수의 물살이 급해진 들판 나루터 주변의 정경들을 마치 한 폭의 산수 수묵화라도 그리듯이 매우 담담하게 잘 묘사해 내었다. 그래서 이 시는 화공(畵工)에게 제화시(題畵詩)로 쓰이기도 하였다. 화공은 특히 마지막 시구 "野渡無人舟自橫"에서 묘사된 "無人"의 意境(의경)을 위해, 몇 마리의 참새들이 나룻배의 갈대풀 덮개의 안팎을 자유롭게 드나드는 모습으로 그 의(意)를 그려내었다.

이러한 제화시는 이외에도 여러 가지가 있다. 그림을 좋아하던 송의 휘종(徽宗) 황제가 한번은 "높고 낮은 산 속에 옛 사찰이 감춰져 있네(亂山藏古寺)"란 제화시를 내었다. 이때 일등으로 뽑힌 그림은 화면 어디를 둘러보아도 절의 모습은 찾아볼 수가 없었다. 그 대신 화면 가득한 숲 속에 조금만 길이 있고, 그 길로 한 중이 물동이에 물을 길어 올라가는 장면을 그렸다. 또 한 번은 "꽃을 밟고 돌아가니 말발굽이 향기롭네(踏花歸去馬蹄香)"을 제화시로 출제되었다. 말발굽에서 나는 향내를 아무도 그리지 못하고 있을 때 이때 한 화가가 그림을 제출하였는데, 그는 걸어가는 말의 꽁무니를 따라서 나비가 뒤쫓아 날아가며, 그 말발굽을 빙빙 돌고 있는 모습으로 그렸다. 나비가 말발굽의 향기를 꽃으로 알고 따라가는 것으로 표현한 것이다. 이외에도 "대나무 숲으로 둘러싸인 다리 곁엔 술을 파는 집이 있네(竹鎖橋邊賣酒家)"를 그릴 때 먼저 대나무 숲 위에 삐죽 솟은 깃발을 그린 뒤에 거기에 '酒'라는 글자를 써서 그 아래 술집이 있음을 나타낸 것이나. "온통 푸른 빛 가운데 붉은 한 개의 점"을 그릴 때 숲 속 저편 은은히 비치는 누각 위에서 한 소녀가 홀로 난간을 잡고 서 있는 모습을 그림으로써 붉은 한 개의 점을 그려낸 것도 역시 비슷한 수법이다. 또 구한말에 고종이 화가 허소치(許小癡)를 골탕 먹이려고 남녀가 사랑을 나누는 춘화도를 한 장 그려 바치게 한 적이 있는데, 허소치는 이때 깊은 산속 외딴 집 섬돌 위에 남녀의 신발이 각각 한 켤레씩 놓인 그림을 그리는 것으로 남녀의 춘화도를 대신한 것도 같은 예라 할 수 있다. 이들은 모두 동양화법 가운데 수묵으로 흰 달을 그리기 위하여 달만 남겨 놓고 나머지 부분을 채색하는 '홍운탁월법(烘雲托月法)'이라 할 수 있다. 시에서는 이러한 것을 가리켜 "말은 끝이 났어도 뜻은 끝나지 않았다(言有盡而意無窮)", 또는 "한 글자도 덧붙이지 않았으나, 풍류를 다 얻었다(不著一字, 盡得風流.)"라고 말하고 있다. 논자는 또 "봉우리는 끊어져 있고 구름은 이어져 있다(峰斷雲連)", 또는 "말은 끊겼지만, 뜻은 이어진다(辭斷意屬)"는 말로 이를 보충하기도 한다.

그러나 이 시가 단순히 산수자연에 대한 묘사에 그친 것인지, 아니면 시 속에 시인의 특별한 기탁(寄託)이 있었는지에 대해서는 종래로 적지 않은 논란이 있어 왔다. 시의 첫 두 구를 가리키며 기탁을 말하는 사람 가운데에는 '그윽한 풀(幽草)은 군자를 가리키고, 꾀꼬리(黃鸝)는 높은 곳에 거하는 귀족을 가리키니, 군자가 아래 있고, 소인배가 위에 있는 것을 풍자한 것이다.'라고 설명 하는 사람이 있기도 하다. 또 저녁이 되어 조수물이 들어오고, 거기에다 비가 내려 물살이 급해지기 시작하면, 나루터의 배는 사공과 행락객을 급히 실어 날아야 할 터인데, 오히려 이와 반대로 그냥 횅댕그렁하니 빈 배만이 혼자 가로 놓여 물살 따라 흔들리고 있다는 것은, 합당한 직위에서 합당한 일을 해야 할 사람이 제 능력을 제대로 발휘하지 못한 채 들판 나루터의 배처럼 그저 여기저기를 오락가락하기만 한 것을 부끄러워한 것이라는 해석이다. 이 시에 기탁이 있다고 주장하는 이들은, 시인이 이렇게 시를 통해서 군자와 소인배의 위치를 바꿔놓고, 재능 있는 인재가 제 일을 할 수 없음을 암시함으로써 시인 스스로가 이제 관리생활을 그만두고 전원으로 물러나고자 하는 뜻을 밝힌 것이라고 설명하기도 한다.

이 시에 이처럼 시인의 특별한 기탁이 있었는지의 여부는 시인 자신만이 알고 있겠으나, 실제 이 시에 시인의 특별한 뜻이 기탁되었다고 하더라도, 독자가 이 시를 이해하는 데에 그 기탁 사실여부를 꼭 확인할 필요가 없다. 그것은 단순히 자연경물만을 묘사한 것으로 보아도 이 작품은 흠잡을 데 없이 훌륭한 한편의 시이기 때문이다. 회화적인 필치로써 산수자연을 그려낸 이 시는 봄에 서쪽 시냇가에 놀러가서 감상한 풍경과 저녁 비 내리는 들판의 정경을 잔잔하게 묘사하고 있어서, 중국시의 고아하고 담백한 풍격을 한층 돋보이게 한 작품이라 할 수 있다. 산수와 자연을 읊은 시에는 이른바 '특별함'이 기탁되면 될수록 그만큼 산수와 자연의 멋과 맛이 특별하게 감해지기 마련이다.

山耕叟 산경수

蕭蕭垂白髮	소소수백발
默默詎知情	묵묵거지정
獨放寒林燒	독방한림소
多尋虎跡行	다심호적행
暮歸何處宿	모귀하처숙
來此空山耕	래차공산경

늙은 화전민

드문드문 성긴 백발 늘어뜨리고
묵묵하니 말없어도 진실로 그 마음 알겠네.
홀로 찬 수풀에다 불 놓으면서
여러 차례 호랑이 자취 찾아왔네.
저녁에 돌아온들 어디서 잠잘 것인가
이렇게 사람 없는 산에 와서 밭 갈고 있는 터에.

주석

1) 蕭蕭(소소) : 머리카락이 드문드문 성긴 모양을 말한다.
2) 詎(거) : '어찌', '적어도', '진실로' 등의 뜻이 있다.

해설

빈산에 와서 혼자 불 놓으며 밭 갈고 있다 하니 가족 없이 홀로 사는 외로운 늙은이임을 단번에 알아 챌 수 있다. 비록 말은 없지만, 저렇게 외로운 할아버지가 호랑이 자취 남아 있는 그 깊은 산중까지 몇 번이나 찾아 간 데에서 그 속내를 읽을 수가 있을 것 같다. 틀림없이 관리의 가렴주구(苛斂誅求)를 피하기 위해서이리라.

≪예기(禮記) · 단궁(檀弓)≫에 "가혹한 정치는 호랑이보다 사납다(苛政猛於虎)"는 공자의 말이 보인다. 공자가 한번은 태산을 지나다가 시아버지와 남편과 아들이 모두 호랑이에게 물려 죽은 여인을 만났는데, 공자는 이때 그녀에게 아직도 그곳을 떠나지 않는 이유를 물었다. 그 여인은 공자에게 '이곳에는 관리의 가혹한 다스림이 없기 때문에 아직 떠나지 않고 있습니다.'는 말을 하였다. 이 말을 들은 공자는 다시 제자들에게 "가혹한 정치는 호랑이보다 사납다"고 가르쳤다고 한다. 그러니 시인이 시에서 호랑이 자취를 언급한 것은 바로 관리의 가렴주구를 비판하고자 함이리라.

子規啼 자규제

高林滴露夏夜淸	고림적로하야청
南山子規啼一聲	남산자규제일성
隣家孀婦抱兒泣	린가상부포아읍
我獨展轉何時明	아독전전하시명

두견새 울음

높은 숲에서 이슬 떨어지니 여름밤 맑은데,
남산의 두견새 소리 내어 우는구나.
이웃집 과부는 애기 안고 흐느끼는데,
나 홀로 몸 뒤척이니 날은 언제쯤 밝을꼬.

주석

1) 子規(자규) : 두견(杜鵑), 또는 두우(杜宇)라고도 부른다.

2) 孀婦(상부) : '과부'라는 뜻이다.

3) 展轉(전전) : 전전반측(輾轉反側)의 준말로서, 잠을 이루지 못하고 몸을 뒤척이는 것을 의미한다.

해설

시의 첫 두 구에서는 남산의 두견새 우는 소리로 과부의 피맺힌 설움을 토해내고 있다. 그 피맺힌 설움은 이슬 떨어지는 소리까지 들리는 여름밤 공기를 타고서 멀리 메아리를 울리고 있다.

≪맹자(孟子) · 양혜왕(梁惠王)≫에서 천하의 의지할 곳 없는 '불쌍한 사람(窮民)'으로서 '환과고독(鰥寡孤獨)'을 들은 적이 있다. '환(鰥)'은 늙어서 마누라가 없는 홀아비'이요, '과(寡)'는 늙어서 영감이 없는 과부'요, '고(孤)'는 어려서 부모가 없는 고아'요, 그리고 '독(獨)'은 늙어서 자식이 없는 독거노인'이라고 각각 설명한 바가 있다.

시인은 천하의 궁민(窮民)인 과부가 혼자서 애기를 키우며 살아갈 일이 제 일처럼 염려되었기에 그래서 잠을 못 이루고 있는 것이다. 백성들의 아픔을 두루 살펴야 할 목민관의 자세를 지적한 것이니, 관리된 자는 특히 새겨들을 일이다.

"子規"는 두견새를 말하는데, 두견새의 이미지가 당초 농사의 상징이었다가, 기록자의 관점에 따라서 슬픈 울음의 상징으로 전변되고, 후일에는 시인들에 의하여 이루지 못한 사랑의 상징 내지는 봄이 가는 것을 아파하는 것의 상징(젊음이 가는 것을 아파하는 것의 상징) 등으로 고정화되고 있다. 그것은 두견새는 피를 토할 때까지 울어야 그 울음을 그친다는 전설에서 암시를 받아 비롯된 슬픈 이미지라 여겨진다.

"일지춘심을 자규야 알랴마는" 하는 시구의 뜻은, 나뭇가지 하나에 담긴 봄의 뜻, 곧 나뭇가지 하나에 꽃이 피었다가 지는 것, 이는 젊음이 가는 것이기도 하며, 젊음의 상징인 사랑이 가는 것이기도 하며, 님을 기다리다 자신의 젊음이 다 가버릴 것 같은 여인네의 안타까운 마음이기도 한데, 그 의미를 자규가 알지도 못할 터인데 자규는 왜 저리 슬피 우는고? 하는 뜻이다. 아무런 정이 없을 자규도 저렇게 피를 토하듯 울고 있는데, 정이 많은 우리 인간은 오히려 정 많음이 병폐가 되어 잠도 못 이루고 애태우고 있다는 것이다.

秋夜寄邱二十二員外 추야기구이십이원외

懷君屬秋夜　　회군속추야
散步詠涼天　　산보영량천
空山松子落　　공산송자락
幽人應未眠　　유인응미면

가을밤에 구원외에게 부치다

마침 가을밤에 그대를 그리워하며
산보하면서 서늘한 밤하늘 아래서 시를 읊조립니다.
텅 빈산에 솔방울 떨어지면
그윽한 그대도 틀림없이 잠 못 이루고 있겠죠.

주석

1) 秋夜寄邱二十二員外(추야기구이십이원외) : '秋夜'는 '가을밤', '寄'는 '부치다', '보내다'는 뜻이다. '邱'는 구단(邱丹)을 가리키고, '二十二'는 '배행(排行)', 곧 형제 자매간의 장유순서를 말한다. 한 가족 내에서 형제와 자매간의 장유순서를 나타내는 것을 '小排行'이라 하고, 한 가족뿐만 아니라, 송형제 송자매 등 6촌까지를 다 포괄하는 순서를 '大排行'이라 한다. 당대에는 주로 '大排行'을 이용하였는데, 이렇게 이름 대신 배항을 부르는 것은 상대에 대한 존칭이었다.

'邱二十二'는 구씨집안의 22번째 아들이라는 뜻이다. '員外'는 본래 정원 이외의 관직인 '員外郎'을 가리킨다.

2) 懷君(회군) : 그대를 그리워하다. '懷'는 명사로는 '가슴', '감정', '그리움' 등의 뜻으로 쓰이고, 동사로는 '(가슴에) 품다', '그리워하다' 등의 뜻으로 쓰인다. 여기서는 '그리워하다'는 뜻으로 쓰였다.
3) 屬秋夜(속추야) : '마침 가을밤을 만났다', '공교롭게도 가을밤이다.'는 뜻이다. '屬'은 '적봉(適逢)'의 뜻으로 '마침 ~을 만나다.'는 뜻이다.
4) 詠(영) : '시를 짓다', 산보하면서 구단을 생각하는 시를 짓는다는 뜻이다. '詠'을 '시를 읊조리다.'로 해석하기도 한다.
5) 松子(송자) : 솔방울.
6) 幽人(유인) : 은거한 사람. 구단(邱丹)을 가리킨다.
7) 應(응) : 부사로 쓰여 강한 추측을 의미하는데, 여기서는 '응당', '틀림없이'의 뜻으로 번역하여야 한다.

해설

이 시는 위응물이 소주자사(蘇州刺史)를 할 때 지은 것으로, 가을밤에 벗을 생각하며 느낀 감회를 읊은 시이다. 구원외는 이름이 단(丹), 소주(蘇州) 가흥(嘉興) 사람으로 제기현령(諸暨縣令), 창부원외랑(倉部員外郞) 등을 지냈는데, 그는 이때 臨平山(임평산)에 은거하며 도를 닦고 있었다. 위응물이 그와 수창한 시로는 이 시 말고도 〈송구원외환산(送邱員外還山)〉과 〈중송구이십이환임평산거(重送邱二十二還臨平山居)〉 등이 있다.

작자는 시간적 배경과 공간적 배경을 교묘하게 설정하여 친구에 대한 그리움이 매우 효과적으로 드러나도록 하였다. 시간적으로는 가을날의 저녁이고, 공간적으로는 싸늘한 밤공기 아래서 서성이고 있는 모습이다. 친구에 대한 그리움으로 잠을 못 이루고, 그래서 가을의 차가운 밤공기를 마시며 그 그리움을 시를 지어 전하고자 한 것이다. 시인은 이러한 시간 이러한 공간에서 혼자 산책을 하면서 지난날 친구와의 사귐을 되새기고 있었을 것이다. 그러면서 시인의 상상력은 이제 친구가 있는 산중으로 전개된다.

친구가 있는 그곳은 세속의 인간이라 전혀 없을 터이니, 바로 '텅 빈산(空山)'이요, 친구가 은거한 곳은 소나무로 울창하게 둘러싸여 있는 한적한 곳일 테니 '솔방울이 떨어지는(松子落)' 소리까지 들릴 것이다. 시인은 바로 그 솔방울 떨어지는 소리 때문에 친구가 잠 못 이룰 것으로 생각한다고 말하고 있지만, 시인의 진짜 속마음은 자신이 친구가 그리워 잠 못 이루고 산보하듯이, 친구도 지금쯤 내 생각하느라 잠 못 이루고 있을 것이라고 상상하는 것이다. '솔방울 떨어지는 소리'와 '친구가 잠을 못 이루고 있는 일'은 전혀 별개의 사건이지만, 시인은 이 둘을 '틀림없이(應)'라는 말로 연결시켰는데, 이것은 바로 시에서만 행해질 수 있는 비논리이고 비약이다. 대신에 내가 친구를 그리워하듯이 친구도 나를 그리워할 것이라고 상상하는 시인의 마음을 두 시구의 행간 사이에 감춰두었으니 절묘한 시적 함축이라 할 수 있다.

이 시는 특별히 무슨 강렬한 언어로 독자를 감동시키고 있는 것이 아니라, 매우 천근(淺近)하면서도 단순한 언어로써 시를 읽는 이로 하여금 끝없는 운미를 느끼도록 하고 있다. 시보화(施補華)는 일찍이 ≪현용설시(峴傭說詩)≫에서 이 시를 가리켜 "맑고 그윽한 맛이 왕유에 뒤지지 아니하니, 5언절구 가운데 참된 법안이다(淸幽不減摩詰, 皆五絶中之正法眼藏也.)"고 칭상한 바 있다. 독자들이 이 시를 읽고 느끼는 미적 쾌감의 근원은 바로 이 시의 가장 큰 특징인 '고아한담(高雅閑淡)'한 풍격에서 비롯된다고 하겠다.

세상을 등진 은자가 스스로 될 수 없음을 바라면, 차라리 그런 은자라도 친구로 둘 일이다. 시를 다 읽고 나서 다시 한 번 뒤돌아본다. 이 가을 밤 진정으로 그리워서 나를 잠 못 이루게 한 친구가 한 사람이라도 있는지? 살아갈 날이 어쩌면 살아온 날보다 더 길 터인데, 지금이라도 새 친구를 사귀어야 할 판이다.

친구를 가리키는 속담으로 영어에 이런 말이 있다고 한다. "He is my old

shoes." 오래된 구두처럼 제 발에 맞는 것이 또 있을까? 어느 때 어느 곳에서도 오래 신은 구두는 내 발에 편히 들어온다. 술에 취해 정신이 맑지 않을 때 신어도, 그 신발은 나를 거역한 적이 없다. 새 신발처럼 억지로 맞춰 신을 필요가 없지 않은가? 오래된 신발처럼 편안하면서도 시에서 언급된 그런 '그윽한 사람(幽人)'이 친구로 있다면, 우리 인생은 배나 행복해 질 것이다.

孟郊
(맹교 : 751~814年)

맹교는 자가 동야(東野)로 호주(湖州) 무강(武康) 사람이다. 당 현종(玄宗) 천보(天寶) 10년(751년)에 태어나서 헌종(憲宗) 원화(元和) 9년 64세 일기로 세상을 떠났다. 유년 시절의 맹교는 부친 맹정분(孟庭玢)의 관직이 낮아 빈궁한 생활을 하였고, 성인이 되어 결혼 한 후 아내가 일찍 죽자 다시 아내를 맞이하는데, 아들 셋을 두었으나 모두 요절한다. 이렇듯 맹교는 자신을 '빈맹(貧孟)', '궁로(窮老)', '병수(病叟)'라 자평하였듯이 가정적으로 불행한 삶을 살았다. ≪신당서(新唐書) · 본전(本傳)≫에서 그의 성격을 두고 "성품이 강직하여 잘 어울리지 못한다(性耿介, 少諧合.)"라고 말한 바 있다.

맹교 나이 30세 까지의 행적은 별로 알려지지 않았는데, ≪신 · 구당서(新 · 舊唐書)≫에는 젊은 시절 숭산(嵩山)에 은거하여 처사생활을 하였다고만 기록되어 있다. 그는 한유(韓愈)보다 나이가 10여 세 더 많으며, 덕종(德宗) 정원(貞元) 7년(791년) 겨울 장안에서 진사 시험에 함께 응시하면서 알게 되었다. 한유는 맹교를 여러 가지로 도와주었으며, 〈답양자서(答楊子書)〉시에서는 "친구 가운데 존경하고 믿을 사람은 평창의 맹교다(友朋之中所敬信者, 平昌孟東野.)"라고 하였고, '망형지교(忘形之交)'를 맺었다. 이런 두 사람의 우정은 맹교가 죽을 때 까지 23년 동안 변치 않았다고 한다.

맹교는 41세 때 장안으로 가서 처음 진사 시험에 참가하였으나 낙제 하였고, 49세 까지는 주로 과거에 응시하여 벼슬을 구한다. 그러나 수차 낙방하고 좌절하여 회재불우한 감상이 더해졌고, 신세 한탄을 더한 시기였다. 이때부터 현실의 불우함에 비분을 느낀 나머지 고통스런 감정을 표현하기 위해 고음(苦吟)을 시작했다. 그는 46세 되는 정원 12년에 다시 시험에 응시하여 비로소 급제하였다. 그러나 어렵게 급제하였으나 관직은 얻지 못하고 여전히 각지를 떠돌며 빈한한 생활을 보냈다.

맹교는 원래부터 세속과 타협할 줄 모르는 성격이었고, 시를 지을 때에도 한 구절 한 구절 다듬고 고음하는 사람이었다. 그는 괴로운 체험을 통하여 현실을 직시한 후 이것을 다시 시로 노래했는데, 언제나 최고의 표현을 찾기에 부심하였다.

하층관료를 지내며, 가난하고 병약했던 맹교는 필생의 업적으로 시작(詩作)에 전념하였나. 그에게 있어서 시라는 것은 교양이나 장식품이 아니라, 삶의 의의를 부여하는 천직과 같은 것으로서 자신의 쓰라린 일생과 사회의 모순을 담고자 하였다. 그는 〈직부사(織婦辭)〉, 〈한지백성음(寒地百姓吟)〉 등의 시에서 "부호들은 호화스런 저택에서 밤을 새워 술과 음식으로 배부른데, 가난한 자들은 나방이 되어 고당(高堂)의 화촉(華燭)에 불타고 싶어 한다."고 노래하고 있다. 이러한 시들은 수사적인 문체에서 벗어나 진솔한 감정을 담으려고 하였고, 시의 어구도 종래에 볼 수 없을 정도로 구어(口語)에 접근해 있다.

遊子吟 유자음

慈母手中線	자모수중선
遊子身上衣	유자신상의
臨行密密縫	임행밀밀봉
意恐遲遲歸	의공지지귀
誰言寸草心	수언촌초심
報得三春暉	보득삼춘휘

나그네의 노래

자애로우신 어머니 수중의 바늘 실이,
바로 길 떠나는 아들이 몸에 걸칠 옷을 만들었지.
떠날 때 촘촘히 기우시는 것은,
늦게 늦게 돌아올까 걱정하신 때문이라.
뉘가 말 하리오, 한 치 풀 같이 미약한 효심으로,
봄날의 따사로운 빛 같은 어머니의 마음을 보답할 수 있다고.

주석

1) 遊子吟(유자음) : '遊子'란 '나그네'란 뜻이고, '吟'은 노래라는 뜻이다. 시의 제목에 '가(歌)', '곡(曲)', '행(行)', '인(引)', '음(吟)' 등이 있는 것은 모두 노래라는 뜻이다. 원래 노래로 불려지던 것을 시의 제목으로 삼은 것인데, 이런 시를 악부시라고 부른다. '악부'라는 말은 한 무제 때 음악을 관장하던 기관으로서 악부를 세운 데서 비롯한 것이다.

2) 慈母手中線(자모수중선) : '자애로운 어머니의 손 가운데 있는 실', 곧 '어머니가 바느질 하시는 실'을 의미한다.

3) 臨行(임행) : 떠날 때를 임하여. '臨'이란 '~를 함에 임하여', '~를 할 때에'를 뜻한다.

4) 密密縫(밀밀봉) : 매우 조밀하게 꿰매다.

5) 意恐(의공) : 마음속으로 두려워하다.

6) 遲遲歸(지지귀) : 매우 늦게 돌아오다.

7) 誰言(수언) : 누가 말할 수 있겠는가?

8) 寸草心(촌초심) : '寸'은 길이의 단위로 한 치. '寸草心'은 '한 치 길이 정도의 작고 미약한 풀과 같은 마음'이란 말인데, 여기서는 '어머니의 사랑에 비하면 자식의 효심은 매우 보잘 것 없다'는 것을 비유하는 말로 쓰였다.

9) 報得(보득) : 보답할 수 있다. '得'은 동사 앞, 또는 동사 뒤에 쓰여 그 동사의 가능을 표시하기도 한다.

10) 三春暉(삼춘휘) : '봄날의 햇빛'을 말하며, 어머니의 사랑을 봄날이 널고 고루 비추는 햇빛에 비유한다. '三春'은 봄날 삼 개월. 三을 뜻 없는 허수(虛數)로 풀이하기도 한다.

해설

〈유자음〉은 악부의 제목이다. ≪악부시집(樂府詩集)≫에서 잡곡(雜曲)에 넣은 이 곡은, 그 내용이 대부분 집을 떠난 나그네를 노래하고 있다. 한(漢) 소무(蘇武)의 시에 "다행히 거문고 노래 있으니 나의 마음을 비유할 수 있겠네. 청컨대 〈유자음〉을 연주코자하니, 그 곡조 맑고 맑아 어찌 이리도 슬픈가(幸有絃歌曲, 可以喩中懷. 請爲遊子吟, 泠泠一何悲.)"라고 하였으니, 〈유자음〉은 한나라 때에도 있었다.

이 시는 시인이 율양현위(溧陽縣尉)로 부임했을 때 지은 것으로, 시인 자신이 "어머니를 율수 가에서 맞이하면서 지었다(迎母溧上作)"라고 자주(自註)하였다. 어머니 사랑의 위대함을 노래한 것으로 천고에 전해지며 애창되는 명편이다. 아들이 집을 떠나 멀리 가게 되었을 때, 어머니는 그 아들의 돌아옴이 혹 많이 지체될까 염려하여 떠나기 전에 옷을 더욱 조밀하게 바느질하신다. 그런 어머니의 마음에 비한다면 아들의 효심이란 기껏해야 봄날의 햇빛을 받는 한 치 길이의 풀자락에 지나지 않는 것이라 하였다.

아들의 효심과 어머니의 사랑을 촌초심(寸草心)과 삼춘휘(三春輝)로 비유한 것이 매우 돋보인다. 어머니의 사랑에 보답하고자 하는 아들의 마음이란 것도 결국은 봄날의 온화한 햇빛을 받아야만 자랄 수 있는 풀 한 포기에 지나지 않는다는 것이다. 한 포기 풀이 어떻게 봄날의 햇빛에 보답하겠는가? 도대체가 아들로서는 어머니에게 보답하려고 하여도 보답할 수가 없다는 것이다.

薛濤
(설도 : 약763~832年)

설도는 자가 홍도(洪度 : 또는 굉도宏度라고도 한다)이고 대략 대력(大曆) 연간(763~770년 사이)에 장안에서 태어났으며, 당대 저명한 여류시인이다. 그녀의 생졸 연대는 불분명한데, 출생 연도만 하여도 761년, 763년, 768년 등으로 여러 가지 추측이 있다. 또 그녀가 누린 나이도 47세, 48세, 63세, 64세, 72세, 73세, 75세, 80세 전후 등으로 역시 일정하지 않다.

설도는 어려서부터 총명하였고 8, 9세에 이미 시를 지을 줄 알았다. 유년 시절 부모를 따라 이곳저곳으로 옮겨 다니다 성도(成都)에 오게 되었고, 아버지가 죽자 기생으로 전락했다. 관기(官妓)로 기녀 생활을 했던 그녀는 다재다능함과 뛰어난 미모로 관리들과 문인들 사이에 널리 이름을 떨쳤으며, 그들과 교우를 통해 상당수의 시와 문을 남겼다. 위고(韋皐)가 검남(劍南), 사천(四川) 절도사일 때 그의 막부를 출입하였다. 위고가 이런 그녀를 '여교서(女校書)'라 칭하며 조정에 교서랑(校書郎)으로 수정하려고 한 적이 있어서, 이후로 촉(蜀) 지방에서는 기녀를 교서(校書)라 부르기도 하였다.

그녀는 당시의 저명한 시인인 원진(元稹), 백거이(白居易), 장적(張籍), 왕건(王建), 유우석(劉禹錫), 두목(杜牧), 장호(張祜) 등과 시를 주고받으며 교류한 적이 있다. 만년에는 성도 근교의 완화계(浣花溪) 곁에서 거하였는데, 벽계방(碧鷄坊)에 음시루(吟詩樓)를 짓고 도사로 자처하며 은거하고 지냈다. 송화지(松花紙)라는 종이와 분홍색의 작은 편지지를 만들었는데, 당시에는 이를 '설도전(薛濤箋)'이라 불렀다. 대화(大和) 6년(832년)경 60세가량의 나이로 세상을 떴다. 왕건(王建)이 〈기촉중설교서(寄蜀中薛校書)〉에서 그녀의 만년 생활을 "만리교 곁의 여교서랑은, 비파꽃 속에서 문 닫고 지내네. 눈썹 화장한 재자가인 그 얼마나 될까마는, 봄날에 한껏 멋 부려도 모두 그녀만 못하네(萬里橋邊女校書, 枇杷花裏閉門居. 掃眉才子知多少, 管領春風總不如.)"라고 묘사한 바 있다.

≪전당시(全唐詩)≫에는 그녀의 시 89수가 수록되어 있다. 그녀의 시는 맑고 아름다운 시어로 뛰어날 뿐만 아니라, 한가한 가운데서도 간간이 시절을 걱정하며 세상을 일깨우는 뜻을 담고 있기도 하여, 일정한 정도의 의미가 있다. 여러 시체 가운데 7언절구가 특히 뛰어난데, 명(明)의 양신(楊愼)이 그녀의 시를 크게 평가한 적이 있다.

秋泉 추천

泠色初澄一帶煙　　령색초징일대연
幽聲遙瀉十絲弦　　유성요사십사현
長來枕上牽情思　　장래침상견정사
不使愁人半夜眠　　불사수인반야면

가을 샘

서늘한 기운 한 줄기 안개를 막 맑게 하니
그윽한 소리가 아득히 열 줄 현에서 쏟아 나온다.
언제나 베갯머리 위로 그리움을 끌고 오니
수심에 찬 사람을 한밤에도 잠 못 들게 한다.

주석

1) 秋泉(추천) : 가을 샘. 시제(詩題)에서는 '샘(泉)'이라고는 했지만, 실제로는 절벽에서 떨어지는 폭포수를 가리킨다. 첫 구의 '泠(령)' 자에서 그것을 짐작할 수 있다.

2) 泠色(령색) : 푸른 색 계통의 색을 말하는데, 여기서는 '서늘한 기운'을 말한다. 명본(明本)≪설도시(薛濤詩)≫에서는 '冷(랭)'이라 하였는데, 여기서는 ≪전당시(全唐詩)≫를 근거로 '泠'으로 고쳤다. 라함(羅含)의 ≪상중기(湘中記)≫에 "형산에는 절벽에서 흘러내리는 샘이 있는데, 소리가 청량한 것이 현악기 소리 같다 (衡山有懸泉, 聲泠泠如弦音.)"는 기록이 보인다. '泠泠'은 '소리가 맑고

은은하다.'는 것을 묘사한 말로서, 절벽에서 떨어지는 샘물소리의 청량함이 마치 현악기 소리 같다는 것이다. 이 시구에서 '冷色'은 절벽에 걸린 폭포의 모습을 묘사한 것이라 할 수 있다.

3) 一帶煙(일대연) : 한 줄기 안개. 절벽에서 흘러내리는 물줄기가 물보라를 일으켜서 마치 한 줄기의 운무(雲霧)를 만든 듯한 모습을 형용한 말이다.

4) 十絲弦(십사현) : 10줄의 현(絃)을 말한다.

해설

절벽에서 떨어지는 가을저녁의 폭포소리에 자신의 외롭고 쓸쓸한 심경을 회화적으로 표현한 시이다.

설도는 이 시에서 '천(泉)' 자를 한 번도 사용하지 않았는데, 그것은 시 제목에 쓰인 글자와의 중복을 피하기 위한 것이다. 이것은 설도의 영물시(詠物詩)에 보이는 용자(用字) 상의 특징 가운데 하나라 할 수 있다.

첫 두 구절은 절벽에서 떨어지는 가을 샘물을 묘사한 것으로 시 속에 소리(聲)도 있고 경물(色)도 있다고 말할 수 있다. 폭포가 쏟아져 내리면서 일으키는 물안개가 수면위에 널리 퍼지는 것이 운무(雲霧) 같고, 그 샘물소리가 멈추지 않는 것은 거문고 소리 같아서, 수심에 잠긴 사람이 들으면 그리움과 이별을 한탄하는 노래처럼 느껴진다.

뒤의 두 구절은, 고요한 밤 수심에 잠겨있는 사람은 안 그래도 잠들기 힘든데 멀리서 들려오는 오열하는 듯한 폭포수 소리 때문에 마음의 갈피를 더욱 못 잡는다는 것을 말하고 있다.

이 시는 '秋泉'이란 시제로 가을의 폭포수 소리를 묘사한 것이긴 하지만, 수심에 잠긴 사람이 듣기엔 그 소리는 온통 원망이요, 그리움뿐인지라, 듣는 사람으로 하여금 마음속으로 온갖 상념을 일으켜 전전반측하게 하며, 밤새 잠을 못 이루게 한다는 것이다. 바로 이것이 시인이 묘사하려고 한 주제이다. 시가 비록 매우 짧기는 하지만, 이 시는 한 폭의 가을밤 차가운 폭포수를 묘사한 그림 같기도 하고, 또 쓸쓸한 가을음악 같기도 하여서, 이 그림과 음악을 한번 보거나 듣고 나면, 사람으로 하여금 절대 잊을 수 없게 만든다.

張籍
(장적 : 768~약830年)

장적의 자는 문창(文昌)이고, 소주(蘇州)의 오군(吳郡)사람이다. 출생연도가 불확실 하나 대략 대종(代宗) 대력(大曆) 초(768년쯤)에 태어나 문종(文宗) 대화(大和) 초(830년쯤)에 세상을 떠났다. 장적은 어려서부터 시와 문을 잘 지어 맹교(孟郊)로부터 칭찬을 받았으며, 그에 의해 한유(韓愈)에게 추천되었다. 한유는 이때 변주(汴州)의 동진(董晋)의 막부에서 판관으로 있었는데, 장적도 마침 변주에 있었다. 한유는 장적을 초청하여 그를 만나서 "가슴을 열고 그의 말을 들었다(開懷聽其說)"고 한다. 후에 한유가 주관하는 진사시험에 응하였다가 선발되어, 바로 헌종(憲宗) 원화(元和) 15년(820년)에 진사급제(進士及第)에 오른다. 진사급제한 후 태상사태축(太常寺太祝)이나 비서랑(秘書郎) 같은 미관말직에 오랫동안 종사하다가, 장경(長慶) 초년에 국자좨주(國子祭酒)로 있는 한유의 추천으로 겨우 국자박사(國子博士)가 되었다. 그후 관운이 따라 수부원외랑(水部員外郎)으로 승임하는데, 이때는 그의 나이 이미 50세였다. 그 후에 주객랑중(主客郎中)으로 옮겼고, 마지막으로 국자감사업(國子監司業)을 역임하였다. 그 연유로 장적은 후인들에게 '장수부(張水部)', 또는 징사업(張司業)'이라 불리었다.

장적은 백거이(白居易)와 더불어 두보의 현실주의 전통을 계승하였다. 장적시 가운데 특히 당시의 사회생활을 반영한 악부시(樂府詩)에서 그가 두보시의 영향을 많이 받았다는 사실을 확인할 수 있다. 장적이 두보시의 현실주의 전통을 계승하긴 했으나 장적 스스로 나름대로의 시풍을 수립한 부분도 있다. 백거이는 그의 악부시를 극히 추숭(推崇)하여서 〈장적의 고악부를 읽다(讀張籍古樂府)〉 시에서 "전 시대를 통틀어 짝이 될 사람이 드물다(擧代少其倫)"고 하면서, "장적은 풍아비흥을 벗어나서 공허한 글을 지은 적이 없다(風雅比興外, 未嘗著空文.)"고 칭상하였다. 또 다른 시인 요합(姚合)도 그의 시를 칭상하여 "절묘하기로는 강남의 노래요, 처량하기로는 원녀의 시이다. 고풍시엔 적수가 없고, 참신한 말은 이 사람만 알았다(妙絶江南曲, 凄凉怨女詩. 古風無敵手, 新語是人知.)"라고 말한 바 있다.

현재 그의 시는 418수가 전해지는데, 악부시가 많다. 소재가 다양하여 자연을 읊조리거나 친구간의 우정을 노래한 것도 적지 않지만, 주로 민간의 고통과 애환을 묘사하였다. 그는 왕건(王建)과 동등한 지위에서 거론된다.

秋思 추사

洛陽城裏見秋風　　낙양성리견추풍
欲作家書意萬重　　욕작가서의만중
復恐匆匆說不盡　　복공홀홀설부진
行人臨發又開封　　행인임발우개봉

가을날의 수심

낙양성 안에서 가을바람 보고서
집에 편지 쓰려하니 생각이 만 겹의 산이라.
서두르다 말 다하지 못했을까 다시 두려워
행인이 출발할 때 겉봉 또 열어보네.

주석

1) 秋思(추사) : 가을생각. 가을바람을 보고서 고향생각을 일으킴을 말한다.
2) 洛陽城裏(낙양성리) : 낙양성 안에서. 낙양(洛陽)은 당대(唐代)의 동도(西都)이고, '裏(리)'는 '속', 또는 '안'이란 뜻이다. 장안(長安)은 서도(西都)이다.
3) 家書 : '집에 보내는 편지', 또는 '집에서 온 편지' 여기서는 전자의 뜻이다.
4) 意萬重(의만중) : (생각이) 만 겹의 산처럼 복잡하다.
5) 復恐(부공) : '~할까 다시 두려워하다'는 뜻이다.
6) 匆匆(총총) : 급하고 바쁜 모양을 말한다.
7) 說不盡(설부진) : 할 말을 다하지 못하다.
8) 行人(행인) : 길 떠나는 사람. 여기에서는 편지를 보내 줄 사람을 말한다.

9) 臨發(임발) : 출발에 임하다. 막 출발하려고 할 때를 가리킨다.
10) 開封(개봉) : 봉한 것을 열다. 개봉하다.

해설

성당(盛唐)의 절구(絶句)는 '경물(景物)'에 '정감(情感)'을 담고, '정감(情感)'에 '경물(景物)'을 담아서, 정감과 경물이 서로 융화하는 경우가 많은 반면에, '일(事件)'을 서술하는 부분은 상대적으로 적다. 그러나 중당(中唐)에 들어오면, 일을 서술하는 부분이 점점 많아져서 왕왕이 일상의 생활이 절구의 제재로 되기도 하고, 풍격(風格) 또한 성당의 웅혼하고 화려하며, 낭만적인 분위기에서 사실(寫實)적 분위기로 변환해간다. 장적의 이 시는 고향에 보내는 시로서 '일'에다 '정감'을 담은 작품이다. 시인은 이 시에서 고향으로 편지를 보낼 때 하는 생각이나 행동 같은 그런 작은 일상사를 빌려서 자신의 정감을 표현하였는데, 타향에 사는 사람으로서의 고향에 대한 그리움을 매우 섬세하게 표현하였다.

첫째 구에서는 "낙양에서 타향살이 하고 있다"는 것과, "가을바람을 보았다(見秋風)"는 두 가지 일을 적고 있다. 이 구절의 키워드는 '見(보다)'라는 글자이다. 바람은 그 소리가 울리니 들을 수 있고, 몸에 와 닿으니 접촉할 수 있고, 차가우니 느낄 수는 있다. 그러나 형체가 없으니 볼 수는 없을 듯하다. 그렇긴 하나, 봄바람이 대지를 푸르게 물들이며, 끝없는 춘색을 가져오듯이, 가을바람 역시 "숙살(肅殺)"의 기운으로 나뭇잎을 변화시키고, 온갖 초목을 조락(凋落)시키면서 대지 가득히 추색(秋色)과 추경(秋景)을 가져온다. 가을바람은 형체가 없어서 볼 수 없을 듯 하여도, 실상은 어느 곳에서나 볼 수가 있는 것이다. 시인은 고향을 떠나 객지에서 살면서 바로 이러한 가을의 정경을 보고서 객지에서의 외로움과 고향에 대한 그리운 마음을 저도 모르게 일으킨 것이다. 아주 평범하지만 그러나 함축이 가득한 '見(보다)'이라는 글자 때문에 독자는 많은 암시와 연상을 일으키게 된다.

이렇게 가을바람을 보게 된 시인은 문득 진(晋) 장한(張翰)의 고사를 떠올랐을 것이다. ≪진서(晋書) · 장한전(張翰傳)≫에 따르면, 장한은 "추풍이 일어나는 것을 보고서, 오 지방의 고채와 순채국과 농어회가 그리워서, '사람은 태어나서 편안히 자기 뜻대로 사는 것을 귀히 여기는데, 어찌 천리 밖에서 떠돌이 벼슬하면서, 명예와 작위를 바랄 수 있겠는가?'라고 말하면서, 수레를 준비하게 명하고 고향으로 돌아갔다(因見秋風起, 乃思吳中菰菜蓴羹鱸魚膾, 曰 : '人生貴得適志, 何能羈宦數千里, 以要名爵乎?')"고 한다. 장적의 본적이 오군(吳郡)이고, 장한처럼 이때 낙양에서 객거하고 있었으니, 상황은 당시의 장한과 흡사하다. '가을바람이 일어나는' 것을 보고, 고향생각을 한 장한은 아마도 이때 분명 장한의 이 고사도 연상했을 것이다.

둘째 구는 첫째 구의 말을 바로 받아서, "집에 편지 쓰려하니 생각이 만 겹의 산이라(欲作家書意萬重)"고 말하였다. 이것은 시제(詩題)에서 언급한 고향에 대한 '그리움(思)'을 정식으로 묘사한 것이다. 여기서 무슨 이유인지는 알 수 없지만, 그는 장한처럼 고향으로 돌아가지 않고, 겨우 편지 한 통을 써서 그것으로 고향을 그리는 마음을 기탁하고 있다. 이러한 상황은 원래부터 있었던 고향에 대한 강렬하고 절실한 그리움 위에, 시인에게는 돌아가고 싶어도 돌아갈 수 없다는 망연자실감(茫然自失感)을 더하였으니, 시인의 감정을 더욱 복잡다단하게 만들었을 것이다. 2구에서는 특히 "욕(欲)"자의 쓰임을 잘 살펴볼 필요가 있다. "편지를 쓰려고 한다."는 의미의 이 "欲" 자는 시인이 종이를 펴고 붓을 잡을 때의 생각과 모습을 연상시켜준다. 마음속으로 온갖 생각이 일어나지만, 다 말할 수 없고 다 쓸 수 없을 것 같은 느낌이 든다. 그래도 한꺼번에 토해내려 하지만, 도대체 어디서 어떻게 시작해야 할지 모른다. 이래저래 갈피도 못 잡다가 어느새 만 겹의 산과 같은 생각들도 분명해진다.

3, 4구는 편지를 쓰는 구체적인 과정과 구체적인 내용은 던져버리고, 단지 집에 보내는 편지가 이제 막 떠나려고 하는 짧은 순간만 절취였다. 생각은 만 겹의 산과 같은데 어디서 시작해야 할지 모르겠고, 행인 편에 부치는 편지인지라 세심하게 생

각할 겨를은 없고, 거기에다가 시간은 촉박하니, 이렇게 쓴 편지는 이상은(李商隱)이 〈무제(無題)〉시에서 언급한 것과 같이, "재촉 받아쓰다 보니 먹물도 짙게 갈지 않고 쓴(書被催成墨未濃)" 편지가 된다. 편지를 완성하여 봉할 때에는 할 말을 다 한 것 같다. 그러나 편지를 전할 행인이 막 길을 출발하려고 할 때는 방금 너무 급히 편지를 쓰다 보니, 무언가 중요한 말을 빠트린 것 같은 걱정이 생겨서, 그래서 다시 급히 편지를 개봉한다. "다시 또 두려워(復恐)"이라는 두 글자는 바로 이러한 심리적 변화와 행동들을 하나하나 자세히 연상시켜주고 있다.

왕안석(王安石)은 〈제장사업시(題張司業詩)〉에서 장적의 시를 가리켜 "보기엔 평범해도 가장 돋보이고, 쉽게 이룬 것 같아도 사실은 힘들었다(看似尋常最奇崛, 成如容易却艱辛.)"고 논평한 바 있는데, 여기서 소개한 〈秋思〉시가 바로 그러한 작품이라 할 수 있다.

韓愈
(한유 : 768~824年)

한유는 자가 퇴지(退之)이고, 하남 남양(河南 南陽 : 지금의 하남성 맹현)사람으로 대종(代宗) 대력(大曆) 3년(768년)에 태어났다. 그의 조부는 계주(桂州)의 장사(長史)를 지냈으며, 아버지 중경(仲卿)은 이백 두보와도 교류가 있었으며 무창현령(武昌縣令)을 지내며 정치도 잘 하였다고 한다. 숙부인 운경(雲卿)과 형인 회(會)도 역시 당시에 이름 있는 문인들의 사랑을 받았고 당시 문체를 비판하며 고문(古文)으로 문체를 바꾸어야 한다고 주장하는 글을 지었다고 한다. 한유도 어린 나이에 이미 문장에 재주를 나타내었으며 스스로 이르기를, “일곱 살 때부터 독서를 하였고, 열세 살 때에 글을 지을 수 있었다(生七歲而讀書, 十三而能文.)”고 하였다. 이런 집안 내력을 보면 한유의 풍격과 문장이 아버지와 형님의 모습을 많이 닮았다고 하겠다.

그는 과거에 네 번이나 응시하여 정원(貞元) 8년(792년) 25세에 겨우 진사에 급제하였고 이부시(吏部試)에 여러 차례 응시하여 35세 되던 해에 신언서판과(身言書判科)에 합격하여 비로소 중앙정부의 사문박사(四門博士)직을 얻게 된다. 감찰어사(監察御使)로 옮겼다가 권지국자박사(權知國子博士)를 맡게 되어 조정으로 들어갔다. 그 후 낙양에서 도관원외랑(都官員外郎)과 하남현령(河南縣令)을 역임하였으며, 문재(文才)를 인정받아 사관수찬(史官修撰)직을 제수 받았다가 고공중랑(考

功中郎) 겸 지제고(知制誥)직과 중서사인(中書舍人), 형부시랑(刑部侍郎)을 맡는다. 후에 조주자사(潮州刺史)로 유배되었다가 원주자사(袁州刺史)를 역임하고 어사대부(御史大夫)까지 지낸다. 한유는 재주가 많은데도 자주 조정에서 지방으로 좌천되고 직급이 강등되기도 하면서 마지막으로 병부시랑(兵部侍郎)과 이부시랑(吏部侍郎)을 역임하였다가 8월에 병이 들어 사직하고 바로 12월에 장안에서 향년 57세 일기로 세상을 뜬다.

한유는 정치, 사상, 문학의 창작방면에 비교적 복잡한 사건들을 겪으며 살았다. 그의 글에서는 늘 '창려(昌黎) 한유(韓愈)'라고 적고 있기 때문에 사람들은 그를 '한창려(韓昌黎)'라고도 부르고 그의 문집을 ≪창려집(昌黎集)≫이라고 한다.

한유는 산문으로 시를 쓰고, 의론으로 시를 쓰며, 새롭고 신기한 것을 추구하는 것이 특징이다. 또한 기세가 있어 대력시풍(大曆詩風)의 잘못된 점을 올바로 세우는데 역할을 하며 송시(宋詩) 산생(産生)에도 큰 영향을 일으킨다. 왕안석(王安石)이 한유의 시풍을 논하였는데, 한유는 〈천사(薦士)〉시에서 맹교(孟郊)의 시를 평하여, "허공을 가로질러 굳센 말 선회하고, 적절한 표현에 힘이 강건하다(橫空盘硬語, 妥貼力排奡.)"라고 하였는데, 왕안석은 바로 이 시로 한유의 시풍을 평하였다. 그의 대표작으로는 〈남산시(南山詩)〉, 〈조장적(調張籍)〉, 〈은영사탄금(聽穎師彈琴)〉, 〈춘설(春雪)〉, 〈만춘(晩春)〉 등이 있다.

秋懷(其一) 추회(기일)

窗前兩好樹 창전양호수
衆葉光薿薿 중엽광의의
秋風一披拂 추풍일피불
策策鳴不已 책책명불이
微燈照空牀 미등조공상
夜半偏入耳 야반편입이
愁憂無端來 수우무단래
感歎成坐起 감탄성좌기
天明視顏色 천명시안색
與故不相似 여고부상사
羲和驅日月 희화구일월
疾急不可恃 질급부가시
浮生雖多塗 부생수다도
趨死惟一軌 추사유일궤
胡爲浪自苦 호위랑자고
得酒且歡喜 득주차환희

가을 상념에 젖어(첫째)

창문 앞 두 그루 좋은 나무가
뭇 잎에 햇빛 받으며 무성도 하네.
가을바람이 스치니
바스락 바스락 울음 그치지 않네.
흐릿한 등불이 외로운 침상을 비추자
야반에 하필 귓속으로 들어온다.
근심 걱정은 까닭 없이 생겨나니
탄식하다 일어나 몸을 세운다.
날 밝아 얼굴색을 살펴보니
이전 모습과 다르네.
태양신 희화가 일월을 몰고 가니
빠른 세월 믿을 수가 없구나.
허망한 인생 비록 길은 많으나
죽음으로 달리기는 한 길 뿐이라.
어찌하여 가벼이 스스로 괴로워하는가?
술만 얻어도 그런대로 즐거울 터인데.

주석

1) 薿薿(의의) : '무성한 모습'을 말한다.
2) 披拂(피불) : '바람이 흔들다', 또는 '바람이 스치다'의 뜻이다.
3) 策策(책책) : 나뭇잎이 바람에 날려 스치며 내는 소리를 말한다.
4) 偏(편) : 하필, 굳이.
5) 無端(무단) : 무단히, 괜히.
6) 坐起(좌기) : 앉아서 몸을 세운다.

7) 羲和(희화) : 태양신. 고대 신화 전설 중의 인물로 해를 싣고 수레를 몬다.

8) 恃(시) : 의지하다.

9) 胡爲(호위) : '왜', 또는 '어찌하여'라는 뜻이다.

10) 浪(랑) : '가벼이', 또는 '마음대로'의 뜻이다.

해설

〈秋懷〉 시 11편은 원화(元和) 원년(806년) 한유가 강릉에서 장안으로 소환 받아 국자학박사로 임명되었을 때에 지은 시이다. 당시 재상 정인(鄭絪)이 한유를 매우 높이 평가하여 그에게 중요한 관직을 부여하려고 하였지만, 오히려 사람들의 중상모략을 받게 되었다. 한유는 이런 상황에서 오언고시 〈추회〉 11수를 지어 자신의 실의지감(失意之感)과 시국을 염려하는 마음을 묘사하면서, 자신의 울분을 달래었다. 매 편이 모두 독립된 한 편으로 이루어지는데, 여기서 소개한 시는 그 가운데 첫 번째 작품이다.

〈추회〉 시 11편은 가을의 상념에 젖어 '인생이 다해가는 느낌(遲暮至感)'을 일으킨 명작이다. 첫 수에서 시인은 가을바람에 근심을 일으켜서 자리에서 일어나, 앉은 채 밤새도록 상념에 잠기는 모습을 묘사하였다. 시인은 새벽이 되어 거울로 자신의 얼굴을 살펴보니 벌써 예전과 달리 많이 변했음을 안다. 그리고는 이제 곧 다가올 죽음 앞에 세월의 허망함을 깨닫고 괴로워한다. 마지막 두 구에서는 "어찌하여 가벼이 스스로 괴로워하는가? 술만 얻어도 그런대로 즐거울 것이다."라고 말하여서 다소 자조적이며 자포자기한듯한 모습도 보이고 있다.

한유는 사실 성격이 강직하고, 뜻이 매우 심원하였던 인물이다. 그런데도 그는 왜 이렇게 가을의 감상과 인생의 허망함에 빠졌을까? 〈추회〉 시의 제8수에 "장부에게 마침 생각이 났으니, 공업은 다 이룰 날이 없다는 것이다(丈夫屬有念, 事業無窮年.)"라고 말한 데에서 그 답을 찾을 수 있다. 그는 원래 인생의 사업을 생각하고 있었으며, 공업(功業)을 세우는 것으로써 인생의 불후함을 이루려고 하였다. 그러나 공업은 이루기 어렵고, 세월은 순식간이라는 것을 깨닫는다. 이에 시인은 늙음이 장차 다가오는 것에 매우 민감해지면서, 가을날 황혼에 '인생이 다해가는 느낌(遲暮至感)'을 더욱 깊게 가진다. 사실 한유가 이 시를 쓸 때는 겨우 39세의 나이에 불과하였다. 그러나 그의 삶이 순탄치만은 않아서, 이른 나이에 이미 많이 쇠락하여, 이보다 4년 전에 이미 "시력이 망망하고, 머리가 희끗희끗하며, 치아도 흔들거렸다(視茫茫, 髮蒼蒼, 齒牙動搖.)"고 할 정도였다. 그러니 그가 가을바람에 잎이 떨어지고, 황혼이 깊어 가는 정경을 보고서 마음 깊이 있던 '지모지감(遲暮之感)'을 발동시키는 것도 전혀 이상하지 않다. 강건하여 굽힐 줄 모르던 한유도 이러하니 우리 같은 사람들이야 무슨 말을 더하랴.

劉禹錫
(유우석 : 772~842年)

유우석은 자가 몽득(夢得)이며 낙양(洛陽) 사람으로 대종(代宗) 대력(大曆) 7년(772년)에 태어났다. 유종원(柳宗元)과 함께 왕숙문(王叔文)의 당(黨)에 가담하여 혁신정치를 하려 했다가 20년 동안이나 유배생활을 하게 된 비운의 주인공이며, 동시에 백거이(白居易), 유종원과 더불어 중당(中唐)때 나란히 이름을 떨친 대표적 시인이다.

유우석은 정원(貞元) 2년(786년) 15세의 나이에 벌써 자신의 시문을 엮어 ≪동몽집(童蒙集)≫을 펴냈으며, 19세 되는 해에 장안으로 상경하여 글로써 당대 현인들과 교우를 가지다가 22세가 되는 해에 진사에 응시하여 급제를 한다. 그 후 바로 박학굉사과(博學宏詞科)에 응시하여 합격하고 또 24세에 이부취사과(吏部取士科) 시험에 응시하여 합격한다. 정원 년간에 세 차례의 시험을 순조롭게 합격하고서 태자교서(太子校書)의 직책을 제수 받는다. 후에 둔전원외랑(屯田員外郞)에 임명되기도 하고, 연주자사(連州刺史)로 좌천되었다가 다시 낭주사마(朗州司馬)로 발령 받기도 한다. 50세가 되는 목종(穆宗) 장경(長慶) 원년(821년)에는 기수자사(夔州刺史)로 부임하였으며, 소주자사(蘇州刺史), 여주자사(汝州刺史)를 거쳐 동주자사(同州刺史)까지 좌천과 복직을 거듭하다 무종(武宗) 회창(會昌) 2년(842년)이 되어 유우석은 병에 걸리게 된다. 이에 자서전적 수필인 ≪자유자자전(子劉子自傳)≫을 지어 자신의 집안과 일생에 대해 간략하게 기술하고 71세 일기로 세상을 뜬다.

그는 주로 5언, 7언, 근체시와 악부시에 뛰어 났는데, 현존하는 800여수의 시 가운데 인구에 회자 되는 작품들은 주로 정치적으로 타격을 받고 고뇌의 세월을 보내던 시기에 지어진 작품이라 정치적 성향을 띠고 있는 것이 많다. 또한 시 가운데 상당부분을 차지하는 것으로는 풍자시, 서정시, 회고시 등이 있다. 유우석은 지방 관리로 지내는 동안 민가(民歌)를 많이 접하여 이를 자신의 작품에 활용함으로써 나름대로의 독자적 영역을 구축하여 성공을 거두었다고 평가되고 있다.

竹枝詞(其一) 죽지사(기일)

楊柳青青江水平　　양류청청강수평
聞郎江上唱歌聲　　문랑강상창가성
東邊日出西邊雨　　동변일출서변우
道是無晴還有晴　　도시무청환유청

죽지사(첫째)

버드나무 푸릇푸릇하고 강물은 고요한데,
낭군이 강가에서 노래 부르는 소리가 들린다.
동쪽에는 해가 뜨고 서쪽에는 비가 오니
개이지 않았다 하고 나니, 또 개여 있구나.

주석

1) 唱歌聲(창가성) : 노래 부르는 소리. '답가성(踏歌聲)'으로 되어 있는 판본도 있다. '踏歌'는 민간노래의 일종으로서 발로 걸으면서 노래를 부르는데, 발걸음으로 박자를 맞춘다.
2) 道(도) : '말하다'의 뜻이다.
3) 晴(청) : '晴'은 '情'과 발음이 비슷하여 쌍관어(雙關語)로 쓰였다. '날이 개였다'는 뜻도 되고, '사랑'이라는 뜻도 된다. 이러한 수법은 민가에 많이 보인다. 앞뒤의 '晴' 자를 아예 모두 '情(정)'으로 쓴 판본도 있다.
4) 還(환) : '또', '역시'. 판본에 따라서 '却(각)'이라 한 것도 있다.

해설

죽지사(竹枝詞)는 지금의 사천성(四川省) 동부 중경시(重慶市) 일대인 파(巴), 유(渝) 지방의 민가 가운데 하나이다. 가사는 주로 그 지방의 풍물과 남녀 사이의 애정을 노래하는데, 노래할 때 피리와 북으로 반주하는 동시에 춤을 추기도 한다. 곡이 우미(優美)하여서, 일부 시인들의 관심을 불러일으켰는데, 고황(顧況), 백거이(白居易) 등에게 이를 모방한 작품이 있다. 유우석이 기주(夔州) 자사(刺史)로 있을 때 이 노래에 맞추어 〈죽지(竹枝)〉9편 등 10여수의 가사를 지은 적이 있는데, 이 시는 그 가운데 하나이다. 이 시에서 쓰고 있는 내용은 사랑에 빠진 소녀의 마음이다. 그녀는 한 사람을 사랑하게 되었는데, 상대방의 태도를 확실히 알지 못한다. 그녀는 상내방에게 희방노 지니고 있고, 의심도 지니고 있다. 상대방을 좋아하지만 그러나 걱정도 하고 있다. 시인은 여인의 말투로 이러한 미묘하고 복잡한 심리를 아주 성공적으로 잘 묘사해 내었다.

첫째 구는 경물을 묘사한 것으로서, 그녀의 눈에 보이는 것을 적었다. 강변의 버드나무는 푸른 가지를 드리우고, 강물은 고요히 흐르는 것이 마치 거울 같다. 매우 아름다운 경치이다. 첫째 구가 눈에 보이는 것을 묘사한 것인 반면에, 둘째 구는 귀로 들리는 것을 묘사하였다. 둘째 구는 중국의 서남지역의 소수민족 청년남녀들이 연애과정 중에서 왕왕 이 노래를 불러서 상대방에게 자신의 사랑을 전하는 풍속이 배경이 된다. 여기서 그녀는 아름다운 봄 경치 속에서 강변에서 전해오는 노래 소리를 듣는데, 단번에 누구 부르는 소리인지 알아차린다.

3, 4구는 그녀가 이 익숙한 목소리의 노래 소리를 들은 후의 심리활동을 적었다. 소녀는 비록 진작부터 마음속으로 그를 사모해 왔지만, 그러나 그는 아직 아무런 표시도 없었다. 오늘은 그가 강변에서 걸어올 뿐만 아니라, 오면서 노래까지 부르고 있는데, 마치 자신에게 어느 정도 마음이 있는 것 같다. 이것은 그녀에게 큰 위안과 격려를 주었다. 그리하여 그녀는 마음속으로 생각한다. "이 사람은 정말이지 매실 익을 무렵의 변덕스러운 날씨처럼, 날이 개었다고 말하면, 서쪽에는 비가 내리고,

비오는 날씨라고 말하면 동쪽에서 또 해가 나오는 날 같아서 도대체 종잡을 수 없다." 4구에서 "晴"은 쌍관어로서 발음이 서로 비슷한 "情"의 뜻으로 사용되어 "사랑"을 의미하기도 한다. 따라서 4구 "道是無晴還有晴"는 "(이 사람은 나에게) 사랑하는 마음이 없다고 하고 나니, 또 사랑이 있었네."로도 해석할 수 있다. 3, 4구는 사랑에 빠진 이 여인이 불안해하면서도 여전히 기대를 버리지 못하는 모습, 포기하는 듯 싶다가도 다시 상대방에 빠져드는 모습 등등 어찌할 바를 모르는 모습을 모두 지면 위로 보여주고 있다.

이렇게 쌍관어로 감정과 뜻을 전달하는 민간의 '사랑노래(情歌)'는 그 유래가 아주 오래되어 민중들의 사랑을 많이 받았다. 시인이 우연한 기회에 모방하여 지은 이 작품은 매우 참신하여서 사람들의 관심을 많이 끌었다. 유우석의 시가 많은 사람들에게 사랑을 받는 것도 이러한 이유에 있다.

烏衣巷 오의항

朱雀橋邊野草花　　주작교변야초화
烏衣巷口夕陽斜　　오의항구석양사
舊時王謝堂前燕　　구시왕사당전연
飛入尋常百姓家　　비입심상백성가

오의항

주작교 언저리엔 들풀이 꽃피고,
오의항 입구엔 석양이 비친다.
옛날 왕씨와 사씨 집의 제비가
이젠 여염집으로 날라 드는구나.

주석

1) 烏衣巷(오의항) : 지금의 남경시(南京市) 진회하(秦淮河) 남쪽에 있던 거리 이름이다. 삼국(三國)시대 때 오(吳) 나라의 석두성(石頭城)을 지키던 군영(軍營)이 있던 곳으로 당시 병사들이 검정 옷을 입고 다녔으므로 오의항이라고 하였다. 진(晋) 황실이 동천(東遷)하여, 금릉(金陵), 곧 지금의 남경에 온 뒤로 왕도(王導)가 이곳에 거주하였다. 나중에 유명한 귀족들의 거주지가 되면서, 왕씨(王氏)와 사씨(謝氏) 양대 세족이 모여 살던 곳이 되었다.
2) 朱雀橋(주작교) : 진회하에 있는 부교(浮橋) 이름으로, 지금 남경시의 취보문(聚寶門) 안에 있는 진회교(秦淮橋)가 바로 그 유지(遺地)이다. 금릉성(金陵城) 동남쪽 4리에 있었는데, 주작문(朱雀門)을 마주하고 있었다.

3) 王謝(왕사) : 동진(東晉)의 왕도(王導)와 사안(謝安) 등 대 귀족을 말한다.

4) 尋常(심상) : 흔하고 평범하다.

해설

이 시는 옛 고적을 보고 지난 일을 추모하며 지은 회고시(懷古詩)이다. 유우석은 장경(長慶) 4년(824년) 기주(夔州)에서 화주(和州)의 자사(刺史)로 부임한다. 그는 화주에서 2년여를 보내고 조정의 명령으로 낙양(洛陽)으로 가다가, 도중에 금릉(金陵)에 들러 옛 유적지를 답사하면서 〈금릉오제〉를 짓는데, 이 시는 바로 이 5수 가운데 하나이다.

육조(六朝) 때 주작교는 많은 사람들이 끊임없이 왕래하였고, 수레가 그칠 사이 없이 많이 다니는 중요한 교통도로로서 매우 번화한 곳이었지만, 지금은 잡초가 우거지고, 인적이 드물게 되었다. 오의항은 예전에 왕씨(王氏),사씨(謝氏) 등 명문귀족이 살았지만, 지금은 석양이 비스듬히 비추고 저녁 기운 속에 깊이 가라앉아 있다. 옛날에 왕씨(王氏),사씨(謝氏)에 살던 제비가 이제는 일반 평민의 집을 드나들고 있다.

원래 시에서 대구(對句)를 사용할 때 인명이나 지명과 같은 고유명사는 정교한 대구를 하기가 매우 어렵다. 그러나 이 시의 첫 구절은 고유명사인 지명을 사용하면서도, 대우가 매우 정교할 뿐만 아니라, 대구로 묘사한 내용마저 실제의 지리적 사실과도 부합하여서, 시를 읽는 독자에게 큰 미감(美感)을 느끼게 해준다. 화(花)와 사(斜)는 동사로 작용하여서, '꽃피다', '비스듬히 비춘다'로 해석해야 한다. "들꽃이 꽃피우고(野草花)", "석양이 비치는(夕陽斜)" 장면은 실제의 경물을 묘사한 것이기도 하지만, 이 말은 당시 번성했던 주작교와 오의항이 지금은 쇠락해버렸다는 사실을 상징하고 있다. 과거 높은 관리들이 구름같이 운집해 있고, 수레가 끝없이 이어지면서, 이 거리는 극히 번성했던 경관을 연출하였을 것이나 지금은 완전히 다른 모습이다. 주작교 주변엔 인적이 끊기어 야초만 자라나 있고, 오의항 입구에는 암담한 석양이 황폐한 골목길을 비추고 있을 뿐이었다. 시인은 자연경물로써 인생사의 무상함을 암시하면서 서글픈 감상(感傷)을 잘 드러내 보였다.

3, 4구에서는 시인의 장심(匠心)이 독창적으로 발휘되었다. 이 두 구는 앞 두 구를 이어 경물을 묘사하거나, 자신의 감개(感慨)를 서술하지 않고, 제비가 옛 둥지를 버리고 새로운 곳으로 날아간다는 것은 그 집안이 몰락할 징조라고 여기는 민간사상으로써 왕씨와 사씨같은 호문귀족도 육조시대의 번영을 뒤로하고 이제는 쇠락을 피할 수밖에 없다는 것을 묘사하였다.

그런데 이 두 구를 자세히 살펴보면, 두 가지의 나른 해석이 가능하다. 하나는, 이전에는 제비가 왕씨와 사씨같은 명문대족의 처마 밑에 둥지를 틀었지만, 역사의 발전과 왕조의 교체에 따라 한 때 찬란하고 호화로운 저택이 더는 존재하지 않게 되니, 오늘날의 제비는 평범한 백성들의 집에 둥지를 튼다는 것이다. 이것은 400년 전의 옛날 제비와 지금의 제비를 구분하여 해석하는 것이다. 이런 입장에서 3, 4구를 해석한다면, "옛날이면 왕씨와 사씨 집을 드나들 제비가, 지금은 여염집으로 날라 드는구나."가 된다. 다른 또 하나의 해석은, 제비가 날아와서 둥지를 튼 곳은 비록 역시 왕씨와 사씨가 살았던 집이긴 하지만, 그러나 그들은 이미 다 몰락하여 사라졌고, 지금은 평범한 평민이 그곳에서 살고 있다는 것이다. 이것은 제비를 400년 전의 옛날 제비와 지금의 제비로 구분하지 않고, 제비는 옛날 제비 그대로 있는데, 집주인이 바뀌었다고 해석하는 것이다. 이런 입장에서 해석하면 "옛날 왕씨와 사씨 집의 제비가 이젠 여염집으로 날라 드는구나." 정도가 될 것이다. 시란 과학의 영역이 아니라, 시공을 초월하는 상상의 영역에 속한다는 점에서 볼 때, 이 시는 후자의 경우처럼 '제비는 옛날 그대로인데 사람만 바뀌었다'는 관점에서 해석하는 편이 더 이상적일 듯하다. 어떻든 비록 해석은 두 가지로 할 수 있긴 하지만, 그러나 어느 경우이든 그 주제는 꼭 같다. 당시의 권문세가들도 결국은 쇠락과 몰락을 벗어나지 못하는 운명이다. '강산은 그대로인데, 사람은 옛 사람이 아니다(江山依舊, 人事已非)'라고 하는 시인의 무한한 감개를 드러내었다.

이 시는 표현 수법에서 두 가지 특징이 있다. 하나는 경물을 서로 대비하는 형식으로 묘사함으로써 옛날과 지금의 변화를 생동하게 표현한 것이고, 다른 하나는 구체적이고 미세한 것을 묘사하여서 크고 깊은 주제를 표현하였다는 것이다. 이렇게 세상사의 흥망성쇠를 묘사하면, 독자로 하여금 무궁한 운미를 느끼게 한다. 백거이 역시 이 시를 읽고서 "머리를 숙이고 고음하면서 감탄과 칭상을 정말 오래하였다(掉頭苦吟, 歎賞良久)고 하니, 유우석 자신이 이 작품에 대해 자부심을 가졌다고 하는 말이 전혀 이상하지 않다.

白居易
(백거이 : 772~846年)

백거이는 자가 낙천(樂天)이고, 호(號)는 향산거사(香山居士) 또는 취음선생(醉吟先生)이라고 불리었다. 공현(鞏縣)의 현령을 지냈던 할아버지가 신정(新鄭)으로 이사하면서 신정의 동곽택촌(東郭宅村 : 지금의 東郭寺)에서 대종(代宗) 대력(大曆) 7년(772년)에 출생하였다. 그는 어려서 부터 총명하였고, 5, 6세에 벌써 시 짓기를 배웠으며, 9세에는 성운(聲韻)을 터득했다고 한다.

28세인 덕종(德宗) 정원(貞元) 15년(799년)에 예부시에 급제하여 진사가 되고, 32세에 이부(吏部) 서판발췌과(書判拔萃科)에 급제하여 비서성(秘書省) 교서랑(校書郎)으로 관직을 시작한다. 35세가 되던 해에는 원진(元稹)과 함께 교서랑에서 물러나 황제가 직접 관장하는 제책(制策)을 준비코자 화양관(華陽觀)에 들어가 두문불출한 결과, 원진은 3등으로, 백거이는 4등으로 뽑혀 주질현위(盩厔縣尉)가 된다. 같은 해 12월 진홍(陳鴻), 왕질부(王質夫)와 함께 선유사(仙遊寺)에서 놀다가 서로 이야기가 나와 〈장한가(長恨歌)〉를 지었다. 장한가는 일시에 만인에게 애창되었고, 천하에 풍미하였다. 심지어 선종(宣宗)까지도 백거이의 죽음을 애도하는 시에서 "아이들까지도 〈장한가〉를 읊을 줄 알았고, 오랑캐 아이도 〈비파행(琵琶行)〉을 부를 줄 알았다(童子解吟長恨曲, 胡兒能唱琵琶篇.)"고 했을 정도이다. 그 후 경조부

(京兆府) 호조참군(戶曹參軍)에 제수되고, 태자좌찬선대부(太子左贊善大夫)를 거쳐 44세 때에 강주사마(江州司馬)로 폄적당하기에 이르렀는데, 사마라는 직책이 한직(閒職)이었기에 백거이는 강주 일대의 명산과 고적을 두루 찾아다니는 한적한 생활 속에서 뜻 맞는 사람들과 어울려 시(詩), 주(酒), 금(琴)을 즐기는 풍류생활을 즐겼다. 헌종(憲宗) 원화(元和) 13년(818년)에는 여산 향로봉 밑에 초당을 짓고 안주하였으며, 〈비파행〉은 바로 이 시기에 지어졌다.

원화 15년 상서사문원외랑(尙書司門員外郎)에 제수되어 장안에서 50세를 맞이한 백거이는 신창리(新昌里)에 집을 짓고 안정할 수 있었다. 그러나 당쟁(黨爭)이 날로 심해지자 백거이는 조정의 혼란과 군사정책의 실정을 비판하는 상소문을 여러 차례 올렸으나 잘 받아들여지지 않자 목종(穆宗) 장경(長慶) 2年(822년) 항주자사(杭州刺史)를 자청하여 장안을 떠나게 된다. 이때가 그의 나이 51세였다.

항주자사로 있으며 풍광명미한 항주의 산수를 유람하며 시주(詩酒)에 대한 즐거움도 만끽하였다. 문인시객으로서도 높은 격위에 올랐고, 그의 풍류생활도 원숙한 경지에 도달했었다. 그러나 점차 노쇠하고 신병에 시달리기 시작한 그의 시는 자연 감상적인 것이 많게 되었다.

장경 4년 백거이는 항주자사의 임기가 만료되자, 낙양 은거를 자청하고 태자좌서자(太子左庶子)로 있으면서 자신의 시문집인 ≪백씨장경집(白氏長慶集)≫ 50권을 편찬하였다. 54세에 소주자사(蘇州刺史)로 부임하였으며, 형부시랑(刑部侍郎), 하남윤(河南尹) 등에 제수받고, 이 무렵 향산(香山)에 안거하며 향산거사(香山居士)라는 호를 지었다. 71세에 형부상서직(刑部尙書職)을 끝으로 관직생활을 마감하였는데, 마지막 약 10년간은 시문을 정리하거나 지우(知友)와 교류하는 것으로 세월을 보냈다. ≪백씨문집(白氏文集)≫, ≪백씨낙중집(白氏洛中集)≫, ≪백씨후집(白氏後集)≫ 등이 모두 이 시기에 이루어졌다.

무종(武宗) 회창(會昌) 6년(846년) 백거이는 낙양에서 75세 일기로 생을 마감하였는데, 묘지는 낙양의 용문(龍門) 향산(香山)에 마련되었다. 당시 그의 무덤은 원근의 문상객이 추모하여 바친 술로 진흙탕이 되었다는 일화가 전해지고 있다.

백거이는 두보시의 계승자로서 신악부(新樂府) 운동의 선구자이다. 그의 시는 풍자시 50수를 '신악부'라고 이름 지은 데서도 그 성격이 잘 나타나 있는데, 현재 전해오는 3,800여 수의 시 중에서 170여 수에 달하는 풍자시는 사회의 부조리를 폭로하거나 백성의 고통을 사실적인 묘사로 드러내고 있다. 그의 양대 명작 〈장한가〉와 〈비파행〉이 수록되어 있는 감상시(感傷詩)에서는 벼슬을 하다가 좌천되어 느낀 감회나 비애 등을 차원 높은 예술로 승화시키고 있다. 그가 고향에 돌아와 지은 '한적시(閑適詩)'에는 불교와 노장계열의 작풍도 보이고 있으며, 나머지 '잡률시(雜律詩)' 3,200여 수는 거의 모든 시체가 혼합되어 예술적 역량을 한껏 드러내 주고 있다.

그의 시는 무엇보다도 쉬운 언어를 사용하여 사회와 백성의 고통을 성실하게 반영하였다는 점과, 문학의 시대적 사명을 강조하여 참여문학의 가능성을 제시했다는 점을 높이 살만하다. 백거이의 시는 그의 생존 때부터 우리나라 신라에서도 작품이 널리 읽혔다고 한다.

問劉十九 문류십구

朱雀橋邊野草花　　록의신배주
烏衣巷口夕陽斜　　홍니소화로
舊時王謝堂前燕　　만래천욕설
飛入尋常百姓家　　능음일배무

류씨에게 묻노라

갓 빚은 탁주는 개미마냥 부글부글한데
붉은 진흙 작은 화로에 따뜻이 데웠네요.
저녁 내내 하늘엔 눈이라도 올 듯한데
탁주 한 잔만 할 수 없는지요?

주석

1) 問劉十九(문류십구) : '류십구에게 묻는다.'는 뜻으로, '十九'는 배항(排行)을 나타낸 숫자로, 류씨 집안에서 19번째라는 뜻이며, 누구인지는 미상(未詳)이다.
2) 綠螘(록의) : '螘'는 '의(蟻)'로 쓰기도 하는데, 같은 글자로서 '개미'라는 뜻이다. 녹의(푸른 개미)는 술이 익을 때 생기는 파란 포말이 마치 개미 같다고 하여 비유적으로 쓴 말이다.
3) 新醅酒(신배주) : 새로 빚은 술. '醅'는 '막걸리', '술을 빚다'라는 뜻이 있는데, 여기서는 후사의 뜻으로 사용되었나.
4) 紅泥(홍니) : '붉은 진흙'이라는 뜻이다.
5) 晩來(만래) : 저녁 이후로. '來'는 시간을 나타내는 말 뒤에 쓰여서 '~이후 내내'라는 뜻이다.

6) 天(천) : '하늘'이라는 뜻이나, 곧잘 '날', '날씨'라는 뜻으로도 쓰인다.
7) 無(무) : '無'는 '부(否)', '불(不)'과 같이 문장 끝에 쓰여 의문문을 만든다. 현대 중국어에서의 의문 어조사 '마(嗎)'와 같이 쓰인다.

해설

이 시는 백거이가 44세에 강주사마(江州司馬)로 좌천되고 난 뒤에 지은 것으로 작자가 류씨 성을 가진 어느 친구에게 보낸 시이다. 시의 내용으로 보아 바로 이웃해 있거나 아니면 적어도 같은 마을에 살고 있으리라고 여겨진다. 새로 빚은 술이 막 익기 시작하여 술 익는 거품이 마치 개미처럼 부글부글하다. 그것을 진흙 화로 위에 올려놓고 술을 데우고 있는데 날씨마저 눈이라도 올 듯이 스산하다. 술 마시는 분위기가 한껏 잡힌 셈이다.

그런데 이때 빠진 것이 하나 있으니, 바로 함께 잔을 주고받을 친구가 그것이다. 시인은 그래서 친구 류씨에게 시를 지어 보내며 한 잔 하러 오지 않겠냐고 묻고 있는 것이다. 이 시를 받은 친구가 한 걸음에 달려갔음은 묻지 않아도 알 수 있을 것 같다.

백거이의 시는 이렇게 평이하고 쉽다. ≪묵객휘시(墨客揮詩)≫라는 책에는 다음과 같은 기록이 보인다. "백거이는 매번 시를 지을 때마다 늙은 노파로 하여금 그 뜻을 해석해 보도록 시키면서, 이해할 수 있는지 없는지를 물었다. 그래서 만약 이해할 수 있다고 대답하면 그대로 기록하였고, 모르겠다고 대답하면 다시 고쳤다(白樂天每作詩, 令一老嫗解之, 問曰解否? 曰解, 則錄之; 不解, 則又復易之.)" 이처럼 백거이는 시어(詩語)와 시의(詩意)를 모두 평이한 수준에서 추구하였던 시인이었다. 시란 것이 꼭 어려운 말로 어렵게 비비 꼬아야만 멋있게 되는 것이 아니다. 백거이처럼 쉬운 말로 평이하게 표현하여도 읽는 이의 가슴에 무엇인가 잔잔한 감동을 불러일으킬 수 있게 하는 것이 시이다.

첫 두 구를 통하여서 시인은 아직 지게미도 거르지 않은 새로 빚은 술을 붉게 가열한 진흙 화로 위에 따뜻하게 데운 뒤에 술자리 준비마저 이미 끝냈음을 연상할 수 있다. 진흙 화로는 작고 정교하면서도 아주 소박할 터인데, 화롯불의 붉고 고운 빛은 파란 색 거품을 일으키는 탁주 위로 붉게 우러나고 있으리라. 생각만 하여도 이렇게 유혹적이고 입을 다시게 하니 진실한 벗 한 둘과 한 잔하기 딱 좋다.

마지막 두 구에서는 술 한 잔 하자는 시인의 요청에 응하여서 차가운 밤공기를 가르고 단숨에 달려오는 유십구(劉十九)를 연상할 수 있다. 바깥은 눈이 내려서 온 천지가 하얗게 덮인 차가운 겨울밤이고, 실내는 발갛게 달아오른 붉은 진흙 화로 위로 막걸리 익어가는 소리가 정겹기만 하다. 두 사람은 아마도 밤새도록 술을 마시며 환담하였을 것이고, 나이와 신분의 차이를 뛰어 넘은 망형지교(忘形之交)를 나누었을 것이다. 이렇게 곱고 예쁘게 환담을 나누며 술 한 잔 할 수 있는 친구가 있다면 삶에서 더 이상 무슨 욕심 부리겠는가?

제발 왜냐고 이유를 묻지 마라. 외로우니 사람이고, 외로우니 마신다. 손발이 시려봐야 겨울 석 달이지만, 가슴이 시리면 평생을 간다. 겨울이 차다 하여 북풍한설(北風寒雪) 한(恨)하랴? 빈 잔 채우며, 술 권할 이 없으니, 가슴과 허리가 이리도 시린 것이다. 시인의 말처럼 "지난 가을 오랫동안 쓸쓸하였는데, 올 겨울 넘길 계획 또 어찌 해야 하나?(秋懷久廖落, 冬計又何如?)" 날이 차가와져서 눈이라도 올까봐 벌써부터 두려워진다. 어찌 술이 없어서이겠는가? 따뜻한 술로 함께 잔 기울일 친구가 없으니 그것을 두려워 할 뿐이라네.

賣炭翁 매탄옹

賣炭翁	매탄옹
伐薪燒炭南山中	벌신소탄남산중
滿面塵灰煙火色	만면진회연화색
兩鬢蒼蒼十指黑	양빈창창십지흑
賣炭得錢何所營	매탄득전하소영
身上衣裳口中食	신상의상구중식
可憐身上衣正單	가련신상의정단
心憂炭賤願天寒	심우탄천원천한
夜來城外一尺雪	야래성외일척설
曉駕炭車輾冰轍	효가탄거전빙철
牛困人飢日已高	우곤인기일이고
市南門外泥中歇	시남문외니중헐
兩騎翩翩來是誰	양기편편래시수
黃衣使者白衫兒	황의사자백삼아
手把文書口稱勅	수파문서구칭칙
迴車叱牛牽向北	회거질우견향북
一車炭重千餘斤	일차탄중천여근
宮使驅將惜不得	궁사구장석부득
半匹紅紗一丈綾	반필홍사일장능
繫向牛頭充炭直	계향우두충탄치

숯 파는 노인

숯 파는 노인이
남산에서 땔나무를 베어 숯을 굽는다.
온 얼굴은 재 투성이에 검게 그을렸고
양쪽 귀밑머리는 희끗희끗 열 손가락은 검다.
숯 팔아 돈을 벌면 어떻게 쓰는가?
몸에 걸칠 옷이나 목구멍에 넣을 음식이네.
가엽게도 몸에는 옷 고작 한 벌 뿐인데도
숯 값 싸질까 걱정되어 날 추워지길 바라네.
밤새 성 밖에 한 자나 되는 눈 내려
새벽에 숯 수레 끌지만, 언 바퀴자리에 겉돈다.
소는 지치고 사람은 허기진데 해는 이미 중천이라
저자 남문 밖 진흙 길에서 쉬고 있었다.
두 사람 말 타고 날듯이 오는데 그는 누구인가?
노란 옷의 칙사와 흰 옷의 시종이네.
손에 공문 들고 입으로는 칙명이라 외치며
수레 돌리고 소에게 소리치며 끌고 북으로 간다.
한 수레 가득한 숯은 천근이 더 되는데도
궁중칙사가 몰아서 끌고 가니 아까워도 어쩔 수 없네.
붉은 비단 반 필과 무늬 비단 한 장을
소머리에 묶어 주며 숯 값으로 대신하네.

주석

1) 南山(남산) : 종남산(終南山)을 가리키며, 장안 남쪽에 위치해 있다.

2) 煙火色(연화색) : 숯 연기에 검게 그을린 얼굴 모습을 말한다.

3) 何所營(하소영) : '숯을 판 얼마 되지 않는 돈으로 어디에 쓸 수 있을 까?'라는 의미이며, '營'은 '생활을 꾸리다'는 뜻이다.

4) 單(단) : 여름용의 얇은 홑옷. 여기서는 '衣正單'은 '(입고 있는) 옷은 딱 한 벌 뿐이다'는 의미이다.

5) 輾冰轍(전빙철) : '輾'은 수레바퀴가 겉도는 것을 말하고, '冰轍'은 '얼어붙은 바퀴자국'을 말한다. 수레바퀴가 언 땅 위를 지나가다 겉돌거나 삐걱거리다 생긴 흔적을 의미하며, 이 시에서는 얼어붙은 빙판길에서 고생스럽게 수레를 끌고 가는 모습을 말한다.

6) 市南門外(시남문외) : 궁시 남문 바깥. 당내의 장안에는 궁시(宮市)로 동시(東市)와 서시(西市)가 있었는데, 성 남쪽에 있었다. 동시와 서시에는 각각 동문, 남문, 서문, 북문이 있었다.

7) 翩翩(편편) : 새가 나는 모습. 여기서는 위세 등등하고 득의양양한 모습을 나타낸다.

8) 黃衣使者(황의사자) : 궁중에서 파견하여 물건을 구매하는 태감(太監)을 말한다.

9) 白衫兒(백삼아) : 황의사자의 조수로 백망(白望)이라 불렀다. 시장에서 제멋대로 물건을 빼앗고, 가격도 제대로 치르지 않았다 한다.

10) 口稱勅(구칭칙) : 입으로는 황제의 명령이라 한다. 궁시(宮市)는 황궁에서 필요한 물품을 관청이 도맡아서 민간에 구입하는 제도이다. 그런데 중당 이후, 곧 덕종(德宗) 정원(貞元) 말(末)에는 태감이 물건구입을 도맡아 처리하면서, 백망(白望)이라 불리는 하수인 수백 명을 시장에 파견하였다. 이들은 공문서라는 것을 부여주면서 물건을 약탈하듯 하였지만, 이들이 부여준 문서는 가짜루 위주된 것도 많았다.

11) 迴車(회거) : 수레를 돌리다. 당대의 장안의 궁전은 성 북쪽에 있었다. 숯 수레는 성 남쪽에서 쉬고 있었으므로, 그래서 수레를 돌려서 북으로 향한 것이다.

12) 叱牛(질우) : 채찍질 하고 외치며 소를 모는 것을 말한다.

13) 宮使(궁사) : 궁중의 사신. 환관이든 백삼아이든 궁중에서 보냈으므로 사신이라 불렀다.

14) 驅將(구장) : 몰아서 끌고 가다.

15) 惜不得(석부득) : '惜'은 '애석하다'의 뜻이고, '不得'은 '방도가 없다'의 뜻으로 '아까워해도 할 수 없다'라는 뜻이다.

16) 紗綾(사릉) : '紗'와 '綾' 모두 비단을 말한다. 당대에 상품을 교역할 때에는 돈과 비단이 같이 사용되었다. 네 장(丈)이 한 필(一匹)이었으니, 반 필(半匹)은 두 장(丈)이다.

17) 直(치) : 숯 가격. '直'은 여기서 '値'와 같은 뜻으로 쓰여서 '치'라고 읽는다.

해설

백거이의 매탄옹은 '신악부(新樂府)' 50수 중의 32째 작품이다. 이 시의 자주(自注)로 "황궁구매를 고통스러워하다(苦宮市)"고 하였다. "宮市"의 "宮"은 황궁을 말하고 "市"는 산다는 뜻이다. 황궁에서 필요로 하는 모든 물건은 원래 관리가 사들였다. 중당시기에 환관이 권력을 독점할 때 이런 물건까지도 손에 대었다. 항상 수십 수백의 백망(白望)들이 장안의 동시(東市)와 서시(西市)의 번화한 곳에서 낮은 가격에 물건을 강제로 사들이는가 하면, 심지어는 한 푼도 주지 않고 물건을 빼앗아 갔다. 이름하여 "황궁구매(宮市)"지만 실제로는 일종의 공개적인 약탈이었으며, 그 피해자는 당연히 매탄옹 한 사람에 그치지 않았다. 시인은 매탄옹의 처지를 통하여 "궁시"의 본질을 폭로하면서, 백성의 물건을 약탈하는 통치자의 죄행을 크게 비판하였다.

첫 네 구절은 매탄옹의 숯은 쉽게 만들어지는 것이 아니라는 것을 썼다. "땔나무를 베고(伐薪)", "숯을 굽는다(燒炭)"는 말로 복잡한 제조공정과 긴 노동과정을 개괄적으로 요약하였다. "온 얼굴은 재 투성이로 검게 그을렸고, 양 귀밑머리는 희끗희끗 열 손가락이 검다."는 말은 매탄옹의 모습을 생동하게 그려내었다. 여기서 "南山"은 왕유(王維)가 묘사한 바, "사람 사는 곳에 투숙하려고, 강을 사이에 두고 나무꾼에게 물어보노라(欲投人處宿, 隔水問樵夫.)"고 한 바로 그 "종남산(終南山)"인데, 그때만 해도 남산은 승냥이와 이리가 출몰하고 황량하여 인적이 없는 곳이었다. 이런 곳에서 새벽부터 밤늦게까지 서리 밟고 눈 맞으며, 부지런히 일하여 땔나무를 베고 숯을 구어 겨우 천 여근을 구워내었으니, 그 한 근 한 근마다 피와 땀이 엉켜 있고, 희망이 담겨 있다. 여기에서 시인이 뛰어난 점은 시인 자신이 직접 나서서 독자들에게 매탄옹의 가정경제 상황을 소개하는 것이 아니라, "숯 팔아 돈을 벌면 어떻게 쓸까? 몸에 걸칠 옷이나 목구멍에 넣을 음식이나(賣炭得錢何所營, 身上衣裳口中食.)"라고 하는 문답을 설정했다는 점이다. 이러한 일문일답은 진부할 수 있는 표현을 살아 움직이게 하여, 시구가 생기 있도록 할 뿐만 아니라, 백성들이 겪는 고통의 깊이와 폭을 더 크게 확장하여서 독자들이 자세하게 볼 수 있도록 한다. 숯을 파는 이 노인은 더 이상 가난할 수 없을 지경에까지 이르러서, 별도로 입고 먹는 것이 없다. "몸에 걸치는 옷이나 입에 넣는 음식(身上衣裳口中食)"은 오직 그가 천신만고 끝에 구어 낸 천 근 남짓 되는 목탄을 좋은 가격에 파는 것뿐이다.

7, 8구에서 언급한 "가엽게도 몸에는 옷 고작 한 벌 뿐인데도, 숯 값 싸질까 걱정되어 날 추워지길 바라네(可憐身上衣正單, 心憂炭賤願天寒.)" 라고 한 두 구절은 역대로 인구에 회자되는 유명한 말이다. 몸에 걸친 옷이 고작 한 벌 뿐이면 당연히 날씨가 따뜻해지길 바란다. 그러나 이 매탄옹은 먹고 입는 문제를 전부 해결하려면 숯을 팔아 번 돈에 의지해야 하기 때문에 추워서 몸이 떨려도 마음은 날씨가 더 춥기를 바라는 것이다. 시인은 매탄옹의 어려운 환경과 복잡한 심리상태를 깊이 이해하여서, 겨우 10자만으로 이렇게 분명하게 표현해 내었다. 또 "可憐"이란 두 글자로 매탄옹의 고통에 대하여 무한한 동정심을 표하고 있으니, 평소에 그가 일반백성에게 어떠한 관심을 보였었는지 이 시를 통해 충분히 짐작할 수 있다.

시의 구성면에서 보면 이 두 구절은 전반부에서 후반부로 넘어오는 다리에 해당한다. "숯 값이 싸질까 걱정되어 날 추워지길 바란다(心憂炭賤願天寒)"고 한 구는 실제로 북풍이 매섭게 춥고 큰 눈이 흩날리기를 기대하는 것이다. "밤새 성 밖에 한 자나 되는 눈이 내렸으니(夜來城外一尺雪)" 드디어 매탄옹이 기다리던 대설이 내렸다! 이제 더 이상 "숯 값이 싸질까 걱정(心憂炭賤)"하지 않아도 되게 되었다. 황제 아래의 고관대작이나 거상부호들이 설마 보잘 것 없는 숯 가격을 한 근 한 근 따지겠는가? 매탄옹은 새벽에 수레를 끌고 나가다 얼음 위에서 헛바퀴 굴리며 고생을 하여도, 마음속으로는 한 수레 가득한 숯을 오늘 얼마에 팔 수 있을 것인가이다.

매탄옹은 겨우 한 수레의 숯을 구워서, 눈이 많이 내리기를 기다렸다가, 오는 길 내내 희망을 가지고 숯을 팔아 번 돈으로 먹을 것과 입을 것을 계산하였을 것이다. 남산에서 장안까지의 길은 아주 멀었을 뿐만 아니라, 또 얼음이 얼어 수레바퀴가 헛도는 매우 힘든 길이었다. 매탄옹이 겨우 저자 밖 남문에 도착하여 진흙 길에서 쉬고 있을 때는 이미 "소도 지치고 사람도 허기진(牛困人飢)" 상태였다. 그래도 숯을 팔아 번 돈으로 입을 옷과 먹을 것을 살 수 있다는 기대에 차 있었다. 바로 이때 진짜인지 가짜인지 알 수도 없는 공문을 손에 들고 말을 타고 달려오는 궁중사신을 만나게 되어, 그동안 바라고 고생했던 것들이 모두 물거품이 되고 말았다. 궁중사신이 숯 값으로 준 대가는 붉은 비단 반 필과 무늬 비단 한 장(丈)이다. 당대에는 비단과 돈을 겸용하였다고는 하나, 그 비단을 돈으로 계산하면 얼마나 될 것인가? 또 비단으로 옷을 만들어 입을 수가 있다고는 하나, 어찌 매탄옹이 그 비단으로 만든 옷을 입겠는가? 추운 겨울 길고 긴 얼음길에 천근이나 되는 숯을 끌고 오느라 소가 고생했으니 그 소에게 주는 수고비인가? 참으로 어이없는 장면이다. 시를 읽는 독자도 하도 어이가 없어 눈물을 흘리는데, 매탄옹 당사자임에랴.

이 시는 깊은 주제의식이 매우 강할 뿐만 아니라 예술적으로도 아주 특색이 있다. 5, 6구는 이 시 전체의 시안에 해당한다. "숯 팔아 번 돈 어떻게 쓰는가? 몸에 걸칠 옷과 목구멍 풀칠 할 것뿐이다"는 두 구절로 숯을 파는 것이 매탄옹의 유일한 생계라는 것과 매탄옹의 소망이 얼마나 소박하고 가련한 것인가를 생생하게 표현해 내었다. 다른 구절들은 모두 이 두 구절에 집중되어 있다. 또 표현법에서도 다른 것을 묘사하여 중요한 어떤 사물을 돋보이게 하는 배친법(陪襯法)과 반대편에서 묘사하여 이쪽을 부가시키는 반친법(反襯法)의 수법을 잘 활용하였다. "양쪽 귀밑머리 희끗희끗(兩鬢蒼蒼)"은 매탄옹이 나이가 들었음을 묘사하였고, "온 얼굴은 재 투성이에 검게 그을렸다(滿面塵灰煙火色)"라고 한 것은 매탄옹이 땔나무를 베어서 숯을 굽는 수고로움을 부각시키고 있다. 또 황량하고 무서운 "남산(南山)"은 매탄옹의 명운(命運)이 평탄하지 않음을 암시하였으며, "언 바퀴자리(冰轍)"와 "옷 고작 한 벌(衣正單)"은 "한 자나 되는 눈(一尺雪)"과 함께 매탄옹의 불쌍한 형상을 부각시켰다. 이런 것들은 수사법상 배친법으로 볼 수 있다. "소는 지치고 사람은 허기졌다(牛困人飢)"에서는 말과 "두 사람 말 타고 날듯이 온다(兩騎翩翩來)"는 일반백성과 통치자간의 양극화현상을 보여주고 있고, "한 수레 가득한 숯은 천근이 너 된다(車炭重千餘斤)"와 "붉은 비단 반 필과 무늬 비단 한 장(半匹紅紗一丈綾)"은 궁시의 약탈성과 야만성을 보여주고 있다. 이런 표현들은 반친법(反襯法)으로 볼 수 있다. 시인은 매탄옹의 삶을 묘사하는 가운데 이러한 수사기교를 가지고서 부패하고 억압적인 봉건계층을 신랄하게 비판하였다고 볼 수 있다.

柳宗元
(유종원 : 773~819年)

유종원은 자가 자후(子厚)이고, 태어나 자란 곳은 장안(長安)이나 본적은 포주(蒲州) 해현(解縣 : 지금의 산서성山西省 운성시運城市 해주진解州鎭)이다. 당 이전에는 하동군(河東郡)에 속했으므로 '유하동(柳河東)'이라 부르기도 한다. 대종(代宗) 대력(大曆) 8년(773년) 선비집안에서 태어났으나 성인이 되고 오래지 않아 부모를 잃었으며 아내 역시 서른 살이 되기 전에 일찍 잃어 가정환경이 불우하였다. 그의 이러한 가정적인 불행을 호소한 글이 많았는데, 그의 정치적 좌절과 더불어서 오히려 위대한 문학창작에 유리한 한 요소로 작용하였다.

그는 21세의 나이에 진사 급제하였다가 24세 되던 796년에 박학굉사과(博學宏辭科)에 응시하였으나 실패했다. 그러나 시험을 관장했던 이부(吏部)의 인정을 받아서 비서성의 교서랑이 되면서 관리생활을 시작하게 되었다. 유종원은 그해에 양빙(楊憑)의 딸과 결혼하였으나 부인은 3년 후 23세의 젊은 나이로 세상을 떠났다.

29세에는 남전현(藍田縣) 현위(縣尉)로 옮겼다가 31세에는 조정의 감찰기구인 어사내(御史臺)의 감찰어사이행(監察御使裏行)으로 영진했다. 그후 정치적 소용돌이에 휩싸였다가 33세에 지방의 자사(刺史)로 좌천되나, 곧 이어 사마(司馬)로 더욱 낮은 자리로 강등된다. 33세의 왕성한 나이에 정치적 좌절을 맞이하여 벽지의 하급관리가 되어 영주(永州)에 내려온 유종원은 약 십 년을 그곳에서 지낸다. 한편 이 시기에 독서와 더불어 사상적 성숙을 더하니 불후의 이름을 남기게 한 많은 문학 작품의 창작도 거의가 이 시기의 일이다. 그의 〈영주팔기(永州八記)〉는 산수 유람 기로서 산수경치와 자신의 정서를 융화시킨 중국 최고의 기유문(記遊文)으로 평가 받는데, 바로 이 시기에 지어진 것이다.

영주에서 십년 가까이 기다린 유종원은 드디어 조정의 부름을 받으나, 이번에는 더 먼 곳인 유주(柳州)의 자사로 발령을 받는다. 유주에서 그는 심신이 피폐해가면서 각종 질병에 시달리다가 결국 장안으로의 귀향을 기다리지도 못하고 헌종(憲宗) 원화(元和) 14년(819년) 47세의 나이로 일생을 마친다.

유종원의 시는 모두 160여수로서 당시 유명한 시인의 작품수로는 비교적 적은 편이다. 그 중 응수시(應酬詩)가 50여수, 산수시가 40여수, 그밖에 화목시(花木詩)와 생활시(生活詩) 및 풍자시(諷刺詩)가 각기 20수를 넘는다.

그의 시 세계는 고독과 절망과 망향의 정이 주를 이룬다. 높이 평가받고 있는 산수시는 한적한 풍경과 그의 그 심정을 노래하고 있는데, 그의 한적함은 일시적인 것이며, 번민 탈출의 애절한 몸부림이기도 하다. 따라서 도연명(陶淵明)과 같은 마음 속 깊은 곳으로부터 느끼는 한적한 경지와는 거리가 있다. 또한 사령운(謝靈運)의 시와 함께 언급되기도 하나 유종원의 산수시는 사령운처럼 아름다운 자연을 그대로 묘사한 것이 아니고, 그 안에 유배인으로서의 비애와 근심, 그리고 고독감과 망향의 정 등을 담아냈다. 그러함에도 불구하고 그의 시에 담긴 뛰어난 의경이 나름대로 커다란 예술성을 지님을 부정할 수 없다.

유종원의 시 형식은 주로 5 · 7언 절구와 율시로 매우 다양하여 일반적으로 여러 형식을 두루 겸비했다고 평가된다. 유종원은 5언 고시에도 치중하였는데, 내용에 치중되어 있어, 수사 자체를 위한 것은 아니라고 평가된다. 이는 형식 위주의 변문(騈文)에 반대하며 내용 위주의 자유로운 산문체를 제창한 점과 일맥상통한다. 이른바 그가 앞장서서 전개했던 고문운동(古文運動)의 정신과도 통하는 것이다. 한편 유종원은 적지 않은 장편의 풍자시를 썼다. 이 풍자시는 동시대에 백거이(白居易)

나 원진(元稹)이 현실을 폭로하고 비판하는 신악부체시(新樂府體詩)를 많이 쓴 것과도 관련되며, 더욱이 그의 정치적 처지에 따른 비판적이고 공격적인 성향도 적잖이 개입된 결과라고 할 수 있다.

江雪 강설

天山鳥飛絶　　천산조비절
萬徑人蹤滅　　만경인종멸
孤舟簑笠翁　　고주사립옹
獨釣寒江雪　　독조한강설

눈 내리는 강

온 산엔 새조차 날지 않고,
모든 길엔 사람 자취 끊어졌는데,
외로운 배에 탄 사립 옹
눈 내리는 추운 강에서 홀로 낚시질한다.

주석

1) 徑(경) : 길.
2) 蹤(종) : '발자취', '각인'이라는 뜻이다.
3) 孤舟(고주) : '한 척의 외로운 배'라는 뜻이다.
4) 簑笠翁(사립옹) : 도롱이 걸치고 삿갓 쓴 노인. '簑'는 도롱이, '笠'은 삿갓을 말한다.
5) 獨釣(독조) : '홀로 낚시하다'라는 뜻이다.

해설

이 오언절구는 유종원의 대표작 중 하나로서, 설경을 묘사한 시 가운데 가장 뛰어난 작품이라고 평가받고 있다. 이 시는 유종원이 33세이던 805년에 영주사마로 좌천되고 난 뒤에 지은 것으로 추측된다.

작자는 바로 1년 전에 정치생명을 걸고 '영정혁신'에 가담하였는데, 곧 바로 순종이 서거하고, 혁신도 실패로 돌아가고, 영주로 좌천된 이듬해에는 어머니도 돌아가시자, 그 쓸쓸한 심정을 이 서경시(敍景詩)에 기탁하고 있다.

그는 영주에 가 있는 동안 심한 정신적 좌절과 고통을 체험하여 산수경치를 세밀하게 묘사하는 등의 한적한 시로써 마음을 달래려 했다. 이 시는 청고(淸高)한 마음을 기탁하는 동시에 작자 자신의 정치적 실의와 번뇌에서 헤어 나오려 애쓴 흔적이 역력하다. 따라서 이 시에 드러나 있는 산수시의 특징은 객관적 세계, 곧 자연 풍경을 비교적 그윽하면서도 담담하게 그려내고 있다는 점이다. 시인의 주관적 심정 역시 비교적 적막한 느낌이 들며, 심지어 고독한 느낌마저 드러내고 있다. 물론 왕유(王維)나 위응물(韋應物)의 산수시처럼 상큼한 색채는 찾아보기 힘들다. 이런 점은 그 일생의 조우와 복잡다단한 사상 감정과 분리시킬 수 없긴 하지만, 아무튼 불과 스무 자의 글로써 독자들을 그윽하고 고요하면서도 차갑고 썰렁한 경지로 끌어들이는 매력을 짙게 풍기고 있다.

이 시를 읽는 맛은 한 폭의 그림을 펼쳐놓은 듯한 시상의 전개와 그에 따른 시어의 적절한 선택을 감상하는 데에 있다. 큰 눈이 내리는 강에 조그만 배가 떠 있는데, 한 고기잡이 늙은이가 도롱이를 입고 삿갓을 쓰고, 혼자 강 한복판에 낚시를 드리우고 있는 모습을 상상해보자. 지금 여기서 시인이 독자들에게 내보이려 하는 내용은 바로 온 천지간에 이 노인처럼 때 묻지 않고 청정한 생활을 할 수 있는 사람이 얼마나 되느냐는 의미의 확대와 다르지 않다. 지금 이 노인의 마음상태는 무엇에 쫓겨 불안하다거나 짓눌린 상태가 아니다. 노인은 주변의 모든 일들이 자신과는 무관하게 느껴지는 텅 빈 마음의 상태로 몰입하고 있다. 즉 자신의 몸이 놓여 있는 조그만 배 위에서 몸과 마음을 가지런히 하고서 자유로운 몸으로 한적하게 낚시질을 하고 있는 것이다.

구성 면에서 시인은, 조그만 배에서 도롱이를 입고 삿갓 쓴 고기 잡는 늙은이가 큰 눈이 내리는 가운데 낚시질 하는 모습을 개괄적으로 묘사할 뿐이며, 편폭의 절반 이상을 배경묘사에 할애하고 있다. 먼저 시인은 "온 산(千山)"과 "모든 길(萬徑)"이라는 두 단어로써 아래 구절의 "외로운 배(孤舟)"에서 "홀로 낚시하는(獨釣)" 모습과 극단적으로 대비시키고 있다. 따라서 "千"과 "萬"이 없다면, "孤"와 "獨"이 유발하는 긴장효과는 격감될 것이며, 특히 산 위로 날아다니는 새와 길 위의 인적 등은 본래 지극히 평범하고 일상적인 사실에 불과하지만, "絶"과 "滅" 두 글사에 의해 전혀 다른 맛을 풍기고 있다.

또 시를 통하여 구현된 회화적 원거리감은 작자가 "雪" 자를 이 시의 맨 끝에 두면서도 또 그것을 바로 앞의 "江" 자와 연결시킴으로서 생성된 효과이다. 다시 말하면, 삿갓 쓴 늙은이 주위에 있는 모든 것들은 눈으로 뒤덮여 있다. 산 위도 눈이고, 길 위도 눈이며, 모든 산과 모든 길도 눈으로 뒤덮여 있다. 그러기에 새들이 날아가는 것도 끊어진 것 같고, 인적도 사라진 것처럼 보인다. 고기 잡는 삿갓 쓴 늙은이도 당연히 눈으로 뒤덮였을 것이다. 그러나 시인은 이들을 눈과 직접적으로 연결시키지 않고 있다. 오히려 강, 또는 강 중심만 보이고 있다. 강에는 당연히 눈이 쌓이지 않는다. 그리고 눈이 강에 이르면 당연히 즉시 물로 변한다. 그런데도 시인은 굳이 "寒江雪"이란 말을 사용하면서, "江"과 "雪"이라는 서로 아주 멀리 떨어져 있는 이미지를 함께 엮음으로 말미암아 시를 읽는 독자들에게는 몽롱하고 아득하며, 그리고 또 극히 미세화 된 회화적 느낌을 갖도록 해준다. 또 "寒(추운)"이라는 한 글자는 단순히 겨울이라는 기후를 나타내는 것만은 아니다. 이 단어야말로 다름 아닌 정치적 좌절을 거듭하고 있는 시인 내면의 고독한 마음을 표현하고 있는 것이다. 때문에 "寒江雪" 이 세 글자에는 화룡점정(畵龍點睛)의 묘미가 있어 이 시 전체를 유기적으로 연결시키는 동시에 세련되면서도 소박한 경치를 잘 소묘해 내는 역할을 하고 있다. 구체적이면서도 세심한 수법을 유감없이 발휘하여서 원거리 화면을 소폭에 담아내는 시인의 솜씨에는 정련된 아름다움의 참 모습이 배어있다.

이 서경시(敍景詩)는 좌천 당시의 자신의 고독한 마음을 읊고 있어 내면적으로는 애상과 비분강개한 정신이 깃들어 있다고 볼 수도 있다. 시인은 이 고기 잡는 늙은 이에게서 그가 이상적으로 생각하는 인격을 기탁하고 있는 것이 아닐까? 이 노인은 주위의 변화, 곧 새도 날지 않고 사람의 발길도 끊어졌으며, 많은 눈이 하늘과 땅을 뒤덮고 있는 것 등에 아무런 마음을 두지 않고 있다. 이런 여유로운 태도와 세상을 버린 홀로 된 정신이야말로, 귀양가있는 작자가 지향하는 바이다. 그러므로 이 노인이 낚시 대를 드리운 행위는 결코 고기를 잡는 데 있지 않고, 세상의 속됨과 어지러움을 잊어버리고 잠시나마 휴식을 취하고자 함이다. 따라서 이 시를 단순히 한 폭의 자연 풍경을 소묘해 놓은 서경시라고 보기보다는 인생에 대한 시인 자신의 갈등과 번뇌를 역설적으로 기탁해 놓은 서정시라고 보는 견해도 상당한 설득력을 갖게 된다.

漁翁 어옹

漁翁夜傍西巖宿　　어옹야방서암숙
曉汲淸湘然楚竹　　효급청상연조죽
煙銷日出不見人　　연소일출불견인
欸乃一聲山水綠　　애내일성산수록
廻看天際下中流　　회간천제하중류
巖上無心雲相逐　　암상무심운상축

어부

어옹은 밤엔 서쪽 바위에서 잠자고
새벽이면 맑은 상수 길어 초나라 대나무를 태운다.
해 솟아 안개 걷혀도 사람 보이지 않았는데
어기여차 한 소리에 산과 물은 푸르러진다.
머리 돌려 하늘가를 바라보며 강 한가운데로 내려가니
바위 위의 구름도 무심히 쫓아간다.

주석

1) 漁翁(어옹) : '漁'는 '고기 잡다'는 뜻이고, '翁'은 '늙은이'라는 뜻이다. '漁翁'은 '고기 잡는 늙은이'라는 뜻이다.
2) 傍(방) : '곁', '다가가다', '의지하다'의 뜻이다.
3) 西巖(서암) : 서쪽 바위. '西巖'은 '조양암(朝陽岩)'이라고도 불리는데, 영주의 서쪽에 위치한 '서산(西山)'을 가리킨다.

4) 曉汲(효급) : 새벽에 물을 긷다.

5) 淸湘(청상) : 맑은 상강. 상강(湘江)은 호남성을 가로질러 동정호(洞庭湖)에 이르는 강이다.

6) 然(연) : 여기서는 '燃'과 같은 뜻으로 사용되어, '태우다'는 뜻이다.

7) 楚竹(초죽) : 초 지방에서 자라는 대나무를 말한다.

8) 煙銷(연소) : '안개가 사라지다'. 햇빛이 나자 안개가 걷히는 것을 말한다. '煙'은 '연기', '안개'의 뜻으로 쓰이고, '銷'는 원래 '녹다'는 뜻이나, '흩어지다', '사라져 없어지다' 등의 뜻으로도 사용된다.

9) 欸乃(애내) : 노를 저을 때 힘을 내기 위하여 뱃사공이 내는 소리로서 '어기여차!', '영차!'의 뜻이다.

10) 廻看(회간) : 머리를 돌려서 보다. '廻'는 '머리를 돌리다'는 뜻이다.

11) 天際(천제) : 하늘 끝. 하늘과 땅이 접하는 부분을 말한다. '際'는 원래 두 사물이 접하는 곳을 가리킨다.

12) 中流(중류) : '중류'는 '상류', '중류', '하류'라고 할 때의 '중류'가 아니다. 물길의 한복판을 가리킨다.

13) 逐(축) : 쫓아가다.

해설

유종원이 이 작품을 썼을 때는 그가 영주(永州)로 좌천되었을 때이고, 그가 머물렀던 영주는 지금의 호남성 남부에 있는 영주시로서 상강(湘江)에 접해있는 시골이었다.

시는 우선 앞의 네 구에서 새벽녘의 상강정경과 거기에서 유유자적한 생활을 영위하는 어부를 묘사하고 있다. 서암(西巖)은 영주읍 서쪽에 위치한 서산을 가리키는데, 이른 아침에 어부는 상강에서 맑은 물을 길어 대나무를 태워서 조반을 짓는다.

맑은 상강수와 곧은 "초죽(楚竹)"은 어부의 때 묻지 않음과 꼿꼿한 기개를 상징한다.

본래 아침에 일어나면 샘물을 길어 아궁이에 불을 지펴 밥을 하는 것이 상례인데, 이 시에서는 전혀 그렇지 않다. "새벽에는 맑은 상강 물을 길어 초 지방의 대나무 태워 아침밥을 짓는다."고 표현했다. 아무리 상강 물이 깨끗하다고 한들 식수로 사용할 수 있을 것이며, 또 대나무를 땔감으로 사용할 만큼 땔나무가 부족한 것인가? 이것은 실제로 그런 것은 아니고, "淸"이란 글자와, "竹"이란 두 글자를 강조함으로써 자신의 고고한 성품을 드러내려했기 때문일 것이다.

다음 두 구는 이 시 가운데 가장 빼어난 부분으로 해가 솟아 아침 안개가 걷힌 뒤 푸르러지는 산과 강의 풍경을 노래한 것인데, 그 아름다운 산수를 만들어 내는 것이 바로 어부의 노랫소리이다. 이 통쾌하고 신명나는 어부의 노랫소리의 극적등장을 위해 앞 구에서 어부의 모습을 의도적으로 감춘 것이라고 할 수 있다. 그리고 어부의 노랫소리에 산과 강이 푸르러진다는 것은 시인 자신이 이 세계의 주체자로 있음을 은연중에 드러내는 것이라고 할 수 있다. 마지막 구에서 시인은 무심한 구름을 등장시켜 유유자적하는 어부의 자유로운 삶의 높은 경지를 비유적으로 드러낸다.

이 시의 전체를 휘감고 있는 분위기는 인간이라면 누구나 누리고 싶어 하는 그러한 평안한 삶의 모습이라 할 수 있다. 그리고 이런 세계는 벼슬살이하는 데서는 추구될 수 없는 유미적 세계이다. 따라서 이 시의 제목이요 주요 제재인 "늙은 어부"는 고통만이 지배하는 현실적 인간세계의 온갖 모순을 송두리째 삼켜버리고, 또 그것을 초극한 달인의 모습으로 비춰진다. 이 어부는 바로 유종원 삶의 지향이 깃들여 있는 지사(志士)인 셈이다.

溪居 계거

久爲簪組累	구위잠조루
幸此南夷謫	행차남이적
閑依農圃隣	한의농포린
偶似山林客	우사산림객
曉耕翻露草	효경번로초
夜榜響溪石	야방향계석
來往不逢人	래왕불봉인
長歌楚天碧	장가초천벽

계곡에 살면서

오랫동안 관직에 묶여 있다가
다행히 남방 미개지에 쫓겨 왔네.
한가로이 농가의 이웃을 의지하지만,
가끔은 산림의 은자같이 지내네.
새벽엔 밭 가느라 이슬 젖은 풀 뒤집고
저녁엔 배 저어오느라 계곡 바위 울려댄다.
오고 가고 함에 사람을 만나지 않으니
긴 노래 가락에 초 땅의 하늘만 푸르다.

주석

1) 簪組(잠조) : '비녀와 인끈', '簪'은 관(冠)이 벗어지지 않도록 관의 끈을 꿰어 머리에 꽂는 비녀 같은 물건이다. '組'에는 두 가지 해석이 있다. 관영(冠纓), 곧 관끈으로 보기도 하고, 인수(印綬), 곧 도장끈으로 보기도 한다. 어떤 경우이든, 이 둘은 모두 관리생활을 상징한다.
2) 累(루) : '묶이다', 또는 '구속되다'의 뜻이다.
3) 南夷謫(남이적) : '南夷'는 남쪽의 이민족을 가리키고, '謫'은 '유배되었다'는 뜻이다. '南夷謫'은 남방 미개인의 땅인 영주(永州)로 유배되었음을 가리킨다.
4) 偶似(우사) : 앞 구의 '閑依(한가롭게 ~을 의지하다)'와 대구를 이루어서, '가끔씩 ~를 닮다'는 뜻이다. '似'는 원래 '비슷하다'는 뜻이나, 여기서는 '~처럼 지낸다', '~처럼 행동한다'는 뜻으로 쓰였다.
5) 農圃隣(농포린) : '농사짓는 밭의 이웃 사람'을 가리킨다. '圃'는 '채소밭', '隣'은 이웃 사람을 가리킨다.
6) 夜榜(야방) : '夜榜'이 앞 구의 '曉耕(새벽에 밭을 갈다)'와 대구(對句)를 이루므로, '榜'은 '배를 젓다'는 뜻의 동사로 해석해야 한다.
7) 響溪石(향계석) : '(저녁에 돌아오느라) 배가 계곡의 바위에 부딪혀 소리를 울린다.'는 뜻이다.

해설

원화(元和) 5년(810년) 유종원이 영릉(零陵) 서남쪽을 유람할 때, 염씨(冉氏)가 살았던 염계(冉溪)를 발견하였는데, 그 풍경의 수려함을 좋아해서 그곳으로 거처를 옮겨 살면서 이름을 우계(愚溪)로 바꾸었다. 이 시는 시인이 영주(永州)로 폄적(貶謫)된 뒤 우계에서 살던 생활모습을 묘사한 것이다.

시인은 오랫동안 관직에 묶여 있다가, 다행히 남방의 소수민족지역으로 폄적되면서, 그 동안의 근심걱정을 잊고 지내게 되었다. 그는 한가로이 농부와 이웃하여 지내게 되었는데, 가끔씩은 자신이 산림의 은자같이 되었다는 생각을 하기도 한다. 이른 아침에 이슬을 밟으며 농사일 하러 나가지만, 어떤 때는 노를 저어 나가 산수자연을 즐기다가 어두워져서야 집으로 돌아오기도 한다. 혼자 갔다 혼자 돌아오니 사람 만날 일이 없어, 푸른 하늘을 향하여 길게 소리 내어 노래한다.

청(淸)의 심덕잠(沈德潛)은 ≪당시별재(唐詩別裁)≫권4에서 우계를 읊은 유종원 시를 가리켜 "원망을 드러내지 않으면서 원망하거나, 실제로는 원망하면서도 그 원망을 드러내지 않는 표현을 시의 행간이나 언외에서 때때로 만나게 된다(不怨而怨, 怨而不怨, 行間言外, 時或遇之.)"고 평한 바 있다. 이렇듯 이 시는 표면상으로는 계거(溪居) 생활의 한가로움을 나타낸듯하지만, 행간을 잘 살펴보면 실제로는 조정에서 밀려난 데 대한 원망과 이민족의 땅에서 혼자 생활하는 외로움을 감추고 있다. 시인은 둘째 구에서 "적(謫)"이란 말을 사용하고 있는데, 원래 "謫"이란 말은 관리가 조정에서 밀려나 멀리 좌천되거나 유배된다는 뜻이다. 그런데도 시인은 오히려 오랫동안 관리생활에 구속되어(累) 있다가, 이렇게 황폐한 곳으로 폄적된 것을 "다행(幸)"이라고 말하고 있으니, 이것은 실제로는 고통의 웃음일 뿐이다. 3, 4구에서 "한가로이 농가의 이웃을 의지하지만, 가끔은 산림의 은자같이 지낸다."고 한 시인의 생활도 실제로는 시인이 진정으로 원하고 즐기는 삶의 모습이 아니다. "한가로이 농가의 이웃을 의지한다."는 말에는 할 일 없이 무료하게 지내면서 이웃 농가의 힘을 빌려서 살아가고 있다는 뜻을 내포하고 있으며, "가끔은 산림의 은자같이 지낸다."고 한 말도 그가 진정한 은둔자로서 담백하고 한가로운 생활을 하고 있지 않다는 것을 암시하고 있다. 7, 8구에서 "오고 가고 함에 사람을 만나지 않으니, 긴 노래 가락에 초 땅의 하늘만 푸르다."고 한 말도 외견상으로 자연과 동화된 자유로운 삶을 묘사한 것 같지만, 실제로는 함께 어울릴 벗이 없어, 하루 종일 하늘만 바라보는 외로움을 호소한 것일 뿐이다. 그러니 이 시에 보이는 시인의 여유롭고 한적한 삶은 사실 억지로 가장한 한적이요, 가장한 여유라 할 수 있는데, 바로 이 점이 이 시의 운치(韻致)라 할 수 있다.

유종원 역시 다른 사람들처럼 세상 속에서 입신양명을 추구하다가, 본의 아니게 자연 속으로 방출된 인물이다. 그가 비록 홀로 된 이의 자유와 여유를 노래하고 있지만, 이전의 세상을 마음으로 온전히 지우지 못하였으니, 모두가 거짓 웃음이요, 거짓 자유이다. 남의 눈에 들킴 없이 찬양될 수 있는 외로움이란 이 세상에 존재하지 않는다. 인연이란 인연은 모두 끊고서 첩첩 산중으로 출가하였던 그 모든 고승들도 결국은 다시 그 산중에서 그가 버렸던 세속의 사람을 다시 만나지 않더냐? 원망이 있을 땐 그냥 원망하고, 외로울 땐 그냥 외롭다고 소리칠 일이다. 아닌 척 해봐야 결국은 다 드러나고 말 거짓을 저 혼자 진징한 자유인인 양 위장하지 바라.

元稹
(원진 : 779~831年)

원진은 백거이(白居易)와 절친한 사이이면서 신악부(新樂府) 운동을 완성한 사람이다.

자가 미지(微之)이며, 하남(河南) 하내(河內) 사람으로 대대로 관리를 지낸 학자 집안에서 태어났으나 어려서 부친을 여의고 모친을 따라 외가에서 생활하였다. 모친 정(鄭)씨 가문 역시 학자 집안이어서 가풍의 영향과 모친의 가르침으로 어려서부터 문학적 소양이 길러져 9세에는 시문을 지을 수 있었다.

원진은 15세의 나이에 명경과(明經科)에 급제하고, 24세에는 이부시(吏部試)에 급제하여 비서성(秘書省) 교서랑(校書郎)에 제수 받았고, 28세에는 좌습유(左拾遺)도 지냈다. 원진은 정치상의 이해득실과 간언하는 관리의 중요성을 설명하는 표주(表奏)를 헌종(憲宗)에게 올려 이로 인해 조정 대신들의 시기와 참소를 받게 되어 하남위(河南尉)로 좌천되기도 하였다.

원화(元和) 5년(810년)에 불법적인 관리를 탄핵하다가 환관 유시원(劉士元)과의 마찰로 인하여 강릉사조참군(江陵士曹參軍)으로 폄적(貶謫)되었다가, 뒤에 다시 통주(通州 : 지금의 사천성四川省 달주達州)의 사마(司馬)가 되었다. 훗날 또 다시 환관과 결탁하여 재상의 지위까지 올랐으나 쓰라린 좌천의 맛을 보아야 했다. 원진은 이런 과정을 거치는 중 현실을 폭로하고 사회를 비판하는 대표적인 사회시인 신악부체시(新樂府體詩)를 많이 썼으며, 더불어 법을 어기고 사회질서를 흩트리는 자가 있으면 지위고하를 막론하고 비판하며 문책하는 일을 계속하면서, 시로서 폭로하는 일을 게을리 하지 않았다. 환관의 권세에도 굴하지 않고 비판과 탄핵을 일삼던 젊은 패기의 원진의 모습은 40대 초반이 되자 찾아보기 힘들어졌다. 오히려 환관의 도움으로 중서사인한림학사승지(中書舍人翰林學士承旨)에 발탁되었다가 환관과 결탁하여 국정을 어지럽힌다는 배도(裵度)의 상소로 공부시랑(工部侍郎)으로 물러났다가 다시 황제의 총애로 재상까지 올랐다. 이후 무창절도사(武昌節度使)로 나갔다가 태화(太和) 5년(825년) 53세에 갑작스런 질병으로 세상을 뜬다.

원진은 백거이와 더불어 신악부 운동을 창시하였으며, 백거이가 〈신제악부(新題樂府)〉에 치중했다면 원진은 〈고제악부(古題樂府)〉에 치중했다. 두 사람은 평이한 표현을 제창하여 원화체(元和體) 시풍을 세워 '원백(元白)'으로도 불리었다. 원진의 현존하는 시 719수는 풍자시가 주종을 이루며, 백성의 애절한 삶이나 귀족의 음란한 생활을 잘 묘사한 사회시도 많다. 그가 지은 〈악부고제(樂府古題)〉19수와 〈신제악부(新題樂府)〉12수는 당시 사회적 위기를 제대로 반영한 원진 시 작품의 성취(成就)라고 평가받고 있다.

聞樂天授江州司馬 문낙천수강주사마

殘燈無焰影幢幢　　잔등무염영당당
此夕聞君謫九江　　차석문군적구강
垂死病中驚坐起　　수사병중경좌기
暗風吹雨入寒窗　　암풍취우입한창

낙천이 강주사마에 제수되었다는 소식을 듣고서

사그라진 등불엔 불꽃 없고 그림자만 흔들거리는데,
이 밤 그대가 구강으로 귀양 간다는 소식 들었네.
다 죽어가는 병중에도 놀라서 앉은 채 몸을 세우니,
어두운 바람만 비를 휘몰아 찬 창문으로 불어 든다.

주석

1) 江州(강주) : 지금의 강서성(江西省) 구강시(九江市)이다.
2) 幢幢(당당) : 화영(火影)이 움직이는 모양. 어두운 모양이라고 풀이하기도 한다.
3) 九江(구강) : 당대(唐代)의 강주(江州)로 수대(隋代)에는 구강군(九江郡)이었다.
4) 垂死(수사) : '다 죽어가다'의 뜻이다.
5) 暗風(암풍) : '어둠 속에 부는 바람'을 의미한다.

해설

원진이 통주사마(通州司馬)로 있던 원화(元和) 10년에 재상(宰相)인 무원형(武元衡)이 장안에서 피살당한 일이 발생하였다. 원진의 절친한 친구인 백거이(白居易)는 이때 암살범을 잡아야 한다고 주청하다가, 상소문의 과격한 표현으로 인하여 조정 실권자들에게 잘못 보여서, 태자좌찬선대부(太子左贊善大夫)라는 직에서 강주사마(江州司馬)로 폄적(貶謫)되었다. 이 시는 이때 통주에 있던 원진이 친구 백거이가 폄적되었다는 소식을 야밤에 듣고서, 놀란 마음으로 일어나 병중에 쓴 시이다.

이 시의 중긴 2, 3구는 시인이 이러한 불행한 소식을 들었을 때의 놀란 마음을 표현한 것으로서, 시어(詩語)는 소박하여도 담겨 있는 감정은 매우 강렬하다. 시의 첫 구와 마지막 구는 실경(實景)을 서술한 것인데, 시인이 처한 처량하고 암담한 분위기를 형상적으로 잘 그려냄으로써, 친구의 폄적을 아파하는 시인의 마음을 더욱 진하고 깊게 드러나게 하였다.

원진은 이때 타향으로 폄적되어 있은 데다가, 원래 중병에 걸려 있어서 심리적 상태가 좋지 않았다. 그런데 갑자기 그의 친구도 폄적되었다는 소식을 듣고 더욱 깜짝 놀라게 되어, 온갖 걱정과 근심이 마음속에서 한꺼번에 솟아올랐다. 이러한 비통한 심정으로 사물을 바라보니 모든 사물도 역시 암울하게 변해 버린다. 시인이 이제 등불(燈)을 보자, 등불은 불꽃이 모두 사그라진 등불같이 느껴지고, 심지어는 등불의 그림자조차 흔들흔들 하는 것처럼 보였다. "바람(風)"에는 원래 밝고 어두운 것이 없으나, "어두운 바람(暗風)"으로 느껴졌고, "窗"도 본래는 춥고 더운 것과 관계가 없지만 "차가운 창(寒窗)"으로 느껴졌다. 이것은 감정이 이입된 결과인데, 감정의 투입과 투과로 "바람(風)"과 "비(雨)"와, "등불(燈)"과 "창문(窗)"은 모두 "사그라지고(殘)", "어두워지며(暗)", "차갑게(寒)" 변해버렸다. 그러니 첫 구 "殘燈無焰影幢幢"과 넷째 구 "暗風吹雨入寒窗"는 실제의 장면을 묘사한 것이기도 하지만, 시인의 느낌을 묘사한 것이기도 하다. '경(景)'과 '정(情)'이 결합하여 하나가 되었으니, 그 결합의 오묘함이 끝이 없다.

특히 셋째 구 "垂死病中驚坐起"에서는 시인의 생생한 정신을 느낄 수 있다. 시구 중에 "놀라다(驚)"는 말은 당시 깜짝 놀란 시인의 감정(情)을 표현하였고, "坐起"라는 말은 당시의 놀란 모습(狀)을 표현한 것이다. 만약 '감정만 묘사하고 '모습'을 묘사하지 않는다면, "놀라서 앉은 채 몸을 세운다(驚坐起)"가 아니고, "깜짝 놀랐다(吃一驚)" 정도가 될 것이니, 그렇다면 이 시는 아마도 매우 무미건조하게 될 것이다. 여기에다 더하여 "다 죽어가는 병중(垂死病中)"이라는 말로 감정의 깊이를 한층 더 강화하여서, 이 시구(詩句)의 의미를 더욱 생생하게 만들었다. 앞에서 먼저 '다 죽어가는 병중'이라고 말했다면, "앉아서 몸을 세운다는 것"은 당연히 매우 힘든 일이다. 그러나 시인은 오히려 "놀라서 앉은 채 몸을 세웠다"고 하였으니, 이것은 그 놀람이 엄청나게 컸다는 것을 설명해주고 있다. 바로 여기에서 독자들은 원진과 백거이 두 사람간의 우정의 깊이를 분명하게 깨달을 수 있게 된다.

시를 쓰는 일반적인 규칙에 따른다면, "垂死病中驚坐起"의 뒤에는 시인이 놀란 뒤의 구체적인 내용이 나와야 하지만, 그런 말은 한 마디도 없이 실제 경물을 묘사하며 "風吹雨入寒窗"이라고만 하였다. 이렇게 되면 "驚"의 구체적인 의미는 경물에 내포되어 있기 때문에, 그것은 깊게 감춰지고 드러나지 않아서 끝없는 함축미를 지니게 된다. 시인은 이렇듯 전부를 드러내지 않고 독자 스스로 깨닫고, 상상하고, 음미하게 남겨두었다.

원진이 이 시를 써서 강주(江州)로 보내니, 백거이가 이 시를 읽고 매우 감동하였다고 한다. 백거이는 원진에게 쓴 편지에서 "이 시는 다른 사람도 아직 읽을 수 없을 것인데, 하물며 내 마음임에랴! 지금까지도 매번 읊조릴 때마다, 여전히 슬프고 슬플 따름이다(此句他人尙不可聞, 況僕心哉! 至今每吟, 優惻惻耳.)"라고 말한 바가 있다. 감정과 경물이 잘 융합되고, 함축미가 다함이 없는 시에는 매우 강한 예술적 매력이 있다. 보통 사람이 읽어도 여전히 예술적 감동을 받는데, 하물며 당사자인 백거이는 어땠겠는가?

≪당재자전(唐才子傳)≫에서는 원진과 백거이의 사귐과 관련하여 "원진은 백거이와 가장 가까웠는데, 비록 골육형제라 할지라도, 그에 아직 미치지 못하였다. 그

들이 서로 그리워하는 마음의 변함없음은 금석을 비웃을 정도이다(微之與白樂天最密, 雖骨肉未至. 愛慕之情, 可欺金石.)"고 말한 바 있다. 백거이는 원진이 폄적되어 강릉(江陵)으로 부임할 때 꿈속에서 친구 원진을 만났는데, 이때 누군가 문을 두드리는 소리에 잠을 깬다. 그는 혹 꿈에서 만났던 원진이 아닌가 하여 놀라 뛰어나가니, 마침 원진의 편지를 전하는 사람이었다. 백거이는 이때 〈無題〉시를 지어서 친구를 보고파 하는 그의 급한 마음을 "잠자리에서 갑자기 놀라 일어나, 아래 위 옷을 뒤바꿔 입었다(枕上忽驚起, 颠倒着衣裳.)"고 말하기도 하였다. 그야 말로 골육의 정으로도 미치지 못할 우애이다. 이 두 사람은 아름다운 여인을 사모하는 마음 이상으로 서로가 서로를 그리워하였다. 내 생각에는, 한 세상 살아가면서 이런 친구가 딱 한 사람만 있다 해도, 나의 삶은 진정으로 행복하였다 할 수 있을 것 같다.

賈島 (가도 : 779~843年)

가도의 자는 랑선(浪仙)이고 범양(范陽) 사람이다. 한유(韓愈)와 장적(張籍), 맹교(孟郊) 등과 시로 서로 화답하며 교우하였다. 무본(無本)이라는 이름으로 승려가 되어 장안의 청룡사에 거주하였는데, 그에 대해서는 여러 가지 전설이 전해지고 있다.

한 번은 그가 노새에 걸터앉은 채 장안의 시가를 지나다가 마침 가을바람이 불어와 낙엽이 땅에 흩어지는 것을 보고서 "낙엽이 장안에 가득하다(落葉滿長安)"란 구절을 얻은 후, 대구를 생각하다가 다시 "가을바람이 위수에 부네(秋風吹渭水)"라는 시구가 떠오르자 너무 기뻐하다가 유서초(劉栖楚)라는 악당 일행과 부딪히게 되어 곤욕을 치루었다고 한다. 또 한 번은 이여(李餘)의 유거(幽居)를 방문하여 "새는 연못 속의 나무에 잠들고, 스님은 달 아래 문을 미네(鳥宿池中樹, 僧推月下門.)"의 시구를 얻게 되었는데, 둘째 구를 "僧敲月下門"으로 할까 고민하면서 '밀고(推)', '두드리는(敲)' 동작을 하면서 걷다가 당시 경조윤(京兆尹)인 한유 일행과 만나게 되었다. 한유는 가도의 고민을 듣고 '敲' 자가 더 좋을 것이라고 충고하여 주었고 이것이 인연이 되어 이후 사귐을 맺게 되었다. 오늘날 우리들이 글을 쓸 때 여러 차례 수정하면서 좋은 글로 바꾸어 보려는 행동을 '퇴고(推敲)'라고 부르는 것은 바로 가도와 한유의 고사에서 비롯되었다. 작품으로는 한적한 생활을 읊고 자연경물을 묘사한 자연시가 주를 이룬다. 나라 정사와 백성 질고에 관심을 두지 않고 생활환경 또한 협소하여 시에 나타난 감정이 담백하다. 전고나 화려한 문체를 사용하지 않고 평상 용어를 즐겨 써서 고적(枯寂)한 맛이 있다고 한다. 한유는 가도의 시를 "곧잘 평담함에 이르렀다(往往造平淡)"라고 하였는데 '평담'이 바로 가도가 일생동안 추구한 예술의 경지라 할 수 있다. 시집으로는 ≪장강집(長江集)≫이 있다.

이후 한유가 가도의 문장을 지도하고 환속시켜 진사시험에 응시하게 하였으나 실패하고 59세서야 비로소 장강주부(長江主簿)에 제수 받고, 보주사창(普州司倉)으로 전임하였고, 65세에 세상을 떠났다. 죽은 뒤에는 단지 병든 노새와 오래된 거문고(古琴)만이 남아 있었을 정도로 빈곤하게 일생을 마쳤다.

尋隱者不遇 심은자불우

松下問童子　　　송하문동자
言師採藥去　　　언사채약거
只在此山中　　　지재차산중
雲深不知處　　　운심부지처

은자를 찾아 갔다가 만나지 못하고

소나무 아래에서 동자에게 물었더니,
동자가 말한다 : "스승님은 약초를 캐러 가셨어요.
이 산중에 계시긴 하지만,
구름이 자욱하여 계신 곳을 모르겠습니다."

주석

1) 尋(심) : '찾다'는 뜻이다.
2) 隱者(은자) : '은거하고 있는 사람'을 말한다.
3) 不遇(불우) : '만나지 못하다'의 뜻이다.
4) 採藥(채약) : '약초를 캐다'의 뜻이다.
5) 處(처) : '행적', '있는 곳'이라는 뜻이다.

해설

이 시는 시인이 은자를 만나러 가서 쓴 시로써 문답체로 이루어져있다. 은거생활을 엿볼 수 있는 시로 간결한 표현이 돋보인다.

가도(賈島)는 '퇴고(推敲)'라는 두 글자로 유명한 고음(苦吟)시인이다. 일반적으로 그는 단지 글자 사용 방면에만 공력을 기울인 것으로 알려져 있으나, 사실은 그의 '推敲'는 시어를 다듬는 것뿐만 아니라, 시의 구상 면에서도 마찬가지로 심혈을 기울였던 시인이다. 이 시(詩)가 바로 하나의 예증(例證)이다.

이 시의 특징은 대답 속에 질문을 담고 있다는 섬이다. "소나무 아래에서 동자에게 물었다(松下問童子)"는 말에는 묻는 내용이 생략되어 있지만, 동자가 "스승님은 약초를 캐러 가셨어요(師採藥去)"라고 답한 이 네 글자를 통해서, 당시 시인이 소나무 아래에서 "스승님이 어디에 가셨냐?(師往何處去)"라고 물었다는 것을 상상할 수 있다. 이어서 "어디에서 약초를 캐고 계시느냐?(採藥在何處)"라는 질문이 생략되어 있지만, "이 산중에 계시긴 하지만(只在此山中)"이라는 동자의 대답에서 그 질문내용이 생략된 것임을 알 수 있다. 마지막 구인 "구름이 자욱하여 계신 곳을 모르겠습니다(雲深不知處)"는 말은 동자가 "도대체 산의 앞 · 뒤, 또는 산의 위 · 아래 어느 곳이냐?"고 하는 상대방의 질문에 대답한 것이라는 것을 짐작할 수 있다. 이 시는 분명히 세 번의 문답 형식이어서 최소 여섯 구로 표현해야 하지만, 시인은 답구(答句)에 문구(問句)를 포함하는 수법으로 20자를 정선하였던 것이다. 이 작품은 얼핏 보기엔 단지 평이하고 간결한 문답체로 보이긴, 시인의 고음(苦吟)하는 자세가 역력히 보이는 작품이라 할 수 있다.

그리고 이 시가 예술적으로 성공한 것은 단지 간결하고 정련된 언어에만 있는 것이 아니어서, 여전히 그의 절묘한 부분을 설명하기가 어렵다. 이 시의 서정적 특징은 평범한 가운데 심오함이 있다는 것이다. 일반적으로 친구를 방문했는데 친구가 출타한 것을 알게 되면 곧바로 기분이 안 좋아져서 되돌아가게 된다. 그러나 이 시에서는 한 번 물어 본 후 포기하지 않고, 계속 두 번 세 번 물어 보니, 그 질문이 번

다하여도 필체가 간결한데, 결국 간결한 필체로써 감정을 묘사하고 있으니 감정의 깊이와 간절함을 잘 보여주고 있다. 또한 세 번 문답하면서 한층 깊게 들어가게 되어 감정의 기복이 있다는 것을 표현하고 있다. 즉 "松下問童子"에서는 마음이 가볍고 즐거워서 희망으로 가득 차 있었지만, "言師採藥去"에서는 답변이 생각했던 바가 아니어서 실망하게 되었고, "只在此山中"에서는 실망 중에 한 오라기의 희망이 생겨났지만, 마지막으로 "雲深不知處"라고 답하자 '망연자실하여 어찌해볼 도리가 없었다는 것을 보여주고 있다.

시의 서정은 예술적 이미지와 색채를 매우 중요시한다. 표면상으로 보면, 이 시는 백묘 수법으로 색채가 없이 소박하여, 담백하기만 하고, 진한 맛이 없는 것으로 보인다. 그러나 사실은 이 시의 전체적인 구도는 매우 자연스럽고 색채가 선명하며, 농담(濃淡)이 적당하다. 울창한 푸른 소나무와 아득한 하얀 구름이 주는 푸르고 흰 색깔과 소나무와 구름의 이미지는 구름 짙은 깊은 산속에 있는 은자의 신분과 잘 어울린다. 뿐만 아니라 은자를 아직 드러내기도 전에 우뚝 솟은 푸른 모습 가운데 무한한 생명력을 담고 있는 경치를 보여주고, 그리고 나서 한없이 아득한 하얀 구름과 미루어 헤아릴 수 없는 깊고 깊은 산중을 보여줌으로써 시를 읽는 독자로 하여금 맑고 고운 그 은자를 찾을 생각도 할 수가 없게 만든다. 시적 구도의 변화와 전후 색채의 안배로부터 시인의 감정이 외물과 함께 움직이고 있다는 것이 잘 드러나고 있다.

이 시에서 은자는 약초만 캐면서 살아가는 진정한 은자이다. 그래서 시인은 은자에 대해 숭고한 덕행을 기리면서 흠모하는 마음을 가지고 있는 것이다. 이 시에서 흰 구름은 그의 고결함을 나타내고, 푸른 소나무는 그의 기품을 칭송한 것으로, 경물을 묘사하는 가운데서도 비유의 뜻을 담고 있다. 은자를 흠모하면서 만나지 못한 모습은, 은자의 고결함과 기품에 대한 시인의 그리움과 안타까움을 더욱 두드러지게 하고 있다.

중국 고전시에서는 종종 은자가 등장한다. 시 속에서 등장하는 은자는 혹은 나무꾼으로, 혹은 어부로, 혹은 약초 캐며 살아가는 이로 묘사된다. 이들은 모두 오염

된 세속과 결별한 사람들이다. 은자는 노장사상(老莊思想)에서 말하는 진인(眞人)과 다름 아니다. 시 속에서 묘사된 은자는 속인이 그를 만날 수 없어야 진정한 은자라 할 수 있다. 혹간 시인이 은자를 만나고 있는 것으로 묘사한 시는 그를 찾아간 시인 역시 세속적 욕망을 버린 뒤라서 이미 은자의 경지에 이르렀다고 생각하기 때문에 그러하다. 진정한 고결함이나 아름다움은 속인으로서는 만날 수 없는 대상이다. 내가 그를 만났다고 한다면, 그것은 이미 더 이상 진정한 고결함이나 아름다움이 아니다. 고결함이나 아름다움 같은 절대적인 가치는 우리가 진정으로 만날 수 없는 공간 속에서만 존재할 뿐이다.

李賀
(이하 : 790~816年)

이하는 자가 장길(長吉)이고 복창(福昌 : 지금의 하남성 의양宜陽 창곡昌谷)사람이다. 그는 덕종(德宗) 정원(貞元) 6년(790년)에 태어나 당 중기에 활동한 시인으로서 헌종(憲宗) 원화(元和) 11년(816년)에 27세의 짧은 나이로 요절(夭折)하였다. ≪신 · 구당서(新 · 舊唐書)≫에는 당 종실의 후예라고 기록되어 있다. 부친 이진숙(李晉肅)은 섬현(陝縣)의 현령을 지냈으나, 집안이 몰락한데에다가 아버지가 일찍 세상을 떠나서 그는 어려서부터 가난한 생활을 하였다.

이하는 어려서부터 시를 잘 지었고, 자라면서 이상과 포부가 생기면서, 고향을 지키며 책이나 읽고 글을 쓰는 데에만 만족하지 않았다. 원화 2년 18세가 되자, 자신의 포부를 펼치기 위해 낙양으로 간다. 원화 5년에 하남부시(河南府試)에 응시하여 우수한 성적으로 뽑혀서, 그에게 진사시에 응시할 수 있는 자격이 주어진다. 진사 시험에 응시하기 위해 장안으로 가나, 뜻밖에도 '피휘(避諱)' 문제로 인생 최대의 비극을 맞이한다. '피휘'란 황제나 부모, 또는 선조의 이름자를 피한다는 의미인데, 아버지의 이름 진숙(晉肅)의 '晉' 자가 '진사(進士)'의 '進'자와 동음이라는 이유로 그는 진사시험에 응시할 수 없었다. 재능과 포부를 가진 이하에게는 큰 좌절과 충격이었다. 그의 학식을 높이 산 한유가 그 유명한 글인 〈휘변(諱辨)〉을 지어 불합리성을 설명하며 변호하였으나, 세속의 편견을 바로 잡을 수는 없었다. 이하는 끝내 시험에 응시하지 못하고, 실망만 안고 장안을 떠난다. 공명을 얻지 못하고 집으로 돌아온 이하는 한적한 시간을 보내나, 회재불우(懷才不遇)한 자신의 처지와 곤궁한 생활로 인해 우울하고 불만에 쌓여 지낸다. 원화 6년이 되자 왕손이라는 세습권을 인정받아 봉례랑(奉禮郞)으로 임명되어 장안으로 간다. 봉례랑은 9품의 낮은 관리이며, 자신의 재능과는 맞지 않는 벼슬자리인지라 3년 정도만 봉직하다가 병을 핑계로 사직하고 돌아온다. 장안에서의 3년 생활을 시에서 언급하기를, '이루어 놓은 것 하나 없고, 병든 몸과 가난만 더욱 심해졌다.'고 불평한다. 그러나 얼마 지나지 않아 다시 길을 떠나, 산서(山西) 노주(潞州)로 장철(張徹)을 만나러 간다. 그 곳에서도 별 소득 없이 3년 가까이 지내다가 원화 11년 장철과 이별하고 다시 고향으로 돌아온다. 고향으로 돌아온 이하는 얼마 후 향년 27세의 젊은 나이로 세상을 뜬다. 후세 사람들은 그의 죽음이 병약한 신체와 곤궁한 생활, 그리고 뜻을 펼치지 못한 좌절감과 비분에서 비롯된 것이라고 추정한다.

이하는 시를 구상하고 짓는 과정이 독특하다. 그는 매일 아침 자신처럼 깡마른 말을 타고 집을 나선다. 하인은 고풍스런 비단주머니 하나를 메고 뒤를 따르는데, 이하는 길에서 읊조리다가 간혹 좋은 시구가 떠오르면 바로 종이에 적어 그 비단주머니에 넣는다. 해가 지고 집으로 돌아와 등불아래서 시구를 적은 그 종이를 주머니에서 꺼내어 보충 정리하면서 또 한수의 시를 완성시키는 것이다. 그는 시를 지음에 먼저 제목을 정하지는 않는다. 그의 어머니는 비단주머니에 있는 시구가 많을 때는 내 아들이 얼마나 힘겹게 시를 지었을까 하고 마음아파 했다는 이야기가 전해지고 있다.

이하는 223수의 시가 전해지고 있는데, 짧은 생애임에도 불구하고 그만의 독특한 시 세계를 가지고 있어서 당시 대문호인 한유에게서 크게 칭찬받은 바 있으며, 동시대의 문인들로부터도 긍정적인 평가를 받아서 시로 명성을 얻는다. 그러나 다른 한편으로는 그의 시가 왜곡되어 전해지면서, 그를 '귀재(鬼才)'라며 멸시 하던 때도 있었다.

秋來 추래

桐風驚心壯士苦	동풍경심장사고
衰燈絡緯啼寒素	쇠등낙위제한소
誰看靑簡一編書	수간청간일편서
不遣花蟲粉空蠹	불견화충분공두
思牽今夜腸應直	사견금야장응직
雨冷香魂弔書客	우냉향혼조서객
秋墳鬼唱鮑家詩	추분귀창포가시
恨血千年土中碧	한혈천년토중벽

가을이 오다

오동나무사이로 부는 바람에 놀라 선비 고뇌에 빠져
희미한 등잔 불빛 아래 베짱이 울음소리 한기가 더해진다.
푸른 죽간에 쓴 글 누가 읽어 주어
좀이 먹어 허망하게 가루되지 않게 하려나.
서글픈 생각이 당기어 이 밤엔 창자가 틀림없이 곧을 터인데
차가운 비에 옛 시인의 혼이 와서 나를 위로한다.
가을 무덤 속에서 귀신이 포조의 시를 읊조리니
한 맺힌 피눈물을 천년 두고 땅 속에서 푸른 옥이 되리라.

주석

1) 桐風(동풍) : 오동나무사이로 부는 바람. 가을바람을 뜻한다.

2) 壯士(장사) : 장사. 재주가 있고 포부가 큰 사람을 가리킨다.

3) 寒素(한소) : 차가운 비단. 이 구절은 가을날 베를 짜듯이 베짱이가 운다는 말이다. '寒'은 계절이 가을임을 나타내지만, 동시에 앞 구의 '驚'과 '苦'를 이어받아 시인의 마음 상태를 드러내는 말이기도 하다. '素' 는 '소추(素秋)'로 가을이라는 뜻이다.

4) 花蟲(화충) : 종이를 먹는 좀벌레.

5) 粉空蠹(분공두) : 헛되이 좀이 슬어 가루가 된다는 말이다. '粉'은 책이 화충에 썩어 생긴 가루를 말한다.

6) 思牽(사견) : 여러 가지 생각들이 끈덕지게 따라붙는다는 말이다.

7) 腸應直(장응직) : 창자가 응당 뻣뻣해 지리라. 마음이 몹시 괴롭다는 의미이다.

8) 香魂(향혼) : '옛 시인의 혼'을 가리킨다.

9) 弔(조) : '위로하다'는 뜻이다.

10) 書客(서객) : 독서인. 죽간에 시를 쓴 자신과 자신 같은 시인을 말한다.

11) 鮑家詩(포가시) : 〈대호리행(代蒿里行)〉, 〈대만가(代晩歌)〉와 같이 죽은 자의 입장에서 인생과 죽음을 노래한 남조(南朝)의 송(宋)나라 시인인 포조(鮑照)의 시를 말한다.

12) 恨血千年土中碧(한혈천년토중벽) : '碧'은 '푸른 옥'을 말한다. ≪장자(莊子)·외물(外物)≫이나 ≪여씨춘추(呂氏春秋)·효행람편(孝行覽篇)≫에 주(周)의 장홍(萇弘)이 죄 없이 무고하게 사형을 당하여 원한 때문에 그의 피가 3년 후에 벽옥(碧玉)으로 변했다는 고사가 있다. 여기서는 시인 자신이 풀릴 길 없는 절실한 한을 말하고 있다.

해설

가을바람이 일어나고, 오동잎이 떨어지면, 굳센 마음도 놀란다. 일 년 한 차례의 화려함이 지나감에 따라서 시인의 진취적인 마음도 소멸되어 거의 사라지니, 이 쓰라린 비가 내리고 서글픈 바람 이는 이 밤, 그는 한편으로는 계절이 바뀌는 것을 비탄하고, 다른 한편으로는 회재불우했던 혼백이 와서 자신을 위로해 주는 것을 상상한다. 망망한 인간세상, 지음은 찾기 어려우니, 시인은 할 수 없이 귀신에 부탁하여 옛사람을 만나서, 마음 속 걱정을 호소한다. 현세에선 바라는 것이 없으니, 귀신의 세계에 희망을 걸고, 살아서는 지기가 없으니 옛사람에게 기대한다. 이것이 또한 진정한 고독이요, 처량함이요, 희망 없음의 지극함이리라. 왕기(王琦)가 시에 주하여 말하기를 "고심하여 글을 써서 뒷사람에게 전하길 생각하나, 보고 즐길 이 하나 없으니 어찌할 수 없어서 부질없이 좀의 배만 배불리 채운다. 이러한 즉 마음을 토하고 뼈를 새기면서 문장과 구절을 단련하는 것이 무슨 이익이 있으랴? 생각이 여기에 이르자 창자의 굽은 것도 또한 당겨서 거의 똑바르게 된다. 모르긴 해도, 음산한 바람과 차가운 비 가운데서 바로 향기로운 귀신이 글을 쓰는 나그네를 위로하리라. 가을무덤의 귀신 가운데 포조의 시를 노래하는 자가 있으니, 그 한스러운 피가 땅속으로 들어가서 반드시 없어지지 않고 천년의 세월을 지나서 벽옥으로 변할 것을 나는 알고 있다. 귀신이 포조의 시를 노래하는 일은 혹간 옛날에 그런 일이 있었으나, 당송 이후에는 전하지 않는다(苦心作書, 思以傳後, 奈無人觀賞, 徒飽蠹蟲之腹. 如此即令嘔心鏤骨, 章鍛句煉, 亦有何益? 思念至此, 腸之曲者亦幾牽而直矣. 不知幽風冷雨之中, 乃有香魂慜吊作書之客. 若秋境之鬼, 有唱鮑家之詩者, 我知其恨血入土, 必不泯滅, 歷千年之久, 而化爲碧玉者矣. 鬼唱鮑家詩, 或古有其事, 唐宋以後失傳.)" "오동잎", "쇠미한 등불", "차가운 비단", "차가운 향기", "가을 무덤", "한스러운 피" 등등의 처량한 이미지가 하나의 음산한 그물을 짜고 있는 듯하여 사람으로 하여금 숨도 못 쉬게 할 정도이다.

세월이 사람을 버리고 흐르는데, 뜻은 있어도 불러주는 이가 없다. 이것은 예나 지금이나 재능과 지혜를 지닌 이들의 공통된 한탄이다. 시인은 세월의 흐름에 대하여서 특별히 예민한 감각을 드러내었으니, 가을바람이 오동잎을 떨어뜨리는 소리가 마음을 놀래키고 혼백을 움직여서, 무한한 슬픔과 쓰라림을 자아낸다. 이때 다 끄진 등불은 벽을 비추고, 담장 아래 귀뚜라미 우는 소리 들린다. 그 울음소리를 듣고 있자니, 마치 추운 날씨에 (베틀에서) 무명을 짜고 있는 것 같은데, 사람들에게 가을이 깊었고 날이 차갑고, 한 해가 장차 다해간다는 것을 깨우쳐 준다.

이 시의 전반부는 경물묘사에서 감정묘사로 들어가는 일반적인 수법이다. 후반부가 시의 핵심이다. "서글픈 생각에 당기어 이 밤엔 창자도 틀림없이 뻣뻣할 것이다(思牽今夜腸應直)"는 불안한 심정 아래에서 어렴풋한 환영이 하나하나씩 눈앞에 떠오르며, 낭만적인 색채가 풍부한, 환상으로 진정(眞情)을 묘사한 독특한 경계를 만늘어 내고 있다. 시인은 깊은 비분함과 아름다운 예술적 이미지 사이에서 극히 조화로운 통일에 이르렀다. 용운(用韻)의 측면에서 보면, 후반부는 전반부와는 운을 달리하고 있다. 전반부는 비록 쓰라리고 슬프긴 하지만, 그래도 아직 긴 노래로 울음을 대신하여 통쾌하게 노래를 부를 수 있으니, 그래서 선택한 운(韻) 자가 바로 성조가 유장(悠長)하고, 슬픔과 원망의 정을 묘사하기에 알맞은 거성(去聲) 자(字), "素"와 "蠹"를 사용하였다. 후반부에서는 고통이 이미 극에 달한 감정과 맞추기 위하여서 운각(韻脚) 역시 슬픔과 원망이 유장(悠長)한 거성(去聲)에서 일변하여서 답답하고 촉급(促急)한 입성자(入聲字) "客"과 "碧"을 사용하였다.

이 시는 유명한 '귀시(鬼詩)'이다. 그러나 사실 시가 표현하려는 것은 '鬼'가 아니라, 시인의 자아형상이다. 향기로운 혼령이 찾아와서 위로한다든지, 귀신이 포조시를 노래한다든지, 한 맺힌 피가 푸르게 변하게 된다든지 하는 말들은 모두 시인이 처한 답답한 현실과 호소할 데 없는 절망적인 마음을 표현하려는 것이다. 시인이 이 세상에서는 지음(知音)을 찾을 수 없어서 음부(陰府)에서 자신을 알아줄 사람을 찾아야 하는 상황이 매우 안타깝다.

杜牧
(두목 : 803~852年)

두목은 온정균(溫庭筠), 이상은(李商隱) 등과 함께 만당(晩唐)의 대표적인 시인이다. 자가 목지(牧之)이고, 경조(京兆) 출신이며, 명문거족으로 두우(杜佑)의 손자이기도 하다. 당 덕종(德宗) 정원(貞元) 19년(803년)에 태어난 세가출신인 두목은, 그가 10세 되던 해 조부인 두우가 죽고, 아버지마저 얼마 후 세상을 떠나자 어린 나이에 가장으로서 책임이 무거워졌고, 경제적인 어려움도 커졌다. 선종(宣宗) 대중(大中) 6년(852년)에 50세 일기로 세상을 떠났다.

당시 경종(敬宗)이 줄곧 성색(聲色)과 유희(遊戲)에 빠져 사치스러운 생활을 하고 궁실을 호화롭고 크게 세우자 이에 두목은 이를 진시황(秦始皇)에 비의(比擬)하여 〈아방궁부(阿房宮賦)〉를 지어 경종을 풍자하였다. 이 글을 보고 태학박사(太學博士)인 오무릉(吳武陵)은 감탄하였다. 그 후 문종(文宗) 대화(大和) 2년(828년) 낙양(洛陽)에서 시행된 진사과에 급제하고, 같은 해에 시행된 제책(制策)에도 합격한다. 급제 후 홍문관교서랑(弘文館校書郎) 좌무위병조참군(左武衛兵曹參軍)에 임명된다. 후에 좌보궐(左補闕) 사관수찬(史館修撰)에 임명되었다가 호주자사(湖州刺史)로 가며, 다시 고공랑중(考功郎中) 지제고(知制誥)를 거쳐 중서사인(中書舍人)으로 승진된다. 홍주(洪州), 선주(宣州), 양주(揚州)로 갔다가 호주(湖州)를 거쳐 장안(長安)으로 돌아와 번천(樊川)에 있는 별장에서 생활한다. 이 때 두목은 이미 몸이 쇠약해져 죽음이 임박함을 알고 스스로 〈자찬묘지명(自撰墓誌銘)〉을 짓고 50세 일기로 세상을 떠난다. 그가 죽은 후 생질인 배연한(裵延翰)이 생전에 지은 시문들을 모아 ≪번천문집(樊川文集)≫을 편찬하였다.

≪당재자전(唐才子傳)≫에서는 그의 성품에 대해 "강직기절(剛直奇節)하였을 뿐만 아니라, 용모와 자태가 아름답고 가무를 좋아하였다."라고 기록하고 있다. 풍류를 좋아하며, 작은 예절에 구애받지 않았던 그에게는 방종한 면도 있었다. 그가 지은 문장 가운데 〈阿房宮賦〉는 문장이 미려할 뿐만 아니라 우세(憂世)의 심정도 담겨 있는 작품으로 유명하다. 그는 평생 두보와 한유를 존경하여 후세 사람들은 그를 소두(小杜)라고 불렀지만, 사실 두보와 두목은 시 경향이 판이하다.

그가 양주(揚州)에서 우승유(牛僧孺)의 서기로 있을 때 매일 연회를 일삼고 기루(妓樓)에 출입하여 우승유의 걱정을 끼친 것이라든가, 감찰어사로 낙양에 있을 때 병부상서 이청(李聽)이 관직에서 물러나 한거하면서 베푼 연회에서 "광언(狂言)으로 만좌를 놀라게 하여 줄지어 앉은 기녀들의 시선을 한 몸에 받아 득의하였다."라는 일화가 전해지고 있다.

대화 말년에 그가 호주(湖州)로 놀러갔다가 미소녀를 발견하여, 그 모친에게 거액의 금을 주면서 십년 후에 군의 태수가 되어 올 것을 약속하고, 만일 10년을 경과해도 오지 않을 때는 다른 사람에게 시집보내도 좋다고 하였다. 그 후 그가 14년 만에 호주의 자사로 부임해 보니 그 소녀는 이미 삼년 전에 시집을 가버렸다고 한다.

두목의 생애를 살펴보면 호방방탕한 시의 풍격과는 달리 그는 매우 곤궁하였던 편이었고, 특히 형제들을 위해서 여러 번 자신을 희생하기도 하였다. 그는 괴롭고 불만이 많은 현실을 직접 드러내지 않고, 오히려 호방한 가락으로 내면적으로 파고들면서 노래한 시인이었다고 할 수 있다. ≪전당시(全唐詩)≫에 520여수의 시가 전해지고 있다.

泊秦淮 박진회

煙籠寒水月籠沙	연롱한수월롱사
夜泊秦淮近酒家	야박진회근주가
商女不知亡國恨	상여부지망국한
隔江猶唱後庭花	격강유창후정화

진회하에 정박하여

안개 차가운 강을 뒤덮고, 달빛 모래를 비추는데.
한 밤에 진회하에 정박하니 술집이 가깝다.
술집 여인들은 나라 잃는 한이 뭔지도 모르면서,
강 건너 편에서 아직도 '후정화' 노래 불러댄다.

주석

1) 泊秦淮(박진회) : '泊'은 '정박하다'는 뜻이고, '秦淮'는 '진회하(秦淮河)'를 가리킨다. 진회하는 지금의 강소성(江蘇省) 표수현(漂水縣) 동북방에서 발원하여 지금의 남경시(南京市)에 해당하는 금릉(金陵)을 통과하여 장강으로 흘러들어간다. 진(秦)나라 때 수로를 뚫었기 때문에 '秦淮'라고 부른다. 당시 금릉 성안의 진회하 양안에는 술집이 줄지어져 있었다.
2) 煙籠(연롱) : '연(煙)'은 '안개', '롱(籠)'은 '덮어 싸다'는 뜻이다.
3) 月籠沙(월롱사) : '달빛이 모래사장을 뒤덮고 있음'을 형용하였다.
4) 商女(상녀) : 노래를 파는 술집 여자를 말한다.
5) 亡國(망국) : 남조(南朝)의 진(陳)나라를 가리킨다.

6) 後庭花(후정화) : 노래 이름. 원명은 〈옥수후정화(玉樹後庭花)〉로 남조 진나라의 후주(後主) 진숙보(陳叔寶)가 지었다. 그는 성색(聲色)에 탐닉하고 정사를 돌보지 않다가 결국 나라를 망쳤다. 후인들은 이 노래의 부염(浮艶)한 내용과 얽힌 사연으로 인해 '망국지음(亡國之音)'이라고 칭한다.

해설

이 시는 시인이 진회하(秦淮河)에서 진후주(陳後主)의 망국고사(亡國故事)를 회상하며 쓴 시로서 작품 속에는 운세가 날로 쇠퇴하는 唐(당) 왕조를 걱정하며 거안사위(居安思危)의 도리를 상기시려는 시인의 애국충정이 담겨 있다.

건강(建康 : 지금의 남경)은 육조(六朝), 곧 오(吳)·동진(東晋)·송(宋)·제(齊)·양(梁)·진(陳)의 도성이었는데, 진회화는 바로 이 도성의 중심을 지나 장강(長江)으로 유입된다. 강의 양 언덕에는 술집이 즐비하게 늘어 있었으니, 이곳은 당시의 권세 있던 귀족과 관료사대부들이 일상으로 유락을 즐기던 곳이었다. 당나라의 수도는 장안으로 비록 건강은 아니었지만, 건강의 진회하 양 언덕의 번화한 모습은 이전과 다를 바 없었다.

시를 지을 때 첫 구가 매우 어렵다고 한다. 이 시의 첫 구(句)는 매우 특별한데, 2개의 "롱(籠)"자가 주의를 끈다. "안개(煙)", "강물(水)", "달(月)", "모래사장(沙)" 이 넷은 2개의 "籠" 자로 잘 융화되어, 한 폭의 단아한 강가의 야경을 잘 그려내고 있다. 강가의 야경은 너무나 부드럽고 그윽하며, 은은한 기운이 감도는 모습으로 드러나 있다. 붓끝은 가볍고 담담하지만, 분위기는 매우 냉정하고 몽롱하다.

첫 구와 둘째 구는 서로 연관되어 있다. 단지 시인의 동선에만 맞추어 말한다면, 시인은 둘째 구인 "한 밤에 진회하에 정박한다(夜泊秦淮)"를 먼저 쓰고 나서, 그리고 "안개 차가운 강을 뒤덮고, 달빛 모래를 비춘다(煙籠寒水月籠沙)"를 그 다음 구로 써야 할 것이다. 그러나 정말 이렇게 순서를 바꿔버리면 그 필법이 오히려 너무 평범해서 시가 재미없게 된다. 이렇게 시구를 도치시키는 필법(筆法)의 장점은, 먼저 매우 특별한 분위기를 만들어서 독자의 시선을 강렬하게 끌어당김으로써 작품이 시작하자마자 독자를 먼저 제압해버리는 예술적 효과를 불러일으키는 데에 있다. 두 번째 장점은, 첫째 구와 둘째 구를 이렇게 처리하면, 한 폭의 그림과 같은 야경과 "夜泊秦淮"라는 제자(題字)의 관계가 매우 잘 어울리게 된다는 점이다. 일반인들이 그림을 감상할 때는, 먼저 "煙籠寒水月籠沙"인 화면에 주목하고 난 다음, 그 다음에 다시 그림의 한 쪽에 있는 제자, 즉 "夜泊秦淮"를 보게 된다. 그러니 시인이 이렇게 첫 두 구를 도치하는 것은 일반인들이 예술작품을 감상하는 습관과도 잘 부합하고 있는 것이다.

"夜泊秦淮近酒家"는 보기에 평범한 것 같지만 음미할 가치가 있다. 이 시구는 내부적으로 논리관계가 아주 강하다. "夜泊秦淮"했기 때문에 비로소 술집에서 가까워졌다는 것이다. 그리고 "夜泊秦淮"라는 네 글자는 바로 앞 구에서 묘사한 경물의 시간과 장소를 드러내어서, 이 작품으로 하여금 더욱 개성을 갖추게 하고, 또 더욱 시적 전형성을 띠게 하며, 동시에 시제(詩題)와도 잘 어울리게 하고 있다. 뒤의 세 글자 "近酒家"는 다음 구를 위한 길을 열고 있다. "近酒家'이기 때문에 "商女", "亡國恨", "後庭花"가 나올 수 있게 되었으며, 이것으로 말미암아 비로소 시인의 감성을 자극할 수 있었던 것이다. 전체적으로 보아 "夜泊秦淮近酒家" 구는 위구와 아래 구를 이어서 전편을 연결시켜 주니, 시인의 세밀하고 정교한 구상을 이를 통해 엿볼 수 있다.

셋째 구에서 "商女不知亡國恨"이라고 했지만, 이것은 표현기법의 하나일 뿐이다. 시인은 사실 "나라 잃는 한이 뭔지도 모르는 사람들"로서 손님을 모시며 노래를 파는 기녀들을 지목한 것이 아니라, 그녀들과 어울려 열락(悅樂)에 빠져 있는 귀족이나 관료와 호족을 가리키고 있다. 넷째 구에서 "後庭花"는 남조(南朝) 진(陳)의 마지막 왕(陳後主)인 진숙보(陳叔寶)가 지었다고 하는 〈玉樹後庭花〉를 가리킨다. 퇴폐적인 이 노래 때문에 진(陳) 나라가 수(隋) 나라에 망하게 되었다고 한다. "강 건너(隔江)"란 말은 앞 구의 "亡國恨"을 이어받으면서, 그 쓰임이 매우 뛰어나다.

독자들은 이 말을 통하여서 수나라가 진나라를 치려고 강북(江北)에 군사를 주둔하였을 때 강 건너 진의 후주(後主)는 나라가 망할 위기 앞에서도 여전히 주색에 빠져 있었던 사실을 자연스럽게 연상하게 된다. "猶唱"에서 "아직도(猶)"란 말의 쓰임은 더욱 뛰어나다. "지난날 진 후주 때도 그러하였듯이, 지금도 강 건너에서는 여전히 망국의 노래를 부르고 있다."는 뜻이니, 이 말로 인하여서 과거의 역사가 자연스럽게 현실과 연결되고, 더 나아가서는 당(唐) 왕조의 미래까지도 상상하게 한다. 마지막 두 구는 이렇게 가볍고 완곡한 가운데서 신랄한 풍자와 가슴 깊은 비통함을 표현해 내고 있으니, 가히 절창(絶唱)이라 할만하다. 시인은 이 두 구를 통하여서 한편으로는 나라 일을 근심하는 자신의 심정을 드러내면서, 다른 한편으로는 가무와 여색으로 사치스러운 생활을 하는 귀족과 관료의 퇴폐를 비판하였다고 할 수 있다.

우리에게는 진 후주의 〈후정화〉와 같이 나라를 망친 노래가 전해오지는 않지만, 나라를 잃은 망국의 한을 펼친 노래는 적지 않다. 고(故) 박정희 대통령이 즐겨 불렀다고 하는 〈황성옛터〉는 고려 왕조 멸망의 한을 펼쳐내었고, 배호의 〈꿈꾸는 백마강〉은 나당연합군에 망한 천년사직 백제의 한을 묘사한 노래이다. 김정구씨가 부른 국민가요〈두만강〉은 일본 제국주의에 의해 잃어버린 대한제국의 한을 잘 표현하고 있다.

내가 아는 '강 건너 술집'은 두 곳이 있다. 나의 모교는 관악산 등산로를 사이에 두고 작은 하천이 하나 흐르고 있는데, 그 하천 건너편에 있는 술집을 우린 '강 건너 집'이라 불렀다. 암울한 시절이었던지라 하루를 멀다 하고 친구들과 '강 건너 집'에서 막걸리와 소주를 마시며 그 노래들을 불렀던 기억이 있다. 정말이지 그때만 해도 철이 없어서, 노래 속에 망국의 한이 있는지 없는 지도 모르면서 젓가락으로 술판만 두들겼다. 가본 적은 없지만 내가 알고 있는 또 하나의 '강 건너 집'은 한강 건너 강남의 술집이다. 대한민국의 돈 있고 지위 높은 이들은 모두 '상녀(商女)'들의 시중을 받으며 강남의 '강 건너 집'에서 술을 마신다고 한다. 하천과 등산로가 정비되면서 관악산의 '강 건너 집'은 없어졌지만, 강남의 '강 건너 집'에는 망국의 한을 뒤로 하고, 지금도 여전히〈백마강〉과 〈두만강〉이 흐르고 있다고 한다.

遣懷 견회

落魄江湖載酒行	낙백강호재주행
楚腰纖細掌中輕	초요섬세장중경
十年一覺揚州夢	십년일각양주몽
贏得青樓薄倖名	영득청루박행명

수심을 내보내며

실의하여 강호로 술을 싣고 떠돌았으니
초 나라의 허리 가는 여인들 내 손바닥에서 춤추었네.
10년 만에 양주 꿈 깨어나니
화류계의 무정한 사내라는 명성만 남겼네.

주석

1) 遣懷(견회) : '수심을 내보내다'는 뜻이다.

2) 落魄(락백) : '영락(零落)하다', '실의하다', '자유분방하게 지내다.'로 풀이하기도 한다. '락척(落拓)'으로 된 판본도 있다.

3) 載酒行(재주행) : '수레에 술을 싣고 다닌다.'는 뜻이다. '載'는 '싣다'는 뜻이다.

4) 楚腰纖細掌中輕(초요섬세장중경) : 양주의 여인들은 초(楚) 나라의 여인처럼 허리가 가늘고 한(漢) 나라의 조비연(趙飛燕)처럼 몸이 가벼워 손 위에서 춤을 출 수 있을 정도라는 뜻이다. 이 구절에는 두 가지 전고(典故)가 활용되었다. 첫째, '초나라 여인들의 허리(楚腰)'는 미인의 가는 허리를 가리키는데, ≪한비자(韓非子)·이병(二柄)≫의 '초나라 왕이 가는 허리를 좋아하니, 나라에 굶는 사람이

많았다(楚王好細腰, 而國中多餓人)'는 말에서 기인한다. 둘째, '손바닥에서 춤을 춘다(掌中輕)'는 말은 한(漢) 성제(成帝)의 황후(皇后)인 조비연을 가리키는데, 〈비연외전(飛燕外傳)〉에서 볼 수 있듯이 '몸이 가벼워서 능히 손바닥 위에서 춤을 출 수 있었다.'는 기록에서 기인한다. '掌'은 '손바닥'이란 뜻이다.

5) 一覺(일각) : '한번 깨어나다'. '覺'은 '(잠에서) 깨어나다'는 뜻이다.

6) 揚州(양주) : 지금의 강소성(江蘇省) 강도현(江都縣) 서남쪽에 위치한다.

7) 贏得靑樓薄倖名(영득청루박행명) : '기원(妓院), 곧 기생집에서 박정한 사내라는 명성을 남겼다.'라는 뜻이다. '贏'은 '(이익이) 남다', '(이익을) 남기다'는 뜻이고, '靑樓(청루)'는 기원이며, '薄倖'은 '박정(薄情)하다', '무정하다'는 뜻이다.

해설

이 시는 시인이 우승유(牛僧孺)의 막료(幕僚)로 있었던 양주(揚州)에서의 일장춘몽(一場春夢)같은 생활을 회상하면서 쓴 것으로, 지난날의 자기 행실을 자책하고 참회하는 마음을 드러낸 서정적인 작품이다.

이 시의 앞 두 구는 당대의 유락처(遊樂處)로 유명한 번화한 양주에서의 생활을 회상한 것으로서, 술을 친구삼아 방랑하면서 낭만적이었던 강호생활을 그리고 있다. "楚腰纖細掌仲輕" 말에는 "楚腰"와 "掌中輕"이라는 두 가지 전고는 모두 양주의 아름다운 기생을 과장적으로 표현하고 있다.

하지만 "실의했다(落魄)"는 말을 음미해 보면, 독자들은 이 말에서 시인이 다른 사람 밑의 낮은 자리에 있던 것이 불만이었기 때문에, 그래서 방탕하게 생활할 수밖에 없던 지난날의 추억에 대해 별로 기분이 좋지 않다는 것을 알 수 있다. 그것은 "십년 만에 양주 꿈 깨어나다(十年一覺揚州夢)"는 말이 시인의 내부에서 비롯된 탄식으로서 매우 우발적인 표현 같지만, 사실은 앞의 두 구와 연관되어 있기 때문이다.

“十年”과 “一覺”이란 말은 한 구 안에서 “긴 세월”과 “찰나적인 순간”으로 선명히 대비를 이루면서, 감개에 젖어드는 시인의 깊은 감정을 특히 잘 드러내 보여주고 있다. 이 감개하는 마음은 “揚州夢”의 “夢”자로 귀결된다. 지난날에 방탕하며 주색을 좋아했었던 시절은 겉으로는 화려하고 찬란했지만, 내면으로는 번민과 답답함이고, 고통스러운 추억이자 또한 꿈에서 깨어난 이후의 감상이기도 한데, 이것이 바로 시인이 말하는 바. “내보내야(遣)” 하는 “수심(懷)”이다. 10년의 세월이 문득 흘러 버렸으니, 양주에서의 지난 일들은 일장춘몽(一場春夢)일 따름이다. “贏得青樓薄倖名”인 마지막 구에서 보듯이 마침내 지난날 그 자신이 탐닉하였던 화류계조차도 시인을 박정(薄情)하다고 질책하고 있다.

“贏得”이라는 두 글자에는 냉소하는 가운데 자조(自嘲)하고 후회하는 감정을 내포하고 있다. 이것은 한 걸음 더 나아가서 “揚州夢”에 대해 부정하는 것으로서, 그 묘사가 매우 가벼우면서 해학적이긴 하지만, 실제로 시인의 마음이 매우 참담하고 암울한 상태라는 것을 짐작하게 해 준다. 인간의 일생 중에서 10년이라는 세월은 결코 짧은 기간이 아니다. 시인은 그동안 무슨 일을 했으며 남긴 것은 무엇인가? 하고 스스로 반복하여 되물은 듯하다. 3, 4구는 시인의 이러한 고통스러운 마음이 담긴 시구(詩句)로서 수차례 반복하여 읊지 않으면 언외에 담긴 시인의 정서를 이해할 수 없다.

명(明) 호진형(胡震亨)의 ≪당음계첨(唐音癸籤)≫에 따르면 “절구(絶句)는 대부분 셋째 구가 중심이 되고, 넷째 구는 그것을 드러낸다(多以第三句爲主, 以第四句發之.)”고 하였는데, 두목의 이 시는 바로 그 오묘한 이치를 잘 구현하였다고 할 수 있다. 이 칠언절구는 지난 일을 뒤돌아보는 것을 시작으로, 첫 두 구는 사실을 서술하였고, 뒤의 두 구는 감성을 서술하였다. 최근 사람인 당영덕(唐永德)씨는 이 시를 해석함에 있어서 남다른 견해를 제시한 바 있다. 그는, “세 번째와 네 번째 구가 당연히 ‘수심을 내보낸다’는 ‘遣懷’의 본뜻(本意)이긴 하지만, 첫 구에서 말한바 ‘실의하여 강호로 술을 싣고 떠돌았던(落魄江湖載酒行)’ 사실이 바로 ‘내보내야(遣)’ 할

'수심(懷)'의 근인이라는 사실을 가볍게 보아 넘겨서는 안 된다."고 상기시킨 뒤에, "이런 점에서 볼 때 이전의 평자들은 이 시를 두고 '시인이 화려한 과거 생활에서 깨어나서, 방탕했던 지난날을 후회한 것이다.'라고 평한 것은, 이 시의 일부만 해석한 것이라 할 수 있다."고 주장한 바 있다. 그는 이어서 또 "이 시에서 말한 '揚州夢'은 시인이 정치적으로 뜻을 이루지 못한 것과 관련이 있다. 그러므로 이 시에는 방탕한 삶에 대한 참회의 의미 이외에도, 실의하였던 지난날이 마치 꿈과 같아서, 차마 다시 돌이켜 볼 수 없다는 의미가 크게 담겨 있기도 하다."고 말하기도 하였다. 요컨대 이 시는 한편으로는 화류계에서 방탕하였던 지난날을 후회하는 뜻을 서술한 작품으로 볼 수도 있지만, 다른 한편으로는 젊은 날 정치적으로 실의하였던 일에 대한 회한을 묘사한 작품으로 볼 수도 있다.

수 천 년의 세월이 흘러도 변하지 않는 인류의 주제는 '남자'와 '여자'이다. 옛날이나 지금이나, 동양이나 서양이나, '남자'와 '여자'는 모두가 평생을 안고 가는 문제이다. 정년을 앞둔 젊잖은 노교수께서 어느 날 하시는 말씀이 "모든 남자들이 마지막에 후회하는 것은 살아서 젊은 여인을 마음껏 취하지 못한 것이다."는 것이다. 사회가 워낙 급박하게 열리고 있으니, 여인들도 이젠 낯선 사람들 앞에서도 자신의 '남자관(男子觀)'을 자유롭게 피력한다. TV에 출연한 아줌마 연예인들은 대한민국 5천만 국민 앞에 아예 내놓고 말한다. "젊은 아이돌에게 안겨보고 싶다"고. 나이 많은 여인들이 연하의 남자들과 연애하는 것이 이젠 사회의 유행이라고 한다. 남자와 여자의 만남은 때론 낭만이지만, 때론 불륜이다. 때로는 풍류이지만, 때로는 퇴폐이다. 여자들도 그런지는 잘 모르겠지만, 남자들 대부분은 늙어 힘없어지고 나면 후회되는 것이 바로 '여자'라고 한다. 퇴폐이던 풍류이던, 불륜이던 낭만이던 남자들은 어차피 후회하게 되어 있는 모양이다. 젊어서 방탕해도 늙으면 후회하고, 젊어서 젊잖게 지내도 나이 들어 힘없어지면 또 모두 후회한다고 한다. 어차피 '여자' 때문에 후회할 일이라면, 차라리 젊어서 마음껏 방탕해보자는 말도 나온다. 지난 젊은 시절의 방탕함을 되돌아보면서 후회하는 시인은 정말 진정한 후회이고 반성일까? 그것이 궁금하다.

淸明 청명

淸明時節雨紛紛　　청명시절우분분
路上行人欲斷魂　　로상행인욕단혼
借問酒家何處有　　차문주가하처유
牧童遙指杏花村　　목동요지행화촌

청명절

청명 절기에 비가 부슬부슬 내리니
길가는 행인은 넋이 나간 듯.
실례하여 묻거니와 술집이 어딘지요?
목동은 멀리 행화촌을 가리키네.

주석

1) 斷魂(단혼) : '영혼과 육신이 단절되었다'는 말에서 수심이 매우 깊은 모양을 형용한다.
2) 紛紛(분분) : 외형적으로는 봄비가 내리는 관경을 묘사하지만, 실제적으로는 비가 내리는 가운데 객지를 거니는 행인의 쓸쓸한 마음을 잘 표현하고 있다.
3) 行人(행인) : 집을 떠나 길을 나선 사람을 말한다.
4) 행화촌(杏花村) : 살구꽃이 핀 마을. 이 시가 나온 이후로 이 말은 술산지로 유명한 곳이나, 또는 주점의 표기(酒旗)를 의미하는 말로 사용되었다. '杏花村'은 지금의 안휘성(安徽省) 지주시(池州市) 귀지구(貴池縣)의 남서쪽에 있으며, 술산지로 유명하다.

해설

두목은 회창(會昌) 4년(844년) 9월에 귀지(貴池)의 자사(刺史)가 되어 2년 정도 머물렀다. 두목은 술을 좋아했고 교외로 여행가기를 좋아했는데, 이 시는 그가 지주 자사(池州刺史)로 있을 때 지은 것이다.

이 시에서는 한 글자도 어려운 글자가 없으며, 단 하나의 전고도 사용하지 않았다. 전체적으로 매우 통속적인 언어를 사용한 자연스러움의 극치라 할 수 있다. 음절은 매우 조화롭고 부드러우며, 경물은 신선하고 생동감이 있어서, 시의 경계(境界)가 우미(優美)하고, 여운이 은은한 작품이라 할 수 있다.

첫째 구의 이 날은 마침 청명절이다. 시인은 길을 가던 중에 공교롭게도 비를 만났다. 청명은 비록 버드나무가 푸르고 꽃이 붉게 피어 봄빛이 매우 아름다운 시기이긴 하지만, 그러나 날씨가 변덕스러운 때이기도 하다. 첫 구에서 묘사한 "부슬부슬 내리는 비(雨紛紛)"는 봄비의 특색이기도 한데, 이는 봄 안개 자욱한 버드나무의 처량하면서도 아름다운 광경을 잘 드러내기도 한다. 그런데 "紛紛"은 외면적으로 보면 봄비 내리는 광경을 묘사한 것이긴 하나, 그것을 묘사하는 데에 그치지 않고, 실제적으로는 빗속을 걷는 시인의 마음을 묘사하고 있다.

시인은 둘째 구에서 "길가는 행인은 넋이 나갈 듯(路上行人欲斷魂)"이라 하면서 "斷魂"이라고 하는 매우 직설적이며, 극단적인 표현을 사용하였다. 중국의 전통풍속 중에 청명절은 원래 온 가족이 모여서 함께 놀거나 성묘를 해야 하는데, 행인은 저 혼자만이 외지에서 길을 걷고 있었으니, 그 심정이 매우 복잡했을 것이다. 거기에다가 공교롭게도 부슬부슬 내리는 비를 맞아 옷까지 다 젖게 되었으니, 외로운 마음에 몸까지 추워져서, 그야말로 "넋이 나갈" 만했을 것이다.

이렇게 보면, "紛紛"은 봄비가 내리는 모습을 묘사한 것이라고 할 수도 있지만, 동시에 집을 떠난 나그네의 심정을 묘사한 것이라고 할 수도 있다. 더 나아가서 시인이 이 시에서 봄비를 묘사한 것은 그 의도가 나그네의 어지러운 심정을 묘사하기 위해서라고 말할 수도 있다. 중국의 고전시가에서 훌륭한 시작품에는 감정(感情)이 경물(景物) 중에 표현되어 있고, 경물이 감정 속에 담겨 있다고 하는데, 바로 이 시의 "紛紛"이란 표현이 그러하다고 할 수 있다.

정경(情景)을 묘사한 앞 두 구를 이어서 시인은 "어디로 가면 술집을 찾을 수 있을까"하는 행인의 마음 속 생각을 묘사하고 있다. 술집을 찾는 이유는 첫째는 잠시 쉬면서 비를 피하고, 둘째는 술을 한두 잔 마시면서 몸도 따뜻하게 하고, 젖은 옷도 말리려는 것이다. 그래도 가장 중요한 것은 이를 통하여서 마음 속 수심을 달래고자 하는 것이다. 시인은 그래서 세 번째 구에서 술집을 물었던 것이다. 그런데 셋째 구에는 누구에게 물었는지 가르쳐주지 않고 있다. 네 번째 구 "목동은 멀리 행화촌을 가리키네(牧童遙指杏花村)"에서 비로소 누구에게 물었는지 미루어 짐작할 수 있다. 목동이 말로 대답을 했는지 알 수는 없지만, 그는 손짓으로 대답을 대신하고 있어서, 말보다도 더욱 선명한 인상을 남겨준다. 독자들의 눈길은 목동의 손끝을 따라 멀리까지 따라가서 '행화촌'에서 멈춘다.

"행화촌"에 대한 해설은 사람에 따라서 의견이 분분하다. 혹자는 실제 마을의 이름이라고 하기도 하고, 또 혹자는 지금의 술집간판에 해당하는 깃발을 가리키는 것으로 해석하기도 한다. 그러나 "행화촌"이 꼭 진짜 마을 이름인 것은 아니며, 또 술집의 간판과 같은 표지도 아니다. "행화촌"은 말 그대로 "살구꽃이 핀 마을"로 충분하며, 그 마을에는 지금처럼 비가 올 때 행인을 위해 기다리는 작은 주막이 하나 있는 것으로 연상하면 그만이다. "행화촌"이란 말을 주기(酒旗)로 사용한 것은 두목의 이 시가 나온 이후로 여겨진다.

시인은 "牧童遙指杏花村"이라고 한 뒤에 더 이상 다른 말을 쓰고 있지 않다. 행인이 소식을 듣고 어떻게 기뻐했는지, 어떻게 힘을 내어서 서둘러 앞으로 갔는지, 어떻게 술집을 찾고, 어떻게 비를 피했는지, 그리고 마침내 어떻게 수심을 해소하였는지 이런 모든 것들에 대하여 시인은 전혀 언급하고 있지 않다. 시인은 이러한 것들을 모두 독자들의 상상에 맡기고 있으며, 독자들에게 시어(詩語)에서보다 더 광활한 상상의 여지를 남겨두었다. 이것이 바로 예술적인 '여백의 미'인 것이다.

李商隱
(이상은 : 812~858年)

이상은은 두목의 뒤를 이어 만당(晩唐)의 시단을 화려하게 장식한 유미주의 시인으로서, 자는 의산(義山)이며 호는 옥계생(玉溪生) 또는 번남생(樊南生)이다. 원적은 회주(懷州) 하내(河內)인데, 조부 때 정주(鄭州) 형양(滎陽)으로 옮겼다. 대략 당 문종(文宗) 원화(元和) 7년(812년)에 몰락한 가문에서 태어나 갖은 고생을 하였다. 일찍이 가세가 기울어 부친 이사(李嗣) 때에 증조모의 장사도 치르기 힘들었다고 전해진다.

이상은은 정치적인 업적을 이루기를 갈망하였으므로 세 차례나 장안(長安)으로 가서 진사시험을 본 끝에 26세인 문종(文宗) 회창(會昌) 2년(837년)에 당시 조정의 실력자인 영호초(令狐楚)의 추천을 받아 진사에 급제하고 경원(涇源) 절도사로 왕무원(王茂元)의 막부에 들어가 관직을 시작했다. 그리고 왕무원은 그의 재주를 높이 사서 이상은을 그의 막내딸과 결혼하게 한다.

중당(中唐) 이후 조정에서는 우승유(牛僧孺)를 영수로 하는 우당(牛黨)과 이덕유(李德裕)를 영수로 하는 이당(李黨)이 번갈아 집정하며 관료의 파벌싸움이 절정에 이르렀는데, 이상은은 영호초의 신임을 받았으므로, 비록 당쟁에 참여하지 않았다 하더라도, 이미 우당의 사람으로 인식되어 있었고, 장인인 왕무원은 당시 이당의 인물로 간주되어, 이를 두고 사람들은 "집안의 은혜를 저버렸다", "다른 당에 투항하였다", "간사하고 경박하여 절조가 없다"는 등의 말로 그를 비난하였다. 이렇게 본의 아니게 이 우이당쟁(牛李黨爭)에 휘말려 들게 된 이상은은 이후 온갖 고초를 겪으며 결국에는 정쟁의 희생양이 되어 끝내 뜻을 이루지 못한다. 이상은은 전형적으로 회재불우(懷才不遇)한 인물로 선종(宣宗) 대중(大中) 12년(858년)에 고향 정주로 돌아와 한가로이 지내다가 생을 마감했다.

이상은은 뛰어난 시제와 독특한 풍격으로 작품성이 뛰어난 애정시를 많이 창작했다. 현존하는 그의 애정시는 595수중에 약 130여 수로 남녀의 애정을 주로 다룬 연정시가 많고, 사회시와 산수시, 전원시는 비교적 적은 편이다. 특히 그의 삶 자체가 불행한 탓인지 그의 시 대부분은 농염한 언어로 남녀의 애정문제를 다룬 것이 많다. 또한 그의 시는 암담하고 우울한 냄새가 짙으며, 특히 99수에 달하는 무제(無題)시는 비유와 상징법 등의 교묘한 수사법으로 서정시의 새로운 차원을 개척했다고 전해지며, 이들 시의 창작은 대체로 만당의 정치적인 상황 이외에도 유미주의 사조가 강한 시대적 배경과 이상은 개인의 경험과 개성 및 몇 가지 사회적 배경에 영향을 받았다고 볼 수 있다.

문종 대화(大和) 9년(835년)에서 개성(開成) 2년(837년) 사이, 곧 장안으로 세 번째 과거시험에 응시하러 가기까지 이상은은 옥양산(玉陽山)에서 은거하면서 도를 수련한 적이 있었다. 그는 이때 공주를 따라서 영도관(靈道觀)으로 입도한 한 음률에 정통한 송씨(宋氏)라는 궁녀를 사랑하게 되었다. 그들은 남몰래 편지와 소식을 전하면서 시가와 노래를 빌어 애모의 정을 호소할 수밖에 없었다. 학자들 가운데는 이상은의 애정시 가운데 많은 작품이 그녀와의 사랑을 읊은 것이라고 해석하기도 한다. 얼마 후 조정에서는 감로사변(甘露事變)이란 비극적인 사건(835년)이 발생하였는데, 그는 이때 아직 과거에 급제하지 못하였지만, 5언 배률의 〈유감이수(有感二首)〉를 통하여 그의 정치적 열정과 격분을 드러내기도 하였다. 이상은의 옥양산에서의 은거생활은 소재와 사상 방면에서 그의 애정시 창작에 많은 영향을 미쳤다.

그는 결혼 후에 부인을 위해 많은 시를 썼는데 이때 쓴 시들은 그의 애정시의 중요한 위치를 차지하게 된다. 이상은의 애정시는 이러한 사회적 배경과 문단의 유미주의적 풍조가 이상은의 개인적 인생경험과 함께 결합되면서 창작된 것이라 할 수 있다.

이상은의 시는 매우 우미하고 낭만주의 적인 색채가 농후하여서 두목과 함께 만당 유미주의 문학의 쌍벽을 이룬다. 하지만 그의 시는 지나치게 많이 전고를 인용하고, 과독하게 수사적인 사조를 사용하여서 복잡하고 난해하다는 것이 결점으로 지적되고 있다.

登樂遊原 등낙유원

向晩意不適	향만의부적
驅車登古原	구거등고원
夕陽無限好	석양무한호
只是近黃昏	지시근황혼

낙유원에 올라

저녁 무렵 마음이 편치 않아,
수레를 몰아 고원에 올랐다.
석양은 무한히 좋은데,
다만 황혼이 가깝구나.

주석

1) 向晩(향만) : 저녁 무렵. '向'은 '근(近)', 즉 '가까워지다'의 뜻.

2) 意不適(의부적) : 마음이 편치 않다. '意'는 마음, 심정을 가리킨다.

3) 古原(고원) : 낙유원(樂遊原)을 가리킨다. 지금의 섬서성(陜西省) 서안시(西安市) 동남쪽에 위치하고 있다.

4) 只是(지시) : 단지, 다만.

해설

이 시는 시인이 낙유원에 올라 석양이 지는 것을 보고 감상한 바를 적은 시로서, 그의 대표작 중의 하나이다. 낙유원(樂游原)은 장안의 남쪽에 있는 언덕으로 장안에서 제일 높은 곳이다. 사방의 조망이 넓고 시원하여 한(漢) · 당(唐) 이래로 매년 3월 3일, 3월 9일이면 장안의 남녀들이 올라와 놀았다고 한다.

이상은이 살았던 만당은 '감로지변(甘露之變)과 같은 사건에서 보듯이 환관이 권력을 쥐고 조정을 장악하거나, 도처에 번진들이 할거하는 등으로 정치가 혼란스럽고 국력이 갈수록 쇠미해지는 시기였다. 이러한 환경 속에서 시인은 재능이 있었지만 정치적으로 순탄치 못하였고 재능을 펼칠 기회도 없었다. 뿐만 아니라 시인이 겪게 되는 삶의 불행도 그로 하여금 소극적인 생각을 가지게 할 수밖에 없었다.

1, 2구에서는 저녁 무렵 마음이 편치 않아 수레를 몰아 고원에 올랐다고 하는데 "向晩"이라 함은 시간을 밝힘과 동시에 시인의 쓸쓸한 마음을 전개하기 위한 분위기를 조성하였다고 볼 수 있다. 인생이 순탄치 않아 비관하던 시인은 "높은 곳(古原)"에 올라 탁 트인 경치를 보며 "마음속의 우울함(意不適)"을 풀어보려 하였을 것이다. 그러나 결과는 그 반대이다.

3, 4구에서 시인은 "무한히 좋은" 석양을 보게 되지만 이 또한 "황혼에 가까워진" 것이라 시인은 못내 아쉬워한다. 석양이 어떻게 좋은지를 구체적으로 밝히지는 않았지만, 독자들에게 무한한 상상의 날개를 펼쳐준다. 우리 모두 살아가면서 경험해보았던 석양의 아름다움을 그려볼 수 있다. 저녁노을이 서쪽 하늘을 빨갛게 물들이는 가운데 석양은 금빛 가루를 뿌리며 반짝이고 있다. 그 석양의 부드러운 빛줄기 속에 환상적인 대지의 그림이 완성되어 간다. 그런데 황혼에 가까워지니 석양의 아름다움도 곧 사라질 것이다. 이렇게 저물어가는 아름다움 속에서 시인은 이러지도 저러지도 못하고 흘러가는 세월에 대한 안타까움만을 한탄할 수밖에 없었다. 이는 시인 자신이 재능을 펼치지 못하고 늙어가는 것에 대한 한탄일 수도 있고 갈수록 쇠미해지는 만당의 기운에 대한 걱정일 수도 있다.

마지막 두 구인 "夕陽無限好, 只是近黃昏"은 위에서 말한 것처럼 함의(含義)가 매우 넓은 유명한 경구(驚句)로서 많은 사람들의 사랑을 받는 구절이다.

錦瑟 금슬

錦瑟無端五十弦	금슬무단오십현
一弦一柱思華年	일현일주사화년
莊生曉夢迷蝴蝶	장생효몽미호접
望帝春心托杜鵑	망제춘심탁두견
滄海月明珠有淚	창해명월주유루
藍田日暖玉生煙	남전일난옥생연
此情可待成追憶	차정가대성추억
只是當時已惘然	지시당시이망연

금슬

금슬은 괜히 오십 현으로 이루어져서
한 줄 한 기둥이 젊은 시절 생각나게 하네.
장자는 새벽꿈에서 나비인가 의혹하였고
망제는 춘심을 두견새에게 기탁했네.
창해에 달 밝으면 구슬은 눈물 흘리고
남전에 해 따뜻하면 옥은 연기를 낸다.
이런 마음 기다리다 보면 추억이 되겠지만
그 당시에는 이미 망연자실한 상태라네.

주석

1) 錦瑟(금슬) : 아름다운 무늬를 그려 넣은 거문고.

2) 無端(무단) : 무단히, 괜히, 까닭 없이.

3) 柱(주) : 금슬의 줄을 지탱하는 기둥. 기러기 발(雁足)

4) 華年(화년) : 화려했던 시절. 젊은 시절.

5) 莊生(장생) : 전국시대 활동하였던 사상가인 장자.

6) 曉夢(효몽) : 새벽꿈.

7) 迷蝴蝶(미호접) : 나비에 미혹되다. ≪장자(莊子) · 제물론(齊物論)≫에 의하면, 장자는 꿈에 나비가 되었다. 그 꿈이 너무나 사실적이어서 꿈에서 깨어나고 난 뒤에 자신이 꿈속에서 나비였는지, 아니면 나비가 실제이고 자신의 모습이 나비의 꿈인지 의심스럽다고 하였다.

8) 望帝(망제) : 전설상의 촉(蜀) 나라 임금. 죽어서 혼령이 두견새가 되었다고 한다.

9) 杜鵑(두견) : 두견새. 여기서는 두견새의 서글픈 울음소리를 거문고에 비유하였다.

10) 滄海月明珠有淚(창해월명주유루) : 고대에는 달이 차고 이지러지는 것과 진주가 차고 이지러지는 것이 상응한다고 생각하였으므로, 달로 진주를 연상하였다. 또 전설 속의 인어는 진주 눈물을 흘린다고 하였으므로, 진주로 눈물을 연상하였다. 이 시구는 이 두 가지 일을 결합하여 하나의 전고로 활용하였다.

11) 藍田(남전) : 지금의 섬서성 남전현에 있으며, 옥의 산지로 유명하다. 옥산(玉山)이라고도 한다.

12) 當時(당시) : 그 당시. 학자에 따라서는 '當時'를 '이 때를 당하여'라는 의미로 '지금'으로 해석하기도 한다.

13) 惘然(망연) : 멍청하다. 아득하여 어찌할 바를 모르다.

해설

이 시는 이상은의 애정시 가운데서도 대표작이지만, 시의 내용에 대해서는 이설이 분분하여 아직껏 정설이 없을 정도이다. 먼저 제목부터가 문제가 된다. 제목이 '錦瑟'이고, 내용이 금슬과 관계가 되어 있으므로, 영물시(詠物詩)로 보는 설도 있다. 그러나 제1구의 첫 두 글자가 제목과 같은데, 이는 고시에서 제1구를 그대로 제목으로 원용하는 방식과 동일한 형태이어서 실제로는 제목이 없는 무제시로 보고, 이상은의 다른 무제시처럼 애정시로 분류한다.

송(宋)의 양억(楊億)은 ≪양문공담원(楊文公談苑)≫에서 "이상은은 글을 쓸 때 책을 가려 뽑기 위하여 좌우에 고기비늘처럼 쌓아두었으니, '수달이 고기를 놓고 제사지내는 것과 같다'고 부르기도 하였다(義山爲文, 多簡閱書冊, 左右鱗次, 號獺祭魚)"고 적고 있다. 이것은 수달이 잡은 고기를 사방으로 진열해 놓듯이, 이상은이 시를 지을 때 많은 서적을 참고하여 전고를 즐겨 구사하였음을 말한 것이다. 금대(金代)의 원호문(元好問)은 그의 〈논시절구(論詩絶句)〉에서 전고를 많이 사용한 이상은 시의 난해함에 대해 "시인들이 모두 이상은의 잘 된 시구를 좋아하지만, 오직 안타까운 것은 아무도 후한(後漢)의 정현(鄭玄)이 유가의 경전을 해설하듯이 그의 시를 해설하는 이가 없다는 것이다.(詩家總愛西崑好, 獨恨無人作鄭箋)"고 평하기도 하였다.

이 시에서는 '장자(莊子)의 호접몽(胡蝶夢)', '망제(望帝)'와 '두견(杜鵑)', '창해(滄海)의 명주(明珠)', '남전(藍田)의 옥(玉)'과 같은 다양한 전고가 활용되었다. 1구의 오십 현이라는 시어는 금슬에 50개의 시위가 걸려 있다는 의미인데, 작자가 자신의 나이를 비유한 것으로 보는 견해가 있는 반면에, 나이와 상관없이 세상사의 복잡함을 의미한 깃으로 보기도 한다. 3구의 장자의 호접몽 이야기는 시인 자신이 일생 동안 꿈과 현실 사이에서 헤매었음을 말한 것이며, 4구의 두견새가 된 망제의 혼령 이야기는 이루지 못한 미완의 사랑(春心)을 말한 것이다. 마지막 구절의 '당시(當時)'에 대해서는 현재를 가리킨다는 견해와 과거의 어느 한 때를 가리킨다는 견해가 팽팽히 맞서 있다. 지금을 가리키는 말로 해석하면, "단지 지금으로서는 아득할 따름이네."가 된다.

이 시의 다른 구에 대한 해석도 그러하지만, 7,8구에 대해서도 학자에 따라서 해석이 갈린다. 그 가운데서도 대만대학(臺灣大學)의 방유(方瑜) 교수처럼 제7구를 의문문으로 보는 견해는 매우 독특하다. 방유교수는 "이러한 마음 기다리다 보면 추억이 될 수 있을까? (아니다) 그 당시에 이미 망연자실하였는데."로 해석하고 있다. 이별의 아픔이 너무 커서 그 당시에 이미 모든 것이 끝났기 때문에 자신의 감정에 더 이상 추억이 될 여지가 없다는 것이다. 너무나 비극적인 이별이다. 개인적으로는 방유교수의 해석을 많이 따르고 있는 편이나.

嫦娥 항아

雲母屛風燭影深　　운모병풍촉영심
長河漸落曉星沈　　장하점락효성침
嫦娥應悔偸靈藥　　항아응회투령약
碧海靑天夜夜心　　벽해청천야야심

항 아

운풍병모에 촛불 그림자 그윽하니
은하수는 기울며 새벽 별들은 사라진다.
항아는 불사약 훔친 일 틀림없이 후회하리
벽해창공에서 밤마다 밤마다 외로워하면서.

주석

1) 雲母屛風(운모병풍) : 운모석(雲母石)을 사용하여 만든 병풍(屛風)으로 부귀한 집안을 상징함. 시인은 다른 시에서는 이를 운병(雲屛)이라고 말하기도 하였다.
2) 燭影深(촉영심) : 촛불은 심지가 짧을수록 그림자가 길어지므로, 밤이 깊어진 것임을 말한다.
3) 長河(장하) : 은하수를 가르킨다. 천하(天河)라고도 한다. 가을밤 은하수는 차츰 서쪽으로 옮겨가서 동이 트기 전에 지평선으로 떨어져 없어진다.
4) 嫦娥(항아) : 9개의 활을 떨어뜨렸다는 명궁 후예(后羿)의 부인. 후예는 서왕모(西王母)에게서 불사약을 얻었는데, 그녀가 그것을 훔쳐 먹고 혼자 달나라로 가서 월궁에 살았다고 한다. 후에 항아(嫦娥)는 달의 대칭(對稱)으로도 쓰였다.

5) 靈藥(령약) : 불사약(不死藥).

6) 碧海青天(벽해청천) : 달은 벽해에서 솟아 청천을 다 지나서 다시 벽해 속으로 지니 이렇게 표현한 것이다.

해설

이 시에 등장하는 여인이 누구인지에 대해서는 역대로 해석이 분분하다. 청(淸)의 풍호(馮浩)는 입도한 여관(女冠)인 송신인(宋眞人)을 지칭한 것이라 하였고, 기윤(紀昀)은 이 시를 부인의 죽음을 애도한 도망시(悼亡詩)라고 했지만, 역시 확실치가 않다. 하작(何焯)은 이 시와 관련하여서 "이상은은 자기 자신을 재능이 있는 사람에 비견하다가, 도리어 몰락하여 때를 만나지 못하였다(自比有才調, 飜致流落不遇)"고 평했는데, 이는 시인이 우당(牛黨)에서 이탈하여 이당(李黨)의 인사와 인척관계를 맺고 난 뒤에 외롭게 지냈던 처지가 항아와 같은 미숙한 판단에서 기인한 것임을 언급한 것이라 할 수 있다. 논자에 따라서 이 시에 대한 해석이 이렇게 다르긴 하지만, 이상은이 평소 옛 여인에 대한 그리움을 읊은 연애시를 많이 썼다는 사실과 이 시에서 단정적으로 말하고 있는 내용으로 보아서는, 이 시는 시인 이상은이 오랫동안 마음에 두고 그리워하였던 옛 사랑을 읊은 시라고 보는 것이 보다 근리할 것 같다.

1,2구는 시인의 마음에 둔 미인의 우미(優美)한 침실의 내부 상황에 대한 묘사이다. 시인은 시의 배경이 되는 시간이 은하수가 기우는 새벽임을 나타내어, 여인이 칠흑 같은 어두움 속에서 한 줄기 촛불과 함께 밤새도록 잠을 이루지 못했다는 것을 보여주었다. 3,4구는 '항아가 달로 달아나다(嫦娥奔月)'는 전고를 사용했다. 항아는 명궁 예(羿)의 아내이다. 예는 원래 천상의 신인(神人)인데, 천제의 명에 의하여 지상으로 파견되어, 지상에 한발(旱魃)을 불러일으킨 천상의 9개의 해를 쏘아 떨어뜨리지만, 9명이 태양신 아들을 해친 죄로 인하여 다시 하늘로 돌아가지 못하고

지상에 남게 되면서 항아와 결혼하게 된다. 예는 다시 하늘로 돌아가기 위하여 지상을 통괄하는 서왕모(西王母)를 찾아가서 불사약을 얻어 오는데, '불사약을 혼자 먹으면 신선이 되어 하늘로 돌아갈 수 있고, 둘이 먹으면 두 사람이 이 땅에서 죽지 않고 영원히 함께 살아갈 수 있다.'는 예의 설명을 들은 항아는 남편 몰래 불사약을 훔쳐 먹고, 혼자서 신선이 되어 달로 달아나지만, 그곳에서 벌을 받아 두꺼비가 된다는 이야기이다.

이 시에 등장한 항아는 바로 시인 자신을 버리고 떠난 여인을 비유하고 있다. 시인은 이 이야기를 인용하여서, 세속적 유혹에 이끌려서 자신을 떨치고 다른 남자에게로 달아난 여인이 지금쯤은 매일 밤마다 고독하게 되어 "틀림없이 후회하고(應悔)" 있을 것이라고 강하게 암시하고 있다. 그의 이러한 암시 속에는 새로운 사람을 찾아 떠난 과거의 여인에 대한 동정과 원망이 동시에 베어 있다고 할 수 있다. '운모병풍(雲母屛風)'이라고 하는 호화로운 병풍이 등장하는 것으로 보아서, 이상은이 말한 그 여인은 아마도 부귀한 집안의 자제에게 시집간 것으로 추측된다.

통신과 인터넷의 발달은 인간 삶의 모습을 완전히 새롭게 바꾸어 놓았다. 인터넷 검색창이나 학교모임 사이트에서 궁금한 이름만 입력하면 관련된 소식이나 연락처를 금방 구할 수 있는 세상이 되었다. 옆집 소꿉친구 영희와 초등학교 짝꿍 철수는 물론이고, 여고시절의 짝사랑이었던 국어선생님이나 대학시절 첫 미팅 상대였던 정숙씨도 컴퓨터 앞에 잠시만 앉아 있으면 모두 찾아낼 수 있게 되었다. 그러다 보면 혹간 항아처럼 가슴 속 깊은 상처만 남겨두고 새사람 찾아 신발 바꿔 신었던 '그녀'과 '그놈'도 쉽게 만나게 된다. 참 재미있는 일은, 그렇게 밉던 '그녀'과 '그놈'이 글쎄 연락이 닿기만 한다면, 또 언제 그랬냐는 듯이 감격스럽게 다시 만나서 그렇게 반가워하며 난리굿을 친다고 한다. 시인이 떠나간 항아를 아직도 원망한 것은 한 번의 이별이 영결(永訣)을 의미하였던 그때 그 시질의 아픔일 뿐이리라. 헤어짐이 있었기에 재회를 꿈꿀 수 있는 오늘에는 그 아픈 이별도 이제 희망찬 기다림이요 마침내 찾아올 감동이어라. 도대체 나의 '그녀'는 언제쯤 날 찾아줄 것인지?

夜雨寄北 야우기북

君問歸期未有期　　군문귀기미유기
巴山夜雨漲秋池　　파산야우창추지
何當共剪西窗燭　　하당공전서창촉
卻話巴山夜雨時　　각화파산야우시

밤비 내릴 때 북으로 편지 보내다

그대 내게 돌아올 날 묻건만 아직 기약 없는데
파산의 밤비에 가을 연못 넘치누나.
언제나 서쪽 창가에서 등불 심지 함께 자르면서
파산에서 밤비 내릴 때를 돌아보며 이야기하려나?

주석

1) 夜雨寄北(야우기북) : 여기서 '北'은 사천성 지역의 북쪽에 위치한 장안성을 가리킨다.
2) 君問(군문) : 그대가 (나에게) 묻다.
3) 歸期(귀기) : 돌아올 시기.
4) 未有期(미유기) : 아직 기약이 없다.
5) 巴山(파산) : 사천성(四川省)의 산을 두루 가리킨다. 지금의 사천성 남강현(南江縣) 북쪽에 대파산(大巴山), 소파산(小巴山)이 있는데 산맥의 길이가 수 백리에 달한다. 이 시에서는 동천(東川) 일원의 산맥을 가리키며, 동천의 동쪽 지역은 옛 파국(巴國)에 속한다.

6) 漲(창) : 물이 붇다, 물이 가득 차다.

7) 何當(하당) : 어느 때, 언제.

8) 剪(전) : 자르다. 여기서는 다 타버린 등불 심지를 잘라내고 다시 돋운다는 의미로서, 긴 시간을 함께 보낸다는 뜻이다.

9) 却話(각화) : 옛 일을 돌아보며 말한다는 뜻이다.

해설

이상은은 선종(宣宗) 대중(大中) 2년(848년)에 정아계(鄭亞桂)의 관할 막부를 떠나 북방으로 돌아가 파촉(巴蜀) 지역을 유람한 바가 있었다고 한다. 그리고 대중 5년(851년) 그의 나이 40세 때에 동천절도사(東川節度使) 유중영(柳中郢)의 막부에 들어가 촉(蜀) 지역에서 5년을 지냈는데, 이 작품은 이때에 지어졌다. ≪만수당인절구(萬首唐人絶句)≫에는 이 시의 제목이 "야우기내(夜雨寄內)"로 되어 있어서, 아내에게 보낸 시로 알려져 있기도 하지만, 이 시를 지을 당시 이상은의 아내는 이미 세상을 뜬 뒤였으므로, 이는 타당치 않은 의견이다.

1구는 "그대 나에게 돌아올 날을 묻건만 아직 돌아갈 기약이 없는" 막막한 마음을 일문일답의 형식으로 표현함으로써 사랑하는 이에 대한 애틋한 그리움과 관심을 담아내었다. 2구는 파산의 밤비에 가을 연못 넘친다고 하여 비 오는 날 촉산의 가을 풍경을 빌어 쓸쓸한 마음을 전하였다.

3, 4구는 "언제나 서쪽 창가에서 등불 심지 함께 자르며, 파산에서 밤비 내릴 때를 돌아보며 이야기하려나?"하고 질문을 던짐으로써 후일 서로 만나 가을비 속에 불어나는 연못물처럼 하염없이 넘쳐흘렀던 그리움을 전할 수 있는 날이 속히 오기를 소망하는 마음을 담았다. 특히 3구에서는 눈앞에 보이는 풍경으로부터 옛적에 함께 했던 아련한 추억을 떠올리면서 다시 만날 때에 함께 하게 될 기쁨을 한 폭의 그림처럼 담아냈다.

근체시는 편폭이 짧기 때문에 같은 글자의 반복을 매우 꺼리는데 일반적 기피사항을 범한 이 작품은 바로 이 부분에서 독특한 미감을 얻는다. 1구에서의 "期"의 반복은 귀향에 대한 강렬한 소망을 드러내었다. 묻는 사람의 질문에 한번 쓰인 뒤에 바로 뒤에서 대답하는 사람의 말에 다시 쓰이고 있어서, 그만큼 귀향에 대한 시인의 급한 마음을 느낄 수 있다. "巴山夜雨" 역시 2구와 4구에서 반복 묘사되어 있는데, 이렇게 반복된 말로 과거와 미래를 대조시킴으로써 시인의 고통과 갈망을 선명하게 드러내었다.

이 시의 "君問歸期未有期"는 기다리는 사람에 대한 그리움을 표현하는 명구로 널리 응용되고 있다.

無題 무제

昨夜星辰昨夜風	작야성신작야풍
畵樓西畔桂堂東	화루서반계당동
身無彩鳳雙比翼	신무채봉쌍비익
心有靈犀一點通	심유령서일점통
隔座送鉤春酒暖	격좌송구춘주난
分曹射覆蠟燈紅	분조사복랍등홍
嗟余聽鼓應官去	차여청고응관거
走馬蘭臺類轉蓬	주마난대류전봉

무제

별 비추고 바람 불던 어젯밤
채색된 누대 서쪽 곁과 계수나무 집 동편이었죠!
몸엔 화려한 봉황의 두 날개 없지만
마음속엔 영험한 무소뿔 있어 한 점에서 통하였죠.
자리를 건너 고리 돌리기 할 때 봄 술은 따뜻했고
편을 나누어 덮은 물건 맞출 때 촛불은 붉었죠.
아! 새벽 북소리 듣고 조회로 나가야 하니
말 몰아 비서성으로 갈 때는 떠도는 쑥대 같았네.

주석

1) 昨夜(작야) : 지난 밤. '昨'은 '어제'라는 뜻이다.

2) 星辰(성신) : 별. '辰'은 12지(十二支)에서 다섯 번째의 별로 사용될 때는 '진'으로 발음하고, 그 이외에 '별', '때', '날' 등의 뜻으로 사용되는 경우에는 모두 '신'으로 발음한다. '일월성신(日月星辰)', '양신(良辰 : 좋은 때)' 등의 예가 있다.

3) 畵樓(화루) : 채색한 누각, 화려한 누각.

4) 西畔(서반) : 서쪽 곁. '畔'은 '물가', '경계', '곁'을 가리킨다.

5) 桂堂(계당) : 계수나무로 지은 집. 여기서는 화려한 집을 비유한다.

6) 彩鳳(채봉) : 화려한 봉황새.

7) 靈犀(영서) : 무소뿔 중심의 골수가 아래 위 한 줄기로 연결된 것으로 사랑하는 사람끼리 마음이 통함을 상징하였다. 고대에는 무소뿔을 신령하게 여겨서, 해독제나 지혈제로도 사용하였다.

8) 隔座(격좌) : 자리를 격하고 있다.

9) 送鉤(송구) : 수건돌리기처럼 고대에 연회석에서 즐겨하던 고리 돌리기 놀이.

10) 春酒(춘주) : 고리 돌리기 놀이에서 진 사람이 마시는 벌주. 그냥 단순히 '酒'라고 하지 않고 '春酒'라고 한 것이라든지, 그리고 '따뜻하다(暖)'고 한 것은 모두 그러한 놀이 가운데서 사랑이 익어갔음을 암시한다.

11) 分曹(분조) : 편을 나누다. '曹'는 '무리', '떼', '짝' 등의 뜻이 있다.

12) 射覆(사복) : 수건이나 그릇으로 덮은 물건을 맞추는 놀이. '射'는 '추측하다(猜)'는 뜻으로서, '射覆(사복)'은 '射雕覆(사조복)'이라고도 한다.

13) 蠟燈(랍등) : 밀랍으로 만든 촛불.

14) 應官(응관) : 관부에 가서 '應卯'(묘시, 즉 아침 7시~9시에 조회하는 것에 응하는 것)하는 것을 말한다.

15) 蘭臺(난대) : 도서를 보관하고 관장하던 별궁으로, 시인이 봉직하던 비서성(秘書省)을 말한다. 당 고종(高宗) 용삭(龍朔) 초에는 난대라 하였다가, 중종(中宗) 신룡(神龍) 때에 비서성으로 다시 고친다. 이상은이 비서랑이었을 때의 일임을 알 수 있다.

16) 類(류) : 유사하다.

17) 轉蓬(전봉) : 바람에 이리저리 구르는 쑥. '蓬'은 쑥을 가리키는데 가을에 풀이 마르면 뿌리가 쉽게 뽑혀 바람에 이리저리 잘 날려 다닌다고 하여 '비봉(飛蓬)'이라고도 한다.

18) 嗟余(차여) : '嗟'는 '탄식하다'는 뜻이고, '余'는 '나'를 가리킨다.

해설

이상은의 작품 중에는 작가 자신이 직접 '無題'라고 시제를 붙인 작품이 십여 수 정도인데, 내용상으로는 모두 애정시에 속한다. 그는 젊은 시절에 남모르는 애정생활을 많이 하여 그 사정을 자세히 밝히기가 곤란하였기에, 그래서 제목도 붙이지 않고 내용도 애매하게 표현하기를 좋아하였다. 이 시도 그러한 시 가운데 하나이다. 이 시는 무종(武宗) 회창(會昌) 2년(842년)에 지어졌는데, 전날 밤부터 다음날 날이 샐 때까지 이어지는 연회의 모습을 떠올리며, 사랑하는 이를 만나게 된 짙은 애모의 정과 현실을 뛰어넘을 수 없는 자신의 처지를 비탄하는 내용을 담아내었다.

1, 2구는 지난 날 밤하늘에 반짝이는 별빛과 마음 설레게 하는 바람 속에서 화루(畵樓)의 서쪽, 계당(桂堂)의 동쪽에서 사랑하는 여인을 만났음을 표현하였는데 "昨夜"와 "星辰"을 통해 사건의 시간을 알리고, "畵樓西畔"과 "桂堂東"을 통해 사건의 장소를 밝혔다. 특히 "星辰", "畵樓", "桂堂"은 아름다운 여인에 대한 연모의 감정을 상징적으로 나타냈다고도 할 수 있겠다. 3, 4구는 비록 '우리'에게 화려한 봉황새처럼 날 수 있는 한 쌍의 날개는 없지만, 서로의 마음은 신령한 무소의 뿔

속 골수처럼 한 점으로 통한다고 하면서, 신분과 환경을 뛰어넘어 하나로 맺어지기를 바라는 시인의 간절한 마음을 표현하였다. 5, 6구는 연회석에서 사랑하는 여인과 서로 떨어져 앉아 함께 고리 돌리는 유희를 하며, 진 사람에게 마음까지 따뜻하게 녹여 내리는 "春酒"를 마시게 하고, 촛불이 방안을 붉은 색으로 물들이는 화기애애한 분위기 속에서 서로 조를 갈라 보자기 아래 감춰진 물건 맞추기를 하는 등 근심걱정 따윈 잊어버리게 하는 즐거운 연회장의 모습을 실감나게 그려내었다. 7, 8구는 아침을 알리는 북소리를 듣고 조회에 응하러 가야 하니, 황급히 말을 타고 비서성으로 달려가는 시인의 모습이 마치 이리저리 굴러다니는 쑥대처럼 처지가 처량하고, 이런 자신의 모습이 한탄스럽기 그지없음을 표현하였다. "嗟余"라는 말에서는 현실에서 신분의 한계를 뛰어 넘을 수 없는 안타까운 마음을, "類轉蓬"에서는 한 곳에 머무르지 못하고 떠돌이생활을 해야 하는 시인의 처지를 느낄 수 있다. 시인은 함께 유희를 하며 한 여인을 만나 사랑하게 되나 아쉽게도 술자리가 끝나면 헤어져야 하는 것이 그의 처지였다. 왜냐하면 여인은 고귀한 신분이었고, 시인은 하급관리로서 신분의 격차가 너무 컸기 때문이다. 7, 8구에 담긴 탄식의 표현은 현실적 한계를 극복할 수 없는 시인의 자조(自嘲)라 할 수 있겠다.

시의 전체적인 구성을 살펴본다면 1, 2구에서는 시간과 장소를 밝히고, 3, 4구에서는 연회석에서 한 여인과 눈빛과 느낌으로 마음이 통하게 되고, 5, 6구에서는 사랑에 빠진 여인과 함께 유희를 하며 즐거운 시간을 보내게 되나, 7, 8구에서는 급격히 구도를 바꾸어 현실을 한탄한 것으로 볼 수 있다.

예술적인 면에서 본다면 "昨夜"를 반복함으로써 행복했던 시간에 대한 아쉬움을 강조하였다. "星辰"과 "風", "畵樓"와 "桂堂", "身無"와 "心有", "隔座"와 "分曹", "送鉤"와 "射覆", "暖"과 "紅" 등 마지막 두 구를 제외하고 전 시에 걸쳐서 사용된 대우(對偶)는 시를 특히 미려하게 만들고 있어서, 시인의 예술적 수준을 충분히 가늠하게 한다. 시의 예술적 기교가 한껏 활용된 이 시는 읽는 이로 하여금 누구나 좋아하게 만드는데, 특히 "昨夜星辰昨夜風"과 "心有靈犀一點通"은 지금도 많은 사람들이 즐겨 읊조리는 명구(名句)이다.

無題 무제

來是空言去絶蹤　　래시공언거절종
月斜樓上五更鐘　　월가루상오경종
夢爲遠別啼難喚　　몽위원별제난환
書被催成墨未濃　　서피최성묵미농
蠟照半籠金翡翠　　랍조반롱금비취
麝熏微度繡芙蓉　　사훈미도수부용
劉郎已恨蓬山遠　　류랑이한봉산원
更隔蓬山一萬重　　갱격봉산일만중

무제

온다는 것은 빈말 가고서는 종적 없는데
달 지는 누각 위로 오경의 종소리 들리네요.
꿈속에서 멀리 떠날 때 울면서 부르기 어려웠는데
편지는 쫓겨 써서 간 먹도 흐릿하네.
촛불 빛은 금빛 비취새 병풍을 반쯤 덮었고
사향 향기는 부용이불을 살짝 스친다.
유랑은 봉래산이 멀다고 한스러워 했지만
님은 봉래산 보다 만 겹이나 더 멀리 있네.

주석

1) 空言(공언) : 빈 말, 헛소리.

2) 絶蹤(절종) : 종적이 끊기다.

3) 五更鐘(오경종) : 날이 갤 무렵 치는 종고성(鐘鼓聲)을 말한다. 옛날에는 하루 저녁을 오경(五更)으로 나누고, 매 경마다 종고(鐘鼓)를 쳐서 시간을 알렸다. 오경은 지금의 새벽 3~5시에 해당한다.

4) 啼(제) : 울다.

5) 喚(환) : 부르다.

6) 被(피) : '~함을 당하다'는 뜻으로 동사 앞에 사용되어 피동형을 만든다.

7) 催(최) : 재촉하다.

8) 半籠(반롱) : '籠'이라 함은 '뒤덮다', '덮어씌우다'는 뜻으로, '半籠'은 반쯤 덮었음을 말한다.

9) 金翡翠(금비취) : 금선(金線)으로 비취새(翡翠鳥)의 문양을 수놓는 병풍을 뜻한다. 주석자들에 따라서 혹자는 병풍이 아니라 이불, 또는 휘장(揮帳)을 의미하는 것으로 해석하기도 한다.

10) 麝熏(사훈) : '麝'는 사향노루를 훈(熏)은 향기를 가리킨다. 그러니 '麝熏'은 사향연기, 또는 사향노루의 향기를 의미한다.

11) 度(도) : (향기가) 침투하다.

12) 繡芙蓉(수부용) : '부용화(芙蓉花)'로서, 연꽃을 수놓은 이불을 말한다.

13) 劉郎(유랑) : 동한(東漢)의 유신(劉晨). 그의 고사는 ≪신선기(神仙記)≫에 기재되어 있다. 동한 영평(永平) 년간에 유신과 완조(阮肇)는 함께 천태산(天台山)에 약초를 캐러 갔다가 두 여인을 만나게 되었다. 그들은 그녀들을 따라가서 함께 반년을 지냈는데, 그들이 머문 곳은 기후나 초목의 모습이 언제나 봄이었다. 그 뒤 집으로 돌아갔더니, 집안에는 이미 칠세손이 살고 있었다. 그들은 그 뒤 다

시 예전의 산을 찾아 나섰지만 다시 찾을 수가 없었다. 유랑을 한 무제로 해석하기도 한다. 한 무제는 불사약을 구하기 위하여 신선이 산다는 봉래산으로 사신을 보냈지만 결국은 실패하였다.

해설

이 시는 〈無題〉 4수 중 제1수이다. 1, 2수가 칠률이고, 3수는 오률, 4수는 칠고(七古)인데, 이 가운데 3, 4수는 앞 두 수와 내용이나 격조가 달라 연작시가 아닌 듯도 하다. 이 시는 애정시로서 연상과 비유의 수법을 잘 운용하였고, 의경이 우미(優美)하다. 게다가 역사고사와 신화전설을 가미하여 시정(詩情)을 신비하게 만들어내었다.

1구는 사랑하는 사람이 다시 오겠다고 한 말은 빈말이었고, 떠난 후론 종적이 끊기었음을 씀으로써 사건의 원인이자 시를 쓰게 된 동기를 밝혔다. "來"와 "去", "空"과 "無"라는 대구를 씀으로써 떠난 뒤로 종적이 끊긴 사람에 대한 원망스러움을 강조하였다. 2구는 벌써 달이 지고 누각 위에서 새벽 종소리가 들려온다고 함으로써 떠난 사람을 그리며 밤을 지새웠음을 알렸다. "月斜"는 "지는 달", "五更鐘"은 "새벽에 울리는 종소리"로, 사건의 시간을 알림과 동시에 기우는 달과 정적이 감도는 새벽에 울리는 종소리를 통해 또 한 번의 헛된 기다림에 대한 시인의 안타까움과 쓸쓸한 마음을 이끌어내었다.

3구는 꿈속의 상황을 묘사하였다. 시인은 드디어 새벽잠을 청해보지만, 사랑하는 사람과 멀리 헤어지는 꿈을 꾸게 되어 소리 내어 울게 되는데, 떠나는 님을 울면서 불러 세우기가 어려웠음을 표현하였다. 그리움이 얼마나 간절하였기에, 헤어짐이 얼마나 원망스러웠기에, 꿈속에서도 울면서 님을 부를까? "啼難喚(제난환)" 세 글자 속에 이 모든 것이 담겨있다. 4구는 꿈에서 깨어난 뒤의 상황을 묘사한 것이다. 방금 꾼 꿈속의 이별이 마치 실제 같이 너무나 생생하여서, 님이 아직 멀리 가기 전에 급히 편지를 완성하다 보니, 먹물마저 제대로 갈지 못했음을 묘사하였다. 님이 아직 멀리 가기 전에 한 시라도 빨리 사랑하는 님에게 편지를 보내고 싶은 마음을 엿볼 수가 있다.

5, 6구는 꿈에서 깨어난 뒤의 실내 상황을 묘사한 것이다. 그러나 이 정경은 실경(實景)이기도 하면서, 시인의 환상이 겹치는 상상이기도 하다. 지난날, 또는 꿈속에서 사랑하는 사람과 함께 사랑을 나눌 때에 촛불 빛은 금빛 비취새를 새긴 병풍을 반쯤 덮고, 부용꽃 수놓은 이불에 사향의 향기가 은근히 스며들었던 것을 묘사한 것이다. "翡翠"와 "芙蓉"은 남녀 간 사랑의 상징이다. 시인은 님과 사랑을 나눌 때의 그윽한 분위기와 장면을 한 폭의 그림처럼 아름답게 그려내었다.

7, 8구는 전설 속의 유랑(劉郎)은 봉래산이 멀다고 원망하였건만, 시인이 사랑하는 사람은 봉래산보다 만 겹이나 더 멀리 떨어져 있다고 하여, 멀리 떠난 사람에 대한 한없는 그리움과 원망스러움을 나타내었다.

이 시는 이별과 그리움의 몽경(夢境)을 묘사하는 일반적인 순서인 이별 – 그리움 – 꿈 – 깨어남의 도식에서 벗어난 것이 특징이다. 먼저 꿈에서 깨어났을 때의 정경(情景)을 묘사하고, 그리고 다시 꿈속에서의 상황과 꿈에서 깨어난 뒤의 실경(實景)을 잘 배합하였으며, 마지막으로 갈 수 없는 봉래산에 대한 한스러움과 그리움을 말하고 있다.

無題 무제

相見時難別亦難	상견시난별역난
東風無力百花殘	동풍무력백화잔
春蠶到死絲方盡	춘잠도사사방진
蠟炬成灰淚始乾	랍거성회루시건
曉鏡但愁雲鬢改	효경단수운빈개
夜吟應覺月光寒	야음응각월광한
蓬萊此去無多路	봉래차거무다로
靑鳥殷勤爲探看	청조은근위탐간

무제

만나기도 어렵지만 헤어지긴 더욱 어려운데
봄바람은 미약하나 온갖 꽃들 저버리네.
봄누에는 죽어야만 겨우 실을 토하기를 다하고,
촛불은 재가 되어야 눈물 비로소 마르리.
새벽거울 앞에서 구름 같은 머리 세는 것 근심하며,
밤에 읊조리다가 응당 달빛 차가움 느끼리라.
봉래산은 예서 멀지 않으니,
파랑새야! 은근히 나를 위해 찾아보려무나.

주석

1) 相見時難別亦難(상견시난별역난) : 만날 때도 어려웠지만, 이별하기도 또한 어렵다. 조비(曹丕)의 〈연가행(燕歌行)〉에 "이별할 때는 어찌 그리도 쉽더니만, 만날 때는 어렵기만 하네(別日何易會日難)"라 하였고, 조식(曹植)의 〈당래일대난(當來日大難)〉에서는 "이별은 쉽고, 만나기는 어려우니 각각 잔을 비우세(別易會難, 各盡杯觴.)"라고 하였다. 이 말은 고인들의 시 중에 자주 등장하는데, 고인들은 실제로 그렇게 생각하였다. 이상은은 이 말을 바꾸어서 사용함으로써, 이별의 슬픔을 너욱 깊게 표현했다.

2) 春蠶(춘잠) : 봄누에.

3) 絲(사) : 누에가 토해내는 실. 시에서는 '사(思)'의 해음(諧音)으로 사랑을 의미하는 경우가 많다. 〈자야가(子夜歌)〉의 "春蠶易感化, 絲子已復生", 〈서곡가(西曲歌)〉 〈작삼사(作蠶絲)〉의 "春蠶不應老, 晝夜常懷絲. 何惜微軀盡, 纏綿自有時"가 그러한 예이다.

4) 方(방) : 비로소, 겨우. 아래 구의 '시(始)'와 같은 뜻으로 쓰였다.

5) 盡(진) : 다하다, 없어지다.

6) 蠟炬(랍거) : '蠟'은 꿀벌의 집을 끓여서 짜낸 기름으로서 '밀', 또는 '밀초'라는 뜻이고, '炬'는 '횃불'이란 뜻으로서 '蠟炬'는 '큰 촛불'이라는 뜻이다.

7) 灰(회) : 양초의 '재'를 의미하지만, 시인의 잿빛 절망과 우울한 마음을 상징하기도 한다.

8) 淚(루) : 눈물. 표면상의 뜻은 '촛물'이나, 내면적으로는 '시인의 눈물'을 의미한다.

9) 始乾(시건) : '始'는 원래 '시작하다'는 뜻이나, 여기서는 부사로 '비로소'라는 뜻으로 쓰였다. '乾'은 '마르다'는 뜻이다. '始乾'은 '비로소 마르다'는 뜻이다.

10) 曉鏡(효경) : 새벽 거울.

11) 雲鬢(운빈) : 구름 같은 귀밑머리. 여인의 머리가 매우 검고 부드러운 것을 묘

사하는 말인데, 이 말로써 젊고 아름다운 여인의 모습을 형용한다.

12) 改(개) : 바뀌다. 여기서는 '검은 머리의 색깔이 희게 바뀌었다'는 뜻이다.

13) 夜吟(야음) : 밤에 고음(苦吟)하다, 밤에 괴로워하다.

14) 應覺(응각) : '應'은 '응당히', '틀림없이'의 뜻으로 강한 추측을 나타낸다. '覺'은 '느끼다', '깨닫다'는 뜻이다. 따라서 '應覺'은 '틀림없이 ~함을 느낄 것이다'는 뜻이다.

15) 月光寒(월광한) : 달빛이 차갑다.

16) 蓬山(봉산) : 봉래산(蓬萊山)을 말한다. 도교에서는 발해(渤海)에 신선들이 사는 3개의 산이 있다고 하는데, 봉래산, 방장산(方丈山), 영주산(瀛州山)이 그것이다. 이들 산은 바다 위에 떠다니며, 속인들은 갈 수가 없다고 한다.

17) 此去(차거) : '여기에서 가면', '여기에서 떨어져 있기가'의 뜻으로 해석할 수 있다.

18) 無多路(무다로) : '無多'는 '얼마 되지 않다'는 뜻이니, '無多路'는 '얼마 되지 않는 길'이란 뜻이다.

19) 青鳥(청조) : 파랑새. ≪산해경(山海經)·대황서경(大荒西經)≫과 ≪한무고사(漢武故事)≫등에 보이는 전설상의 새이다. 발이 세 개라고 하며, 서왕모(西王母)의 편지를 전하는 전령역할을 한다. 서왕모가 한(漢) 무제(武帝)를 만날 때도 파랑새가 먼저 와서 그의 하림을 알렸다고 한다. 서신을 청조서(青鳥書)라고 하고, 서신을 전하는 사신을 청조사(青鳥使)라고 하는 것도 이 전설에서 나왔다.

20) 殷勤(은근) : 원래 한자단어는 '慇懃(은근)'이나 '慇懃'과 '殷勤'은 같은 뜻으로 쓰인다. 사전에서는 '慇懃'이란 한자 어휘를 '情意懇切'이라고 해석하였는데, '마음의 뜻이 간절하다'는 뜻이며, '殷勤'은 '간곡한 마음', 또는 '간절한 마음'의 뜻으로 쓰인다.

21) 探看(탐간) : 탐문해 보다. '探'은 '찾다', 또는 '찾아서 묻다'는 뜻이고, '看'은 '~해보다.'는 뜻이다.

해설

이는 이상은이 그가 사모하는 여인과의 이루지 못한 사랑을 묘사한 시로서, 이상은의 애정시 가운데서도 가장 인구에 회자되는 작품이라 할 수 있다. 이상은 시 가운데는 제목을 "無題"라고 하거나 또는 '무제'라고 하지는 않았지만, 첫 구의 두 글자만 취하여 무제시와 다를 바 없는 시들이 몇 십 수 있는데, 그가 이와 같은 시 제목을 취한 이유는 그 자신의 애정생활을 밝히기가 곤란하였기 때문인 것으로 여겨진다.

이상은은 이 시에서는 네 난계로 치밀하게 설계하여 남녀 간의 진지한 사랑과 집착을 심도 있게 묘사하였다.

첫 두 구에서는 그들의 만남은 지극히 어려웠으나, 힘든 만남 중에 헤어짐은 더 견디기 어려운 것임을 무기력한 봄바람에 모든 꽃이 떨어지는 형상으로 묘사하고 있다. 첫 구에서는 '이별은 쉽고 만남은 어렵다(别易會難)'는 중국의 전통적인 생각을 일부 변형시켜서, '만남도 어렵지만, 이별 또한 어렵다.'고 말하고 있다. 독자는 첫 구에서 벌써 이별의 아픔을 긴장감 있게 느끼게 되는데, "미약한 봄바람에 온갖 꽃들이 떨어진다."고 한 둘째 구를 접하면서 아픔의 긴장감은 최고조에 달하게 된다. 이러한 이별의 아픔은 3, 4구에 가면서 죽음보다 더 아픈 슬픔으로 등장하게 된다.

3, 4구에서는 님에 대한 그리움의 감정을 봄누에가 실을 토해내는 것과 초가 촛농을 떨어뜨리는 것으로 비유했다. 시인은 마음 속 여인에 대한 지극한 감정을 누에가 실을 토하고 죽어야 비로소 모든 것이 끝나리라는 구절로 표현했다. "사(絲)"는 '사(思)'의 해음(諧音)으로서 뜻도 '思'이 뜻을 취하고 있는데, 이 시에서도 다른 시처럼 남녀 간의 애틋한 그리움과 사랑을 의미하는 말로서 사용되었다고 할 수 있다. 그러니 이 구절은 시인이 님을 생각하면 할수록 더욱 생각나서, 누에가 실을 다 토해내고 죽듯이 시인 자신이 죽어야 님에 대한 생각이 없어질 수 있다는 것을 의미한다. 그리고 "루(淚)"는 눈물을 상징하는데, 이는 촛불을 켜놓고 밤이 새도록 님

을 그리워하며 잠을 이루지 못하는 시인의 눈물이 마치 촛불이 다 타서 없어져야 비로소 흘러내릴 촛농도 없는 것처럼 더 이상 흘릴 눈물이 없게 된다는 강렬한 표현이다. 누에처럼 자신이 죽음에 이르러야, 촛불처럼 자신의 몸이 다 녹아버려야 비로소 그리움도 다할 것이고, 눈물도 그칠 것이라는 이 표현은 남녀 간의 사랑을 묘사한 시구 중에서도 천고의 절창으로 애송되고 있다.

5, 6구에서는 이상은이 마음에 두고 있는 여인에 대한 독특한 표현이 담겨 있다. 이상은은 애정시를 통하여 한편으로는 자신이 사랑하였던 여인에 대한 변함없는 그리움과 사랑을 표현하는 것과 함께, 또 다른 한편으로는 그 대상이 되는 여인이 자신을 버리고 다른 남자에게 가 있는 것을 지금쯤은 후회하고 있을 것이라는 강한 믿음을 드러내기도 하였다. 5, 6구는 바로 상대에 대한 자신의 이러한 추측을 표현한 것이다. 다섯째 구는 여인이 새벽화장을 하는 모습을 그리고 있다. 시인은 그녀가 거울 앞에서 자신의 젊고 아름다운 머리가 이전과는 달리 반백으로 변하였음을 보고서 슬퍼할 것이라 여기고 있다. 머리가 희게 변하였다는 것은 그녀의 젊음과 아름다움이 이젠 옛날과 같지 않다는 것을 의미하고 있다. 그런데 그녀가 슬퍼하고 있는 대상은 시에서 묘사한 것처럼 단지 그렇게 변해버린 젊음만 가리킬까? 그렇지는 않다. 원래 중국의 전통적인 생각으로는 '여인은 자신을 보고 기뻐하는 사람이 있을 때 그를 위해 화장을 하는 것(女爲悅己者容)'이라고 하여 새벽화장을 한다는 것은 아침에 일어나서 누군가를 기다리며 그를 위하여 화장한다는 것인데, 그 뒤 구인 여섯째 구를 읽어보면 지금 그녀가 누군가에게서 사랑을 받고 있기 때문에 화장을 하는 것이 아니라, 누군가를 하염없이 기다리면서 화장을 하고 있는 것으로 묘사했음을 알 수 있다. 여섯째 구에서는 그녀는 밤마다 독수공방하면서 괴로운 신음을 내뱉고 있다. 혼자 지내는 외로운 밤인지라 달빛마저도 차갑게 느껴지는 것이다. 시인은 "틀림없이(應)"란 말을 사용하여서, 그녀에 대한 자신의 생각에 확신을 드러내고 있다. 시인은 〈항아(姮娥)〉 시에서는 후예(后羿)가 서왕모(西王母)에게서 얻어 온 불사약을 훔쳐서 먹고 혼자서 월궁(月宮)으로 달아난 항아에게 자신이 사랑하였던 여인을 비유한 바 있는데, 이는 그가 마음에 두었던 여인이 자신의 의사와는 상관없이

그를 버리고 다른 남자에게 갔음을 암시한 것이라 할 수 있다. 자신을 버리고 다른 남자에게로 간 그 여인을 향하여 "항아는 불사약을 훔친 것을 틀림없이 후회하고 있을 것이다. 푸른 바다와 창천뿐인 달에서 밤마다 외로워하면서 말이다(姮娥應悔偸靈藥, 碧海蒼天夜夜心.)"라고 직접적으로 독설을 내뱉기도 하였다. 〈무제〉시의 5, 6구는 바로 〈항아〉시에서 말한 바, "틀림없이 후회하고(應悔)" 있을 그녀에 대한 묘사라 할 수 있을 것이다.

7, 8구에서는 신화전설을 사용하여 "봉산(蓬山)"은 님이 있는 장소로 비유하고, 님의 소식을 전해줄 사자로 "靑鳥"를 택하여 절망적인 상황을 부정하고 님과 다시 만나기를 기다리는 시인의 간절한 소망을 표시하고 있다.

이상은은 이룰 수 없는 사랑을 인간이 다가갈 수 없는 봉래산에 님이 있는 곳으로 곧잘 묘사하였나. 그러나 또 한 〈無題〉시의 "유랑은 봉래산노 벌다고 한탄했지만, 내 님 계신 곳은 봉래산 보다 만 겹은 더 멀리 있다네(劉郞已恨蓬山遠, 更隔蓬山一萬重.)"에서 보듯이 때로는 그 이룰 수 없는 사랑에 대한 안타까움을 더욱 강렬하게 묘사하기 위하여 그님이 봉래산 보다 더 먼 곳에 있는 것으로 설정하기도 하였다. 청(淸)조의 전겸익(錢謙益)은 〈주이의산시집서(注李義山詩集序)〉에서 "이상은의 〈무제〉시는 사랑에 빠진 여인이 읽으면 슬퍼지고, 때를 만나지 못한 선비가 읽으면 비통해진다(義山無題諸什, 春女讀之而哀, 秋士讀之而悲.)"고 평한 바 있다.

예나 지금이나 남녀 간의 사랑만은, 햇볕 아래 사랑보단 가슴 속 사랑이 더 아름답게 보인다. 가슴 시려하며 애달파하지 않을 사랑이라면 아예 시작도 말아야 한다. 사랑은 역시 남몰래 많이 아파해야 제격이다. 금년 봄에는 모두가 반드시, 봄바람에 이지러지는 애절한 꽃잎이 될지언정, 더 이상 내뱉을 그리움도 없고, 더 이상 쏟아낼 눈물도 없는, 그렇게 미련한 사랑을 한번 찾아볼 일이다. 그것도 그냥 찾아 나설 것이 아니라, 찾다가 찾다가 끝내 못 찾으면, 마침내는 자진(自盡)해버리고 말겠다는 필사의 각오로 찾아나서야 한다. 봄날에 찾아낸 사랑은 모두가 무죄다. 하동에서 쌍계사에 이르는 오 십리 꽃길을 지난주 내내 미친년 바람난 냥 싸돌아다닌 것도 다 봄만 되면 도지는 춘정(春情) 때문이었던 모양이다. 지금쯤, 섬진강 강물 따라 난 길은 봄이 벼락을 맞은 듯 온통 낙화(落花)로 뒤덮여 있겠다.

권호종(權鎬鐘)

출신 : 경북 영해(寧海)
학력 : 서울대학교 학사
서울대학교 석사
서울대학교 박사
소속 : 경상대학교 중어중문학과 교수
논저 : ≪歐陽修詩研究≫ 등 다수.

황영희(黃永姬)

출신 : 부산(釜山)
학력 : 국립대만대학교 학사
국립대만대학교 석사
국립대만사범대학교 박사
소속 : 세명대학교 중국어학과 교수
논저 : ≪白石道人詞之藝術探微≫ 등 다수

당시강해

2010년 8월 20일 초판 제1쇄 인쇄
2010년 8월 25일 초판 제1쇄 발행

지은이 : 권호종, 황영희
펴낸이 : 하우송
펴낸곳 : 경상대학교 출판부
주소 : 660-701 경남 진주시 가좌동 900번지
전화 : (055) 751-6154, 5139
팩스 : (055) 751-6192
E-mail : gspress@gnu.ac.kr
홈페이지 : http://gspress.ac.kr
등록 : 1989년 1월 7일 제 16호

ISBN 978-89-6257-034-2 03820
값 14,000원